# 2003年度中国高等学校校办产业统计报告

中华人民共和国教育部科技发展中心
中国高校校办产业协会 编

西南交通大学出版社
·成 都·

图书在版编目（C I P）数据

2003年度中国高等学校校办产业统计报告/中华人民共和国教育部科技发展中心 中国高校校办产业协会编.—成都: 西南交通大学出版社，2004.9

ISBN7-81057-957-6

Ⅰ.2… Ⅱ. 中… Ⅲ.高等学校 - 校办企业 - 统计分析 - 中国 -2003 Ⅳ.G649.22

中国版本图书馆CIP数据核字（2004）第073701号

2003年度中国高等学校
校办产业统计报告

中华人民共和国教育部科技发展中心
中 国 高 校 校 办 产 业 协 会 编

责任编辑 万 方
封面设计 肖 勤
西南交通大学出版社出版发行
（成都市二环路北一段111号 邮政编码：610031 发行科电话：87600564）
Http://press.swjtu.edu.cn
E mail:cbsxx@swjtu.edu.cn
廊坊市光达胶印厂印刷

开本：787mm×1092mm 1/16 印张：12.875
字数：292千字 印数：1—1000册
2004年9月第1版 2004年9月第1次印刷
**ISBN7-81057-957-6/G.086**
定价：200.00元

## 《2003年度中国高等学校校办产业统计报告》
## 编委会

# 前　言

一、高校校办产业统计工作为全面了解全国高校校办产业发展情况提供了重要的数据支持，通过对于相关数据的归纳和分析，能够清楚地描述出全国高校校办产业的整体状况，为各省（市）、自治区及各有关高校的主管部门了解本单位发展和全国总体状况提供了有益的帮助，并为政府及有关部门制定相关政策提供了重要的决策依据。

二、随着中国高校校办产业地位的不断提高，其在高等院校科技成果转化和产业化过程中蕴藏的巨大商机和潜在的赢利能力，引起了投资资本、投资服务领域的极大关注。高校校办产业的基本情况、经营状况、运营效益、资产存量、资本结构、资金分配、赢利能力等统计数据的综合分析，成为研究这一领域投资价值的重要参考数据。

三、本书的统计时间为2003年度1月1日至12月31日。统计范围是全国全日制普通高等学校的校办独资企业（公司）和要根据财政部会（1995）11号文件中划定的各类拥有实际控股权的股份制企业、中外合作企业和实行企业化管理的事业单位及学校投资开办的其它各类经济实体（本资料的统计不包括我国台湾及港、澳地区的高校）。书中的数据采集权威、全面，资料详实可靠。在编排中除文字表述外，还绘制了大量图表，力求简明扼要，一目了然。各统计部分都后缀简单的数据分析，以提示数据的信息关联。附录中将近五年来的高校校办产业统计综合报告一并收入，以便对比分析。

四、本书将中国高校校办产业统计分析报告作为正式出版物出版，由于数据基础的限制，编撰时间有限，经验不足，使本书在文字表述、数据分析等方面都存在着一些缺憾，敬请广大读者提出宝贵意见，我们将在今后的工作中加以完善。

五、本书的出版得到北京化工大学的支持，在此深表感谢。

**编　者**

**2004年8月**

# 目　录

# 一、2003 年度全国普通高校校办产业统计分析

## 1. 全国高校校办产业概况

① 2003 年度参加全国普通高校校办产业统计工作的共有全国 32 个省、自治区、直辖市、新疆生产建设兵团,共计 609 所普通高校的 4 839 个企业,其中科技型企业 2 447 个,占全部上报企业的 50.57%;其他类型企业 2 392 个,占上报企业的 49.43%。如图 1-1 所示。

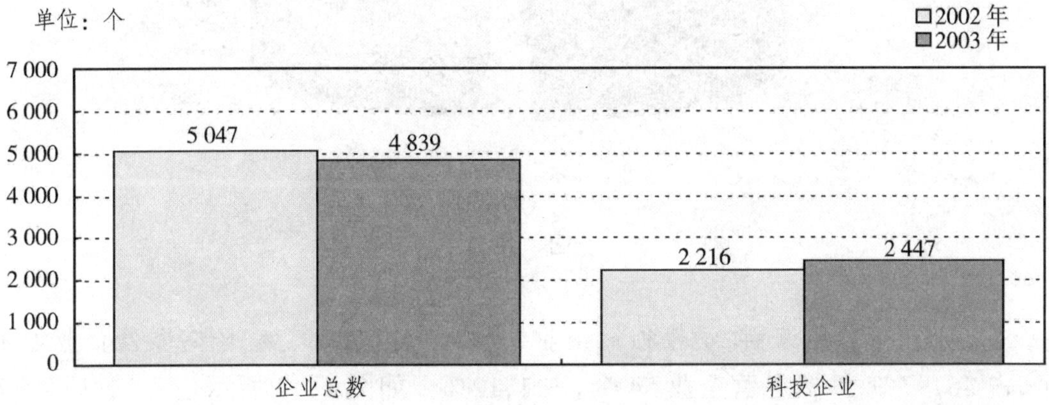


(a)

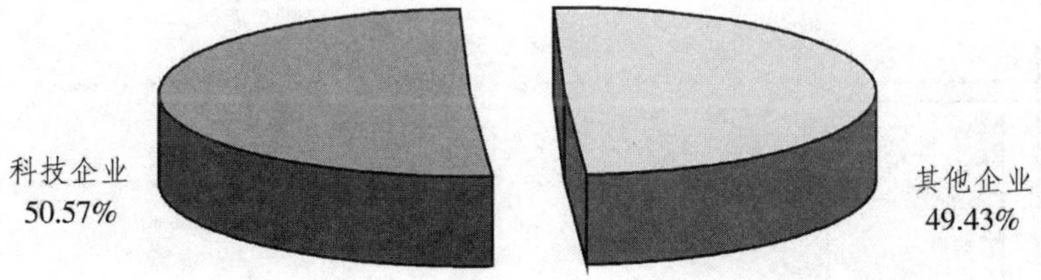


(b)

**图 1-1**

② 从经营性质来看,从事工业生产的企业为 2 040 个,占 42.16%;从事商贸的企业 470 个,占 9.71%;从事其他经营方式的企业 2 329 个,占 48.13%。如图 1-2所示。

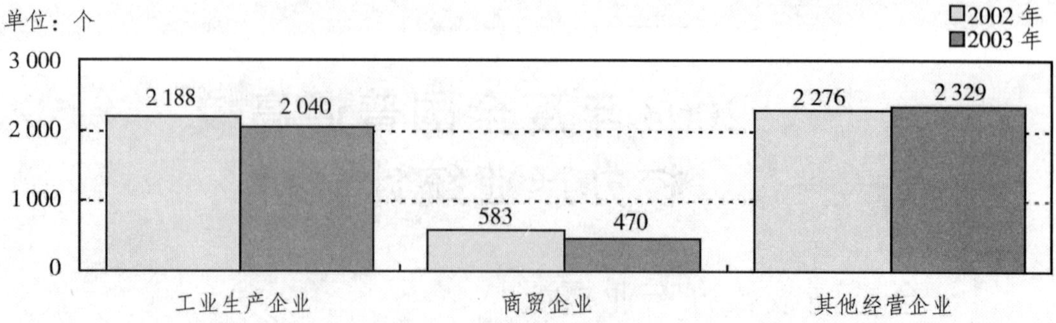


(a)

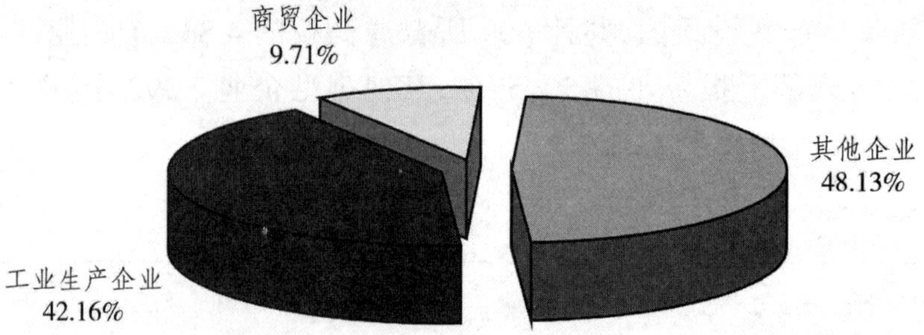


(b)

**图 1-2**

③ 从投资性质来看，学校独资企业 3 480 个，占 71.91%；国内联营企业 1 305 个，占 26.97%；外资合营企业 54 个，占 1.12%。如图 1-3 所示。

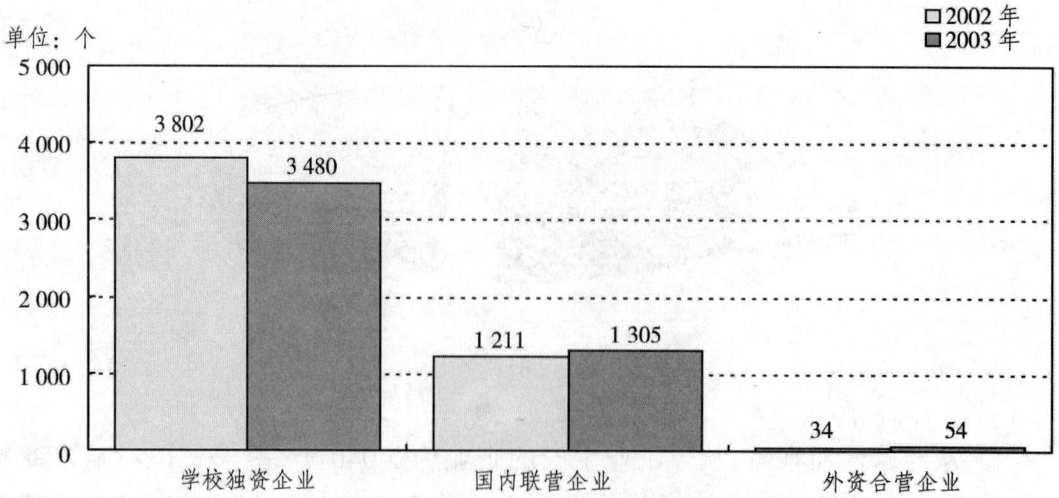


(a)

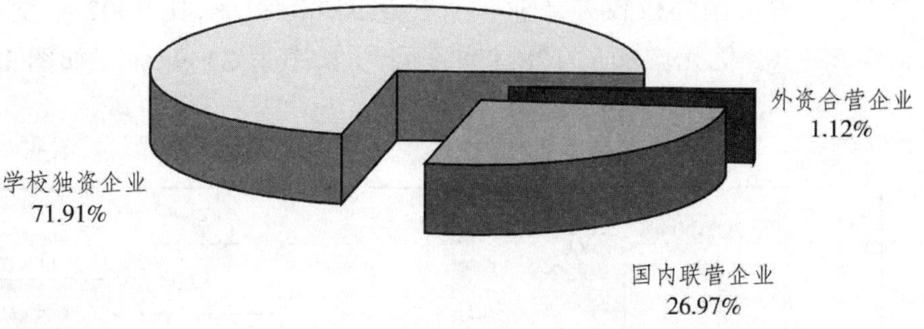


(b)

图 1-3

④ 从对企业隶属管理关系上看,由学校管理的企业为 4 205 个,占 86.90%;由校内院、系、所管理的企业 634 个,占 13.10%。如图 1-4 所示。

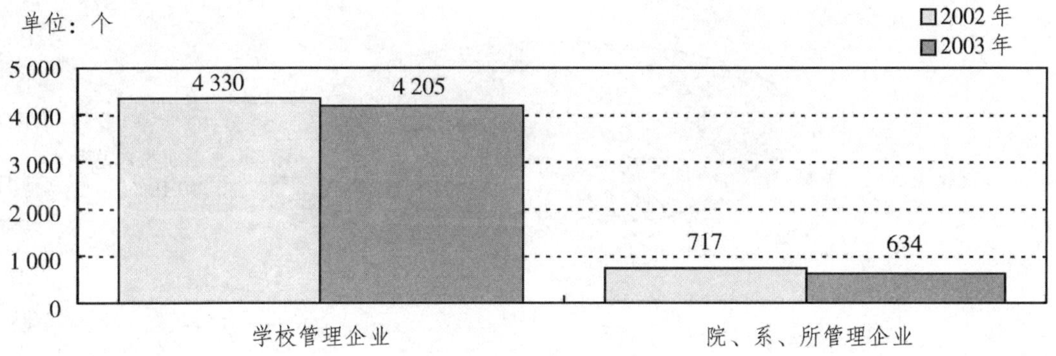


(a)

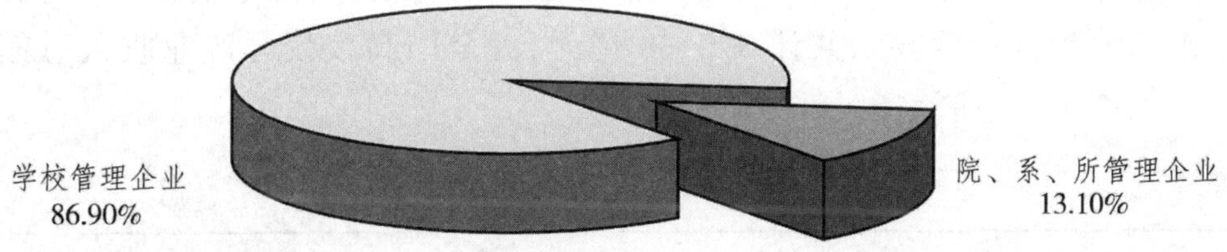


(b)

图 1-4

## 2. 经营状况

(1) 收入总额情况

① 2003 年度全国高校校办产业收入总额 826.67 亿元,比 2002 年度收入总额 720.08 亿元增加了 106.59 亿元,增长率为 14.80%;其中科技型企业收入总额

668.07 亿元,占全国高校校办产业收入总额的 80.81%,比 2002 年度科技型企业收入总额 539.08 亿元增加了 128.99 亿元,增长率为 23.93%。如图 1－5 所示。

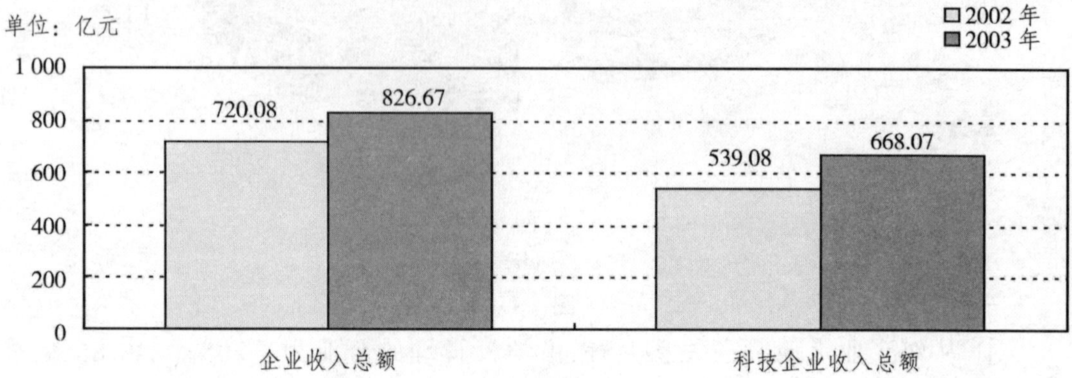


(a)

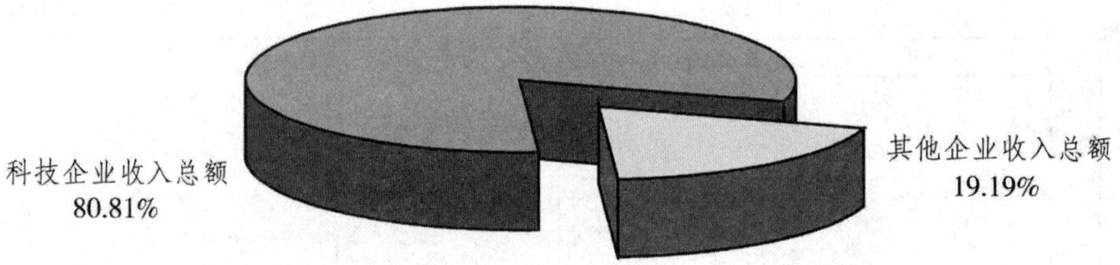


(b)

**图　1－5**

② 高校校办产业收入总额排在前五位的省、市分别是:北京市 357.76 亿元;上海市 85.63 亿元;江苏省 47.18 亿元;浙江省 41.27 亿元;辽宁省 38.80 亿元。该五省、市高校校办产业收入共计 570.64 亿元,占全国高校校办产业收入总额的 69.03%。如图 1－6 所示。

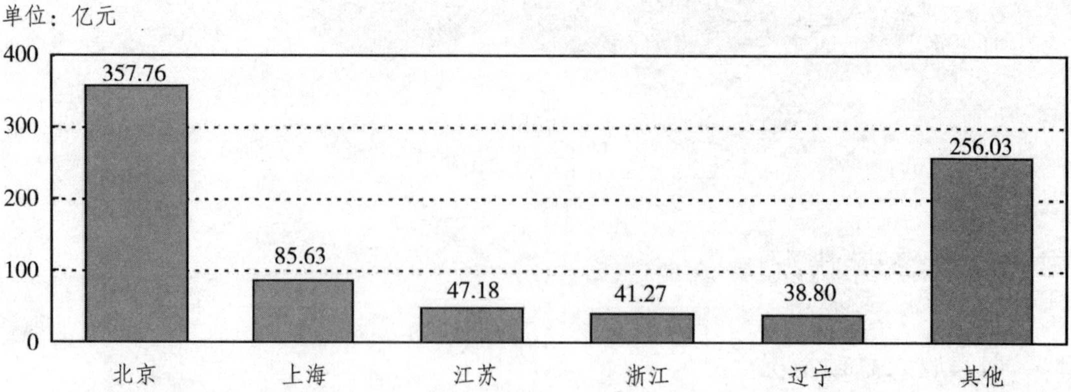


(a)

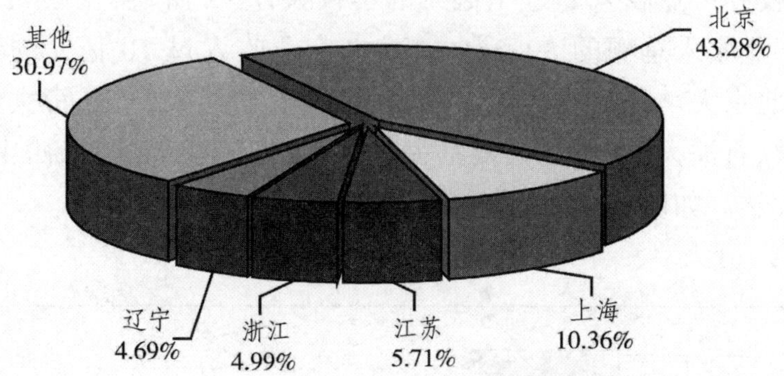


(b)

**图 1-6**

**表 1-1 2001-2003 年高校校办产业收入总额前五名的省、市** （单位:亿元）

| 省/市 | 北京市 | 上海市 | 天津市 | 江苏省 | 辽宁省 |
|---|---|---|---|---|---|
| 2001 年 | 261.85 | 59.71 | 32.60 | 32.52 | 32.46 |
| 省/市 | 北京市 | 上海市 | 江苏省 | 辽宁省 | 山东省 |
| 2002 年 | 299.55 | 76.95 | 40.07 | 36.09 | 33.85 |
| 省/市 | 北京市 | 上海市 | 江苏省 | 浙江省 | 辽宁省 |
| 2003 年 | 357.76 | 85.63 | 47.18 | 41.27 | 38.80 |

③ 高校校办科技型企业收入排在前五位的省、市分别是:北京市 326.13 亿元;上海市 64.49 亿元;浙江省 34.99 亿元;辽宁省 31.48 亿元;陕西省 29.57 亿元。如图 1-7 所示。

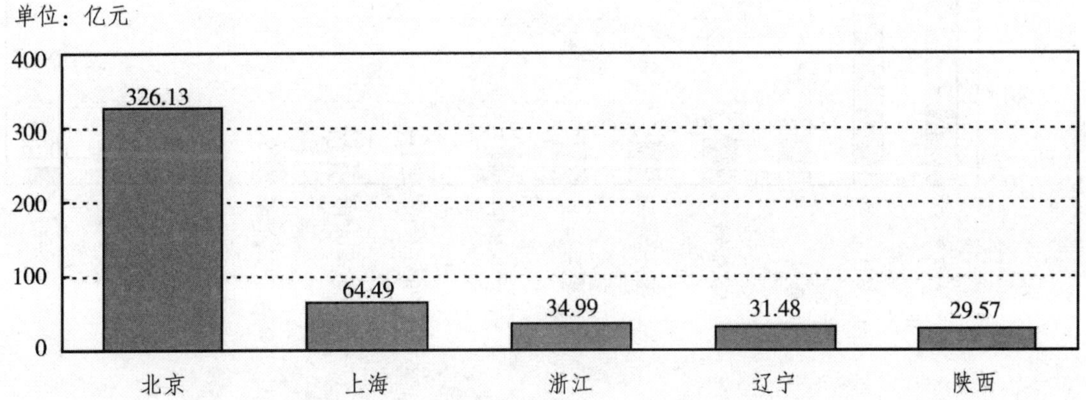


**图 1-7**

④ 高校校办产业收入超过 1 亿元的学校共计 92 所，实现收入 740.37 亿元，占高校校办产业收入总额的 89.56%。校办产业收入过 10 亿元的学校有 13 所，它们分别是：北京大学、清华大学、浙江大学、西安交通大学、同济大学、东北大学、上海交通大学、石油大学（华东）、复旦大学、哈尔滨工业大学、江西中医学院、南京大学和中山大学。如图 1－8 所示。

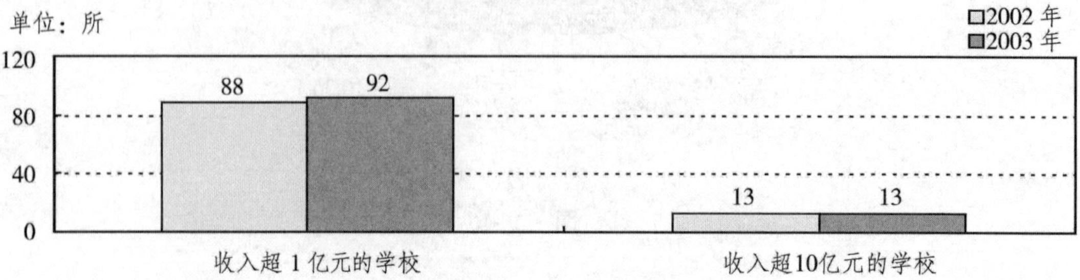


（a）

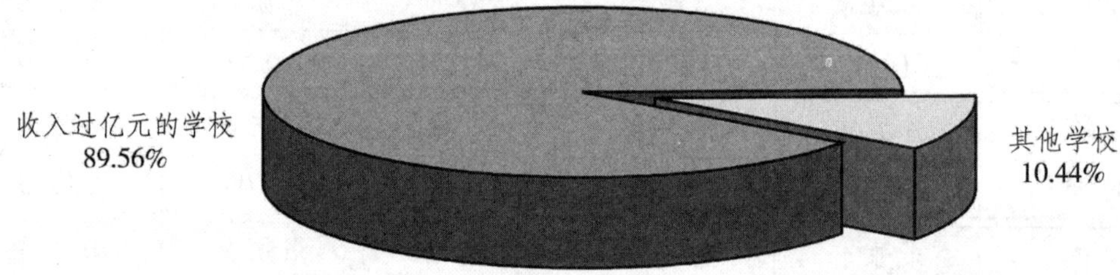


（b）

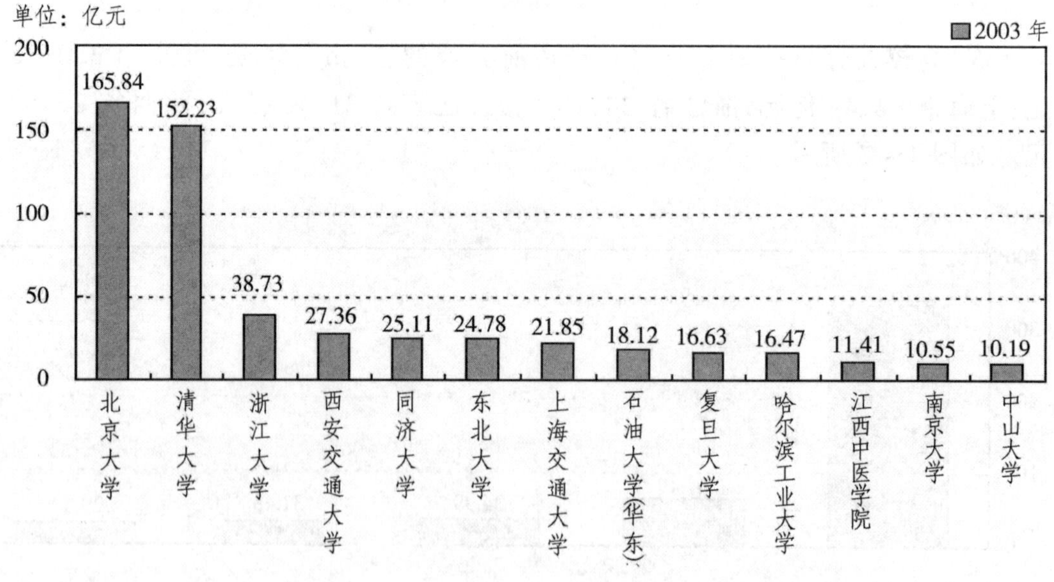


（c）

**图 1－8**

⑤ 高校校办科技型企业收入过 10 亿元的学校有 11 所，它们分别是：北京大学、清华大学、浙江大学、西安交通大学、东北大学、同济大学、上海交通大学、哈尔滨工业大学、石油大学（华东）、复旦大学和江西中医学院。如图 1－9 所示。

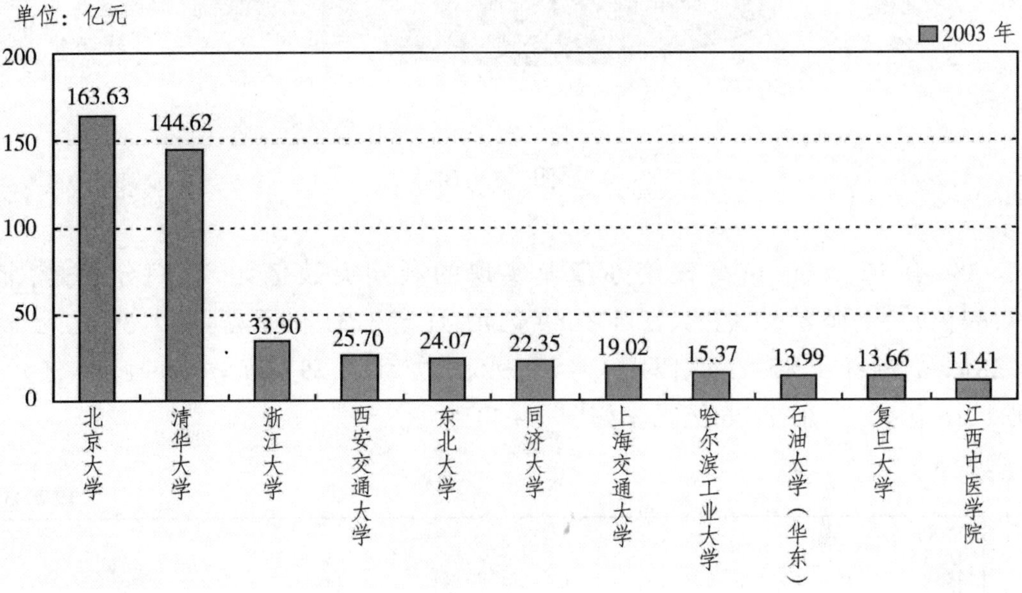


**图 1－9**

（2）利润情况

① 2003 年度全国高校校办产业实现利润总额 42.98 亿元，比 2002 年度实现利润总额 45.93 亿元减少了 2.95 亿元，降低了 6.42%。其中科技型企业实现利润总额 27.61 亿元，占实现利润总额的 64.24%，比 2002 年度科技型企业实现利润总额 25.37 亿元增长了 2.24 亿元，增长率为 8.83%。如图 1－10 所示。

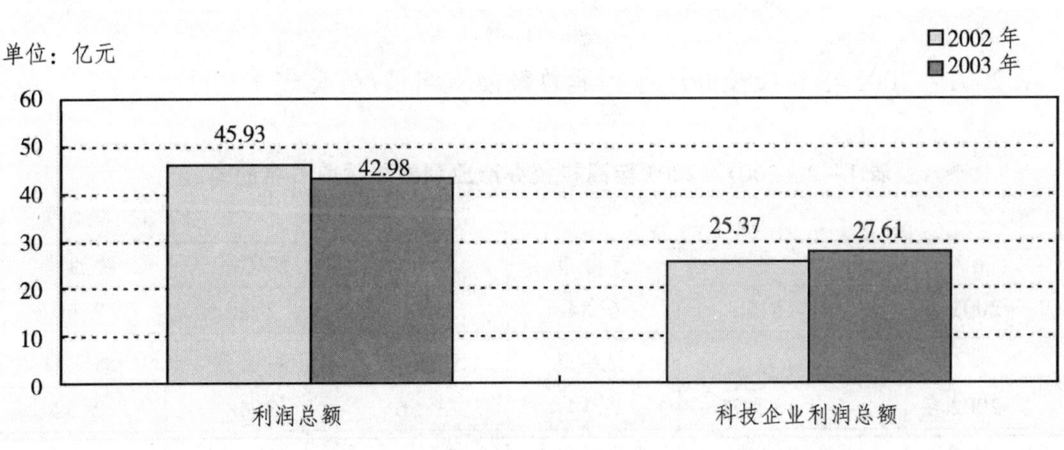


(a)

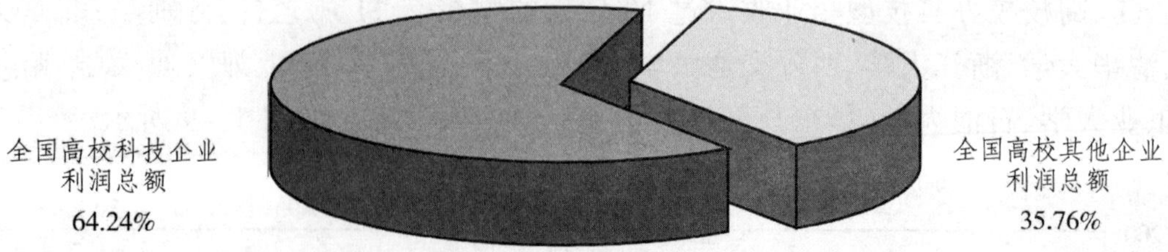


(b)

**图 1-10**

② 有12个省、市高校校办产业实现的利润突破亿元,它们分别是:北京17.84亿元、上海8.55亿元、江苏3.89亿元、辽宁3.31亿元、湖北2.39亿元、陕西2.28亿元、浙江1.85亿元、四川1.44亿元、黑龙江1.29亿元、山东1.22亿元、河北1.15亿元、广东1.06亿元。如图1-11所示。

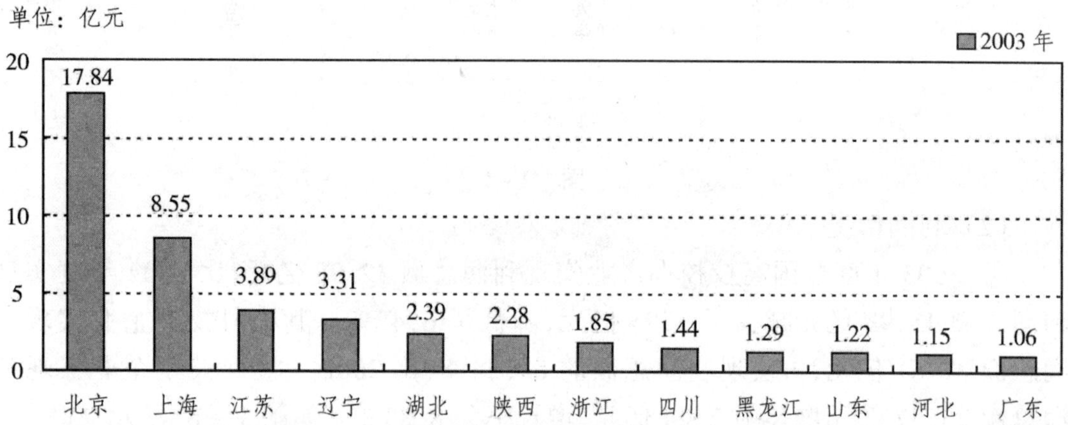


**图 1-11**

2001-2003年高校校办产业利润总额前五名情况(见表1-2)

**表1-2 2001-2003年高校校办产业利润总额前五名的省、市**

(单位:亿元)

| 省/市 | 北京市 | 上海市 | 天津市 | 江苏省 | 陕西省 |
|---|---|---|---|---|---|
| 2001年 | 15.53 | 6.54 | 2.98 | 2.83 | 2.60 |
| 省/市 | 北京市 | 上海市 | 江苏省 | 陕西省 | 湖北省 |
| 2002年 | 13.87 | 7.14 | 3.56 | 3.48 | 2.52 |
| 省/市 | 北京市 | 上海市 | 江苏省 | 辽宁省 | 湖北省 |
| 2003年 | 17.84 | 8.55 | 3.89 | 3.31 | 2.39 |

③ 2003年度全国高校校办产业共实现净利润27.95亿元,比2002年度实现

净利润 35.33 亿元减少了 7.38 亿元，降低了 20.89%。其中科技型企业实现净利润 14.73 亿元，占实现净利润的 52.70%，比 2002 年度科技型企业实现净利润 18.63亿元减少了 3.90 亿元，降低了 20.93%。如图 1－12 所示。

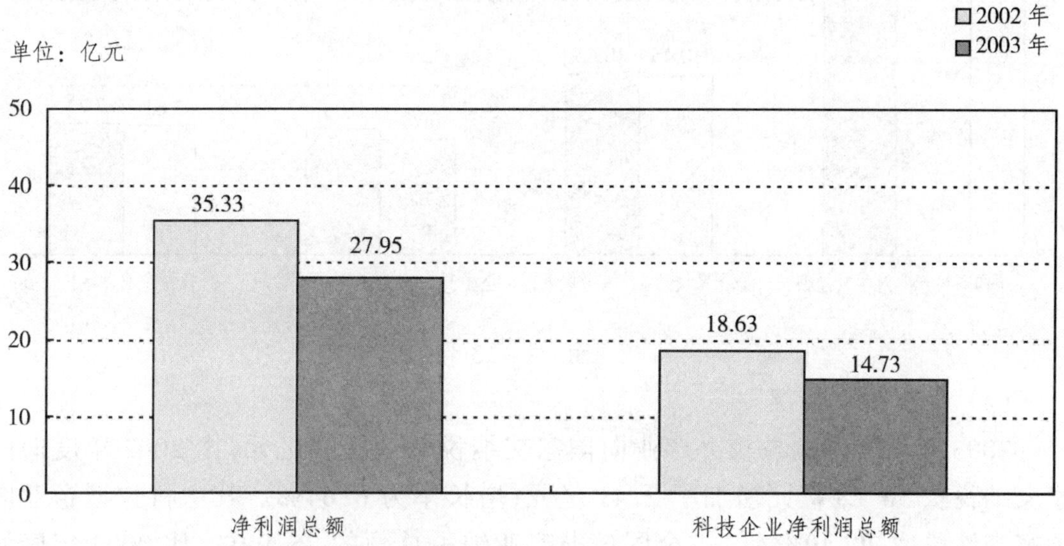


（a）

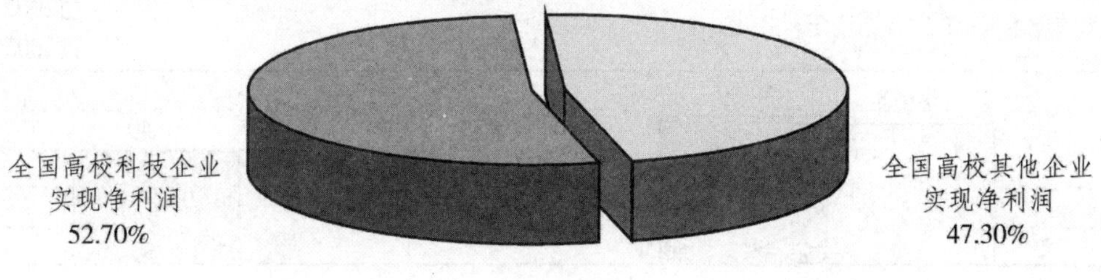


（b）

**图 1－12**

（3）对学校的回报情况

2003 年度全国高校校办产业对学校回报 18.00 亿元，比 2002 年度对学校回报 17.24 亿元增加了 0.76 亿元，增长率为 4.41%。在企业对学校的回报中，其中上交学校利润 10.65 亿元，返还学校工资费用等 7.35 亿元。其中科技型企业对学校回报共计 7.74 亿元，占全国高校校办产业对学校回报的 43%，比 2002 年度科技型企业对学校回报 7.61 亿元增长了 0.13 亿元，增长率为 1.71%，如图1－13 所示。

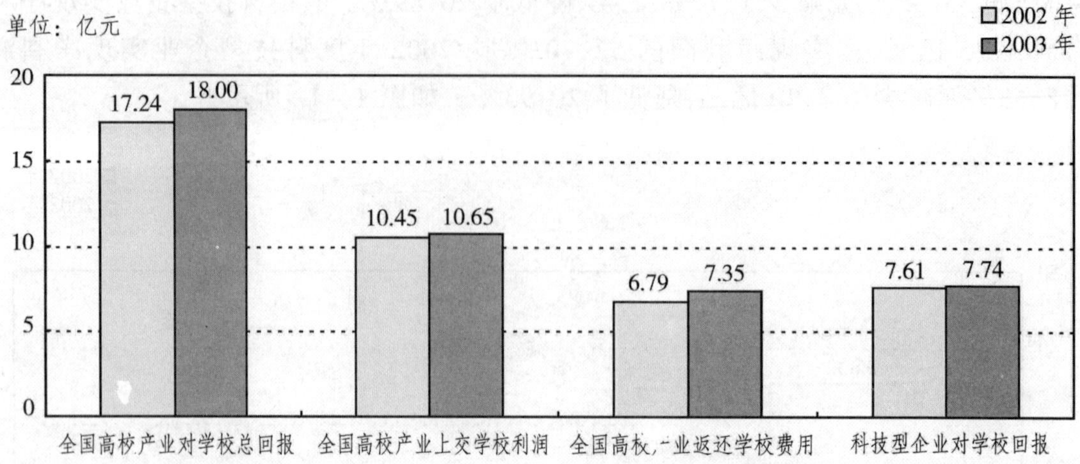


图 1－13

(4) 上交税金情况

2003 年度全国高校校办产业向国家交纳税费 38.69 亿元，比 2002 年度向国家交纳税费 36.28 亿元增加了 2.41 亿元，增长率为 6.64%。其中科技型企业向国家交纳税费 29.40 亿元，占全国校办产业纳税总额的 75.99%，比 2002 年度科技型企业向国家交纳税费 25.92 亿元增长了 3.48 亿元，增长率为 13.43%。如图 1－14 所示。

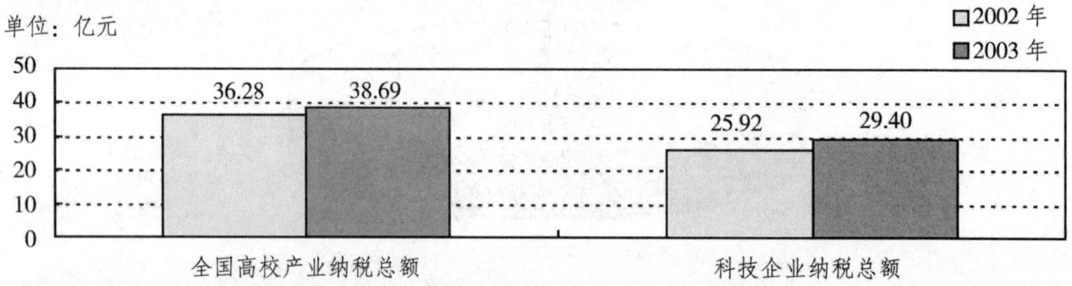


(a)

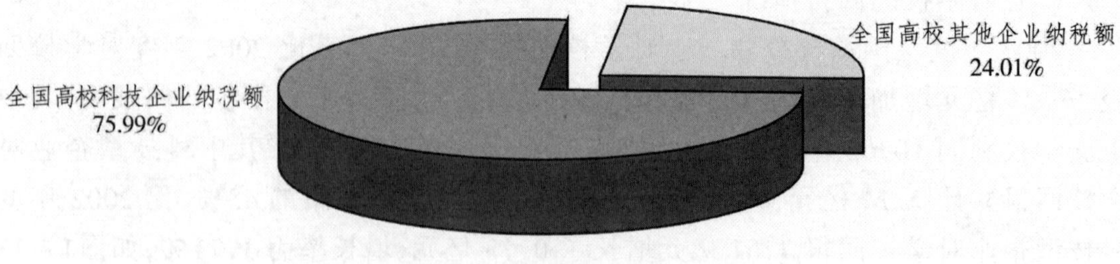


(b)

图 1－14

(5) 对社会的回报情况

2003 年度全国高校校办产业对社会回报总额为 66.64 亿元，比 2002 年度对社会回报总额 71.61 亿元减少了 4.97 亿元，下降了 6.94%。其中科技型企业对社会回报总额 44.13 亿元，占高校校办企业对社会回报总额的 66.22%，比 2002 年度科技型企业对社会回报总额 44.55 亿元减少了 0.42 亿元，降低了 0.94%。如图 1－15 所示。

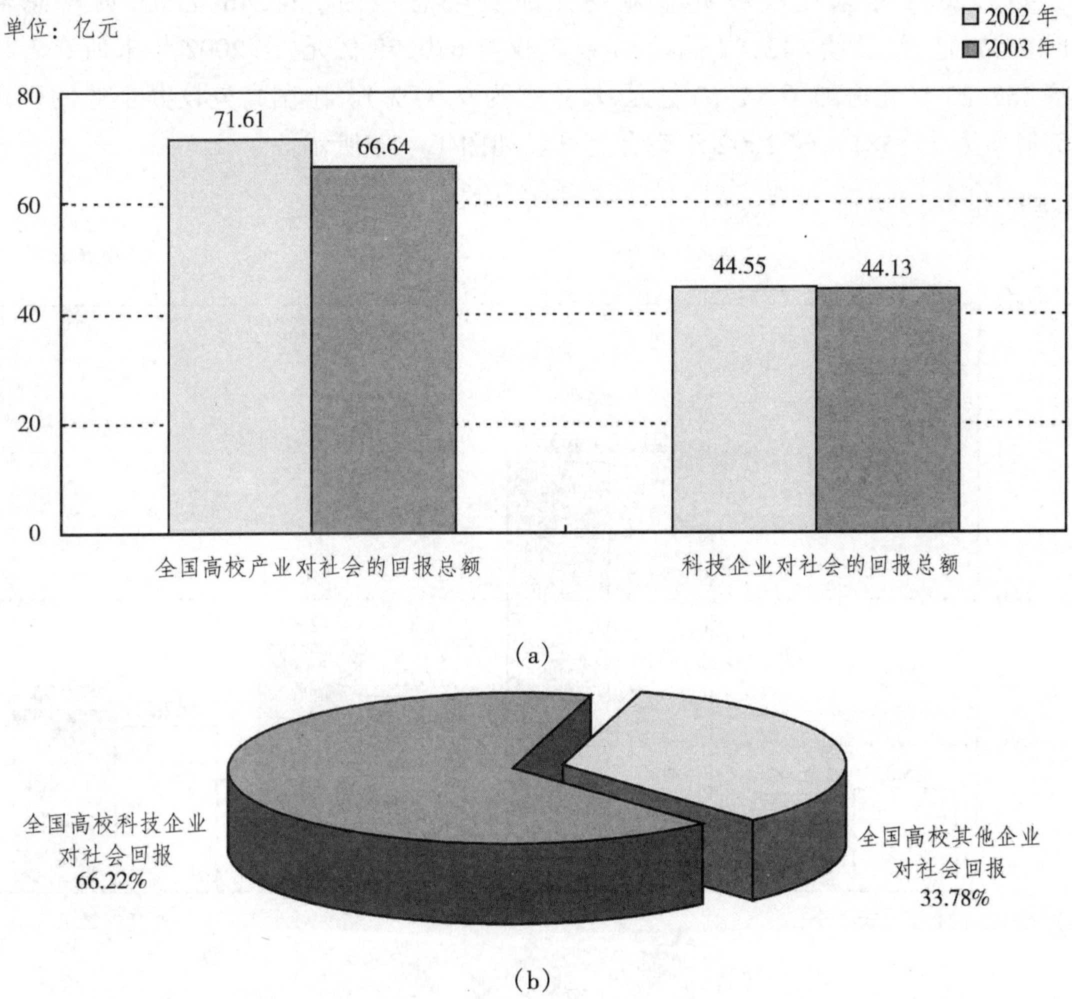


**图　1－15**

## 3. 人员状况

2003 年末高校校办企业在册职工人数共计 26.22 万人，其中有科技人员 9.15 万人，占校企人员总数的 34.90%（其中具有高级职称的人数为 21 866 人、具有中级职称的人数为 38 636 人）。

2003年度高校校办企业接纳学生实习人数达 64.09 万人次，累计工时 2 576.16万小时。此外，校办企业还参与了硕士生、博士生的培养工作。2003 年度参与培养博士生 1 392 名、硕士生 5 116 名。

## 4. 资产状况

① 2003 年末高校校办企业的注册资金总额为 334.46 亿元，资产总额 1 463.77亿元，负债 842.82 亿元，所有者权益 620.95 亿元(比 2002 年末所有者权益 567.23 亿元增加了 53.72 亿元，增长率为 9.47%)。全国高校校办企业的资产负债率为 57.58%，较 2002 年略有上升。如图 1-16 所示。

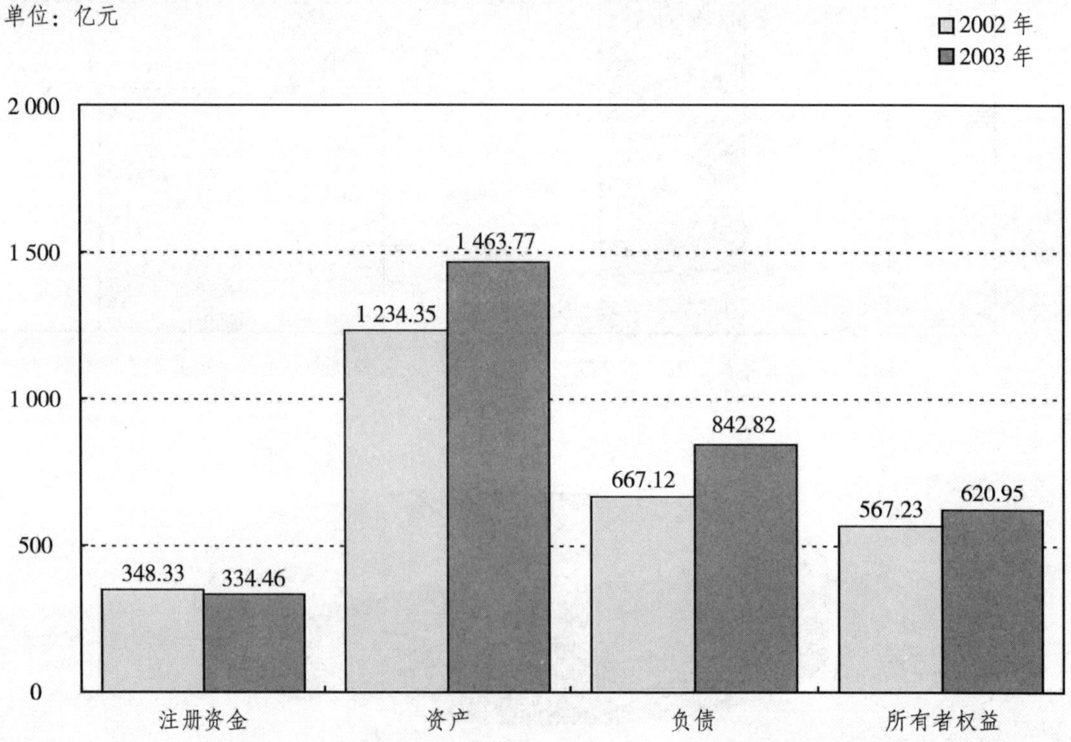


**图 1-16**

② 在全国 4 839 个校办企业中，其中 2 447 个科技型企业的注册资本金为 264.96 亿元，资产总额为 1 205.15 亿元，负债 703.63 亿元，所有者权益 501.52 亿元(比 2002 年末所有者权益 430.75 亿元增加了 70.77 亿元，增长率为 16.43%)。全国高校科技型企业的资产负债率为 58.39%，较 2002 年有所上升。如图 1-17 所示。

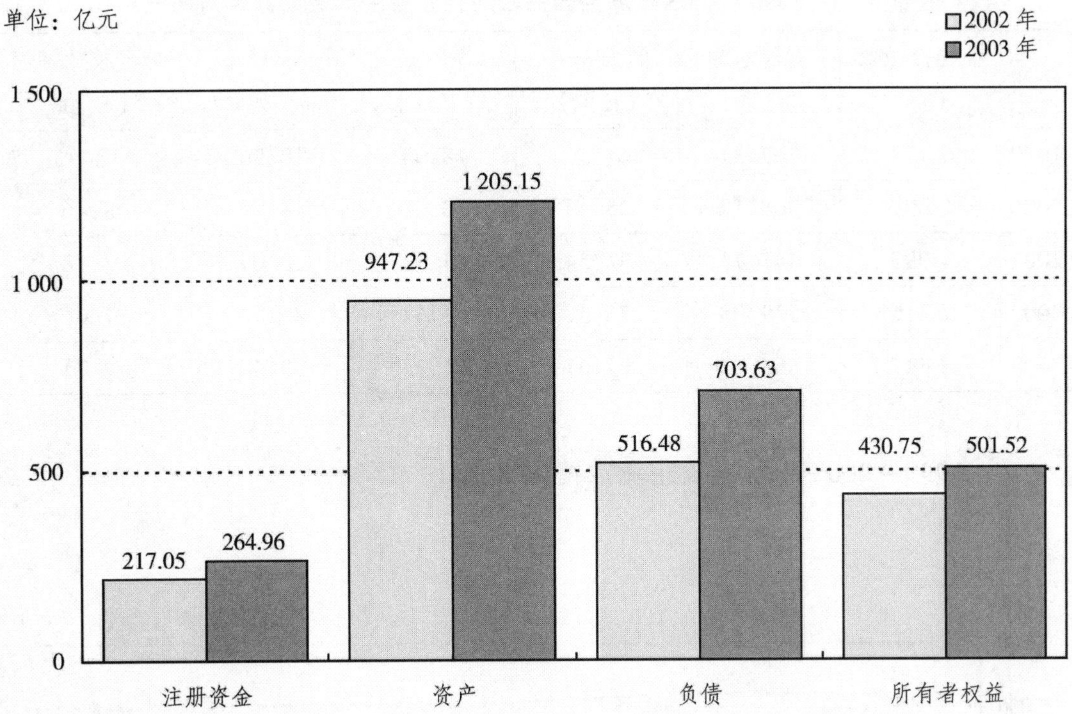


图 1－17

## 5．1999－2003 年度基本数据对照情况

1999－2003 年度全国高校企业生产经营数据对照情况如表 1－3 所示。

表 1－3　1999－2003 年度全国高校企业生产经营数据对照表

| 年度 | 企业数（个） | 收入总额（亿元） | 利润总额（亿元） | 净利润（亿元） | 上交税金（亿元） | 对学校的回报（亿元） |
|---|---|---|---|---|---|---|
| 1999 | 5 444 | 379.03 | 30.53 | 25.90 | 15.68 | 15.99 |
| 2000 | 5 451 | 484.55 | 45.64 | 36.04 | 25.42 | 16.85 |
| 2001 | 5 039 | 602.98 | 48.17 | 35.32 | 28.41 | 18.32 |
| 2002 | 5 047 | 720.08 | 45.93 | 35.33 | 36.28 | 17.24 |
| 2003 | 4 839 | 26.67 | 42.98 | 27.95 | 38.69 | 18.00 |

1999－2003 年度全国高校科技企业生产经营数据对照情况如表 1－4 所示。

表 1－4　1999－2003 年度全国高校科技企业生产经营数据对照表

| 年度 | 科技企业数（个） | 收入总额（亿元） | 利润总额（亿元） | 净利润（亿元） | 上交税金（亿元） | 对学校的回报（亿元） |
|---|---|---|---|---|---|---|
| 1999 | 2 137 | 267.31 | 21.56 | 18.04 | 10.96 | 13.92 |
| 2000 | 2 097 | 368.12 | 35.43 | 28.03 | 18.79 | 8.46 |
| 2001 | 1 993 | 447.75 | 31.54 | 23.98 | 20.09 | 7.78 |
| 2002 | 2 216 | 539.08 | 25.37 | 18.63 | 25.92 | 7.61 |
| 2003 | 2 447 | 668.07 | 27.61 | 14.73 | 29.40 | 7.74 |

① 1999－2003 年度高校企业数情况如图 1－18 所示。

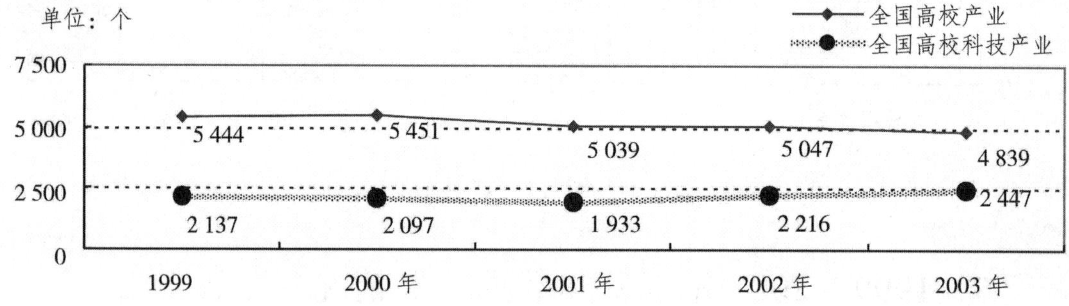


图　1－18

② 1999－2003 年度高校企业收入总额情况如图 1－19 所示。

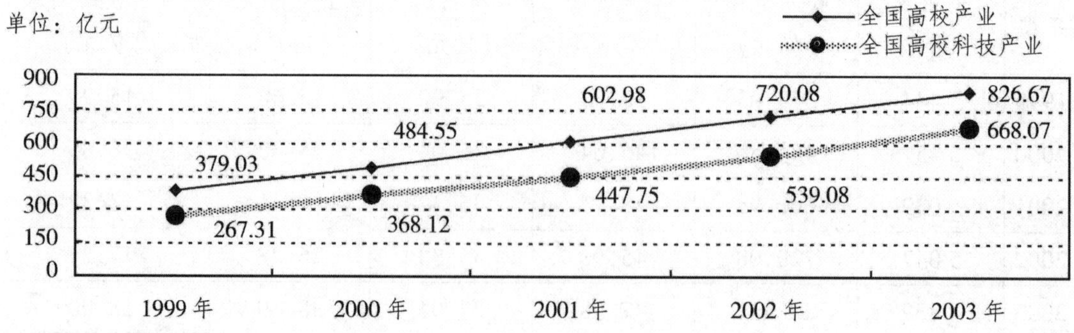


图　1－19

③ 1999－2003 年度高校企业利润总额情况如图 1－20 所示。

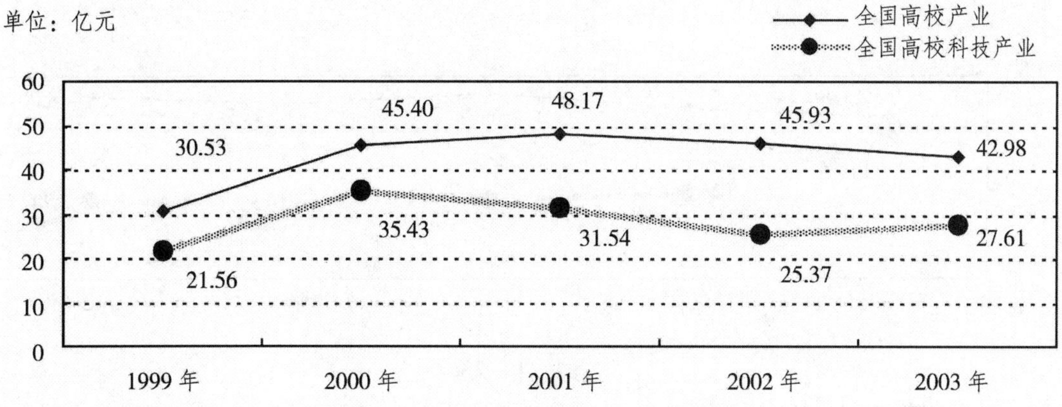


**图 1－20**

④ 1999－2003 年度高校企业净利润情况如图 1－21 所示。

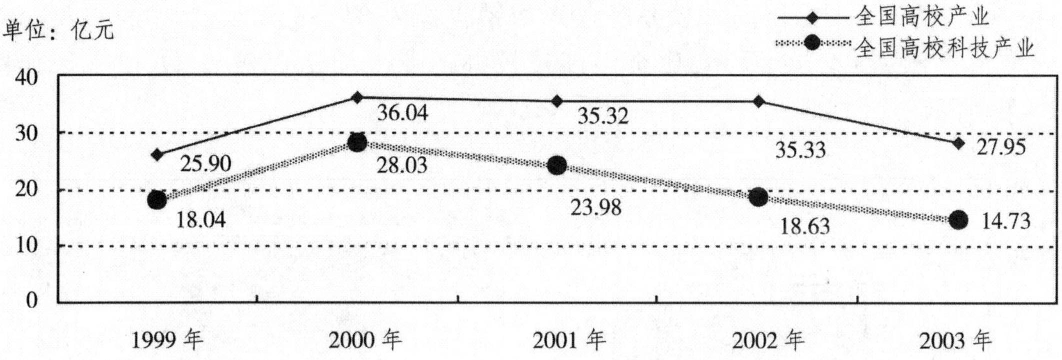


**图 1－21**

⑤ 1999－2003 年度谪校企业上交税金情况如图 1－22 所示。

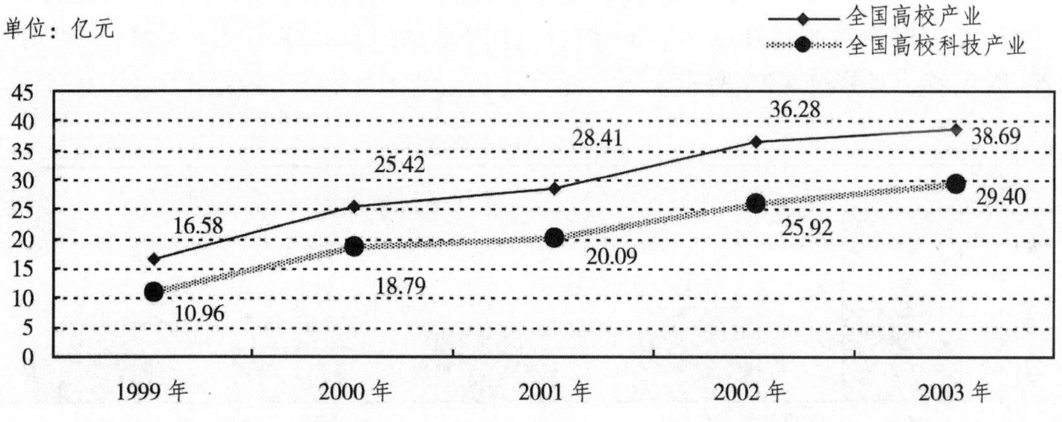


**图 1－22**

⑥ 1999－2003 年度高校企业对学校的回报情况如图 1－23 所示。

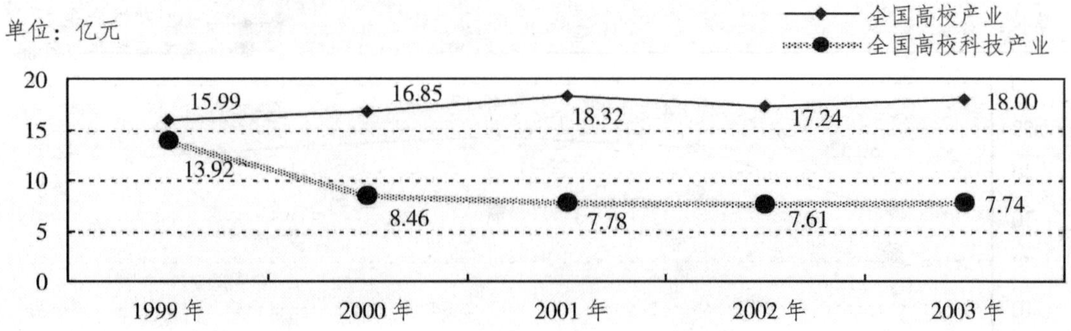


图 1－23

## 6. 基本分析

(1) 人均销售额

① 2003 年度全国高校校办产业人均销售额为 31.53 万元，其中科技型企业人均销售额为 44.78 万元，比全国高校校办产业人均销售额高 42.02%。如图 1－24所示。

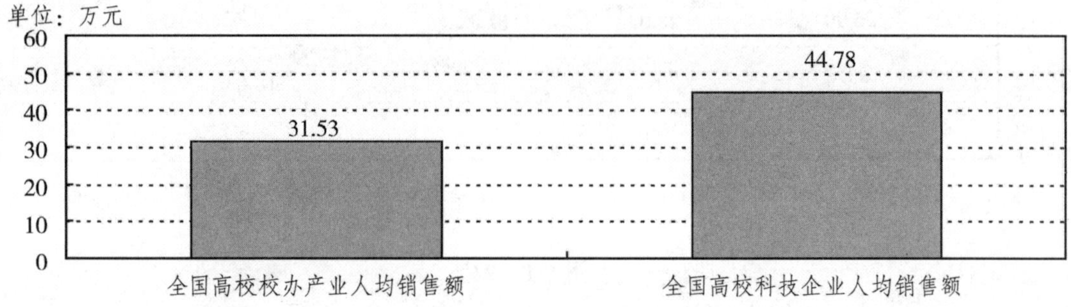


图 1－24

② 人均销售额排在前五位的省、市分别是：北京市、浙江省、上海市、黑龙江省、广东省。如图 1－25 所示。

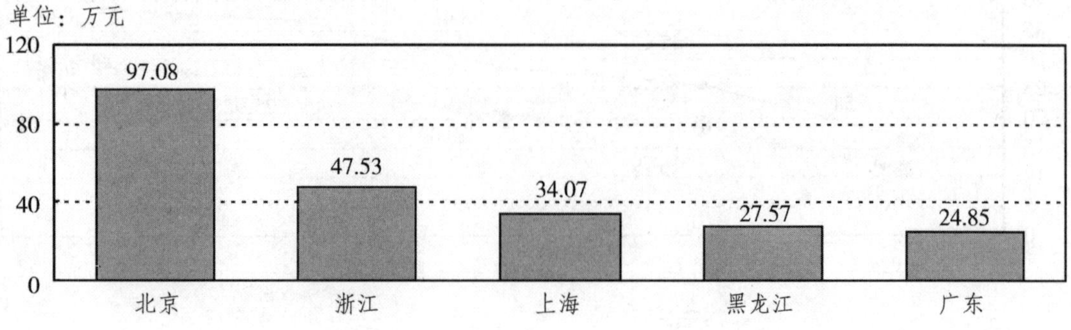


图 1－25

（2）人均利润额

① 2003 年度全国高校校办产业人均利润额为 1.07 万元，其中科技型企业人均销售额为 0.99 万元，比全国高校校办产业人均销售额低 7.48%。如图 1－26 所示。

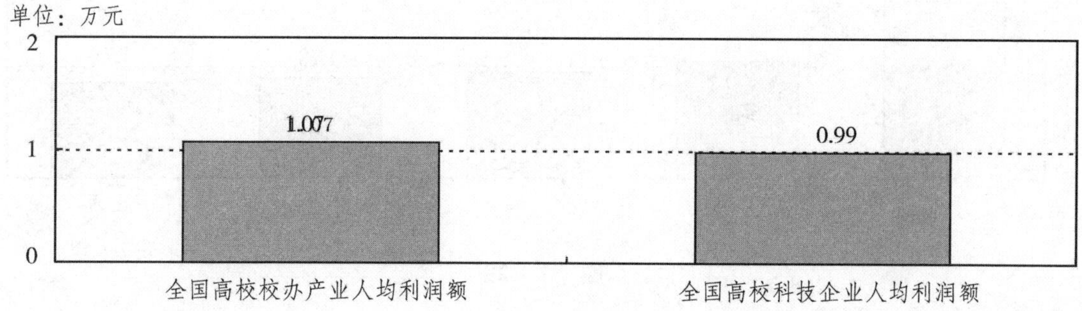


图　1－26

② 人均利润额排在前五位的省、市分别是：西藏自治区、北京市、上海市、山西省、湖北省。如图 1－27 所示。

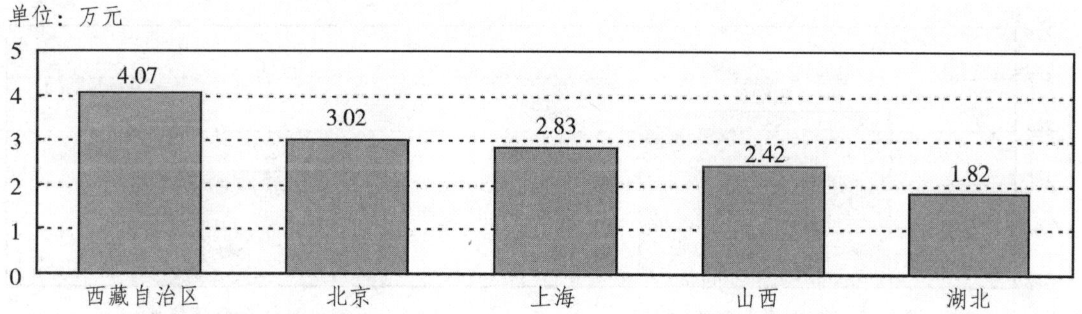


图　1－27

（3）人均创税

① 2003 年度全国高校校办产业人均创税为 1.48 万元，其中科技型企业人均创税为 1.97 万元，比全国高校校办产业人均创税高 33.11%。如图 1－28 所示。

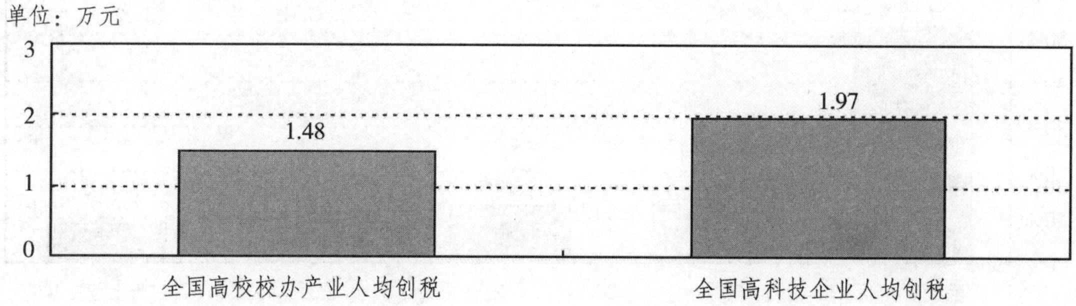


图　1－28

② 人均创税排在前五位的省、市分别是:北京市、江西省、上海市、广西壮族自治区、山西省。如图 1－29 所示。

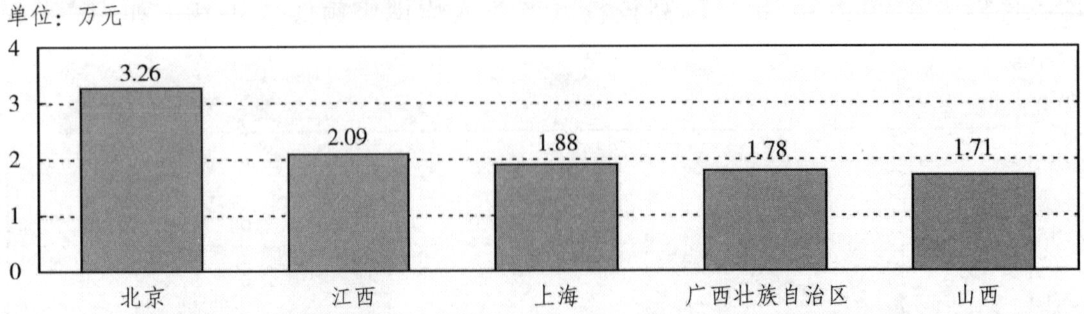


图 1－29

(4) 销售净利率

① 2003 年度全国高校校办产业平均销售净利率为 3.38%,其中科技型企业平均销售净利率为 2.20%,比全国高校校办产业平均销售净利率低 34.91%。如图 1－30 所示。

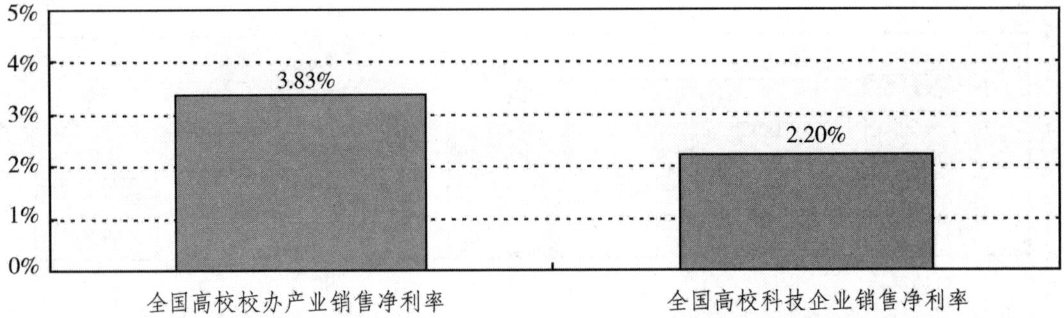


图 1－30

② 销售净利率排在前五位的省、市分别是:西藏自治区、青海省、河北省、山西省、上海市。如图 1－31 所示。

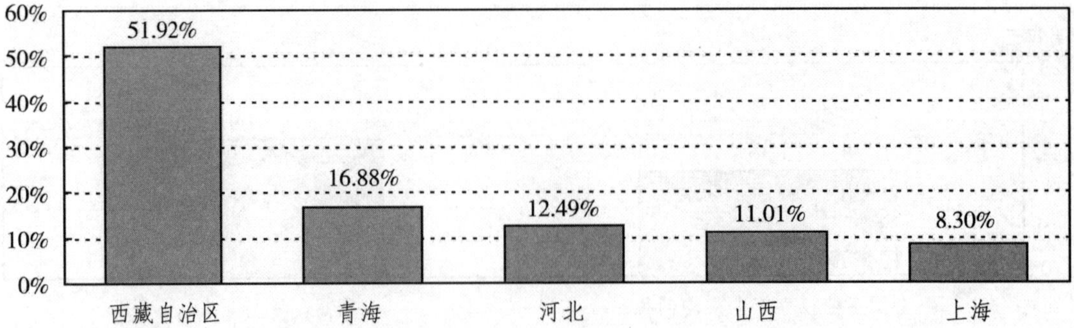


图 1－31

（5）净资产收益率

① 2003 年度全国高校校办产业平均净资产收益率为 4.50%，其中科技型企业平均净资产收益率为 2.94%，比全国高校校办产业平均净资产收益率低 34.67%。如图 1－32 所示。

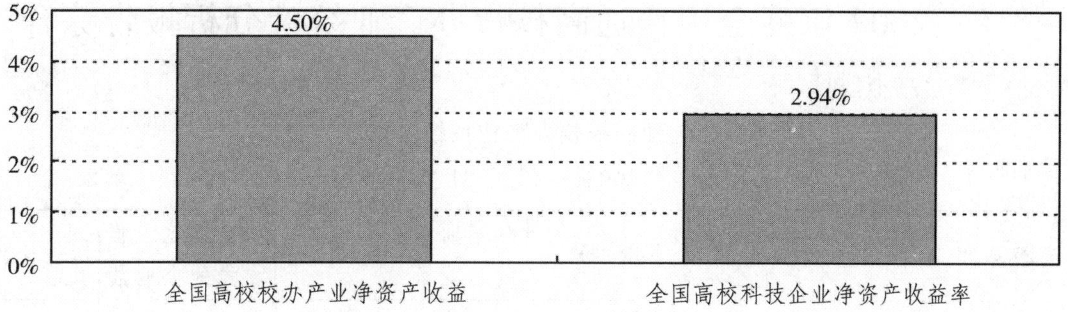


**图　1－32**

② 净资产收益率排在前五位的省、市分别是：青海省、西藏自治区、河北省、山西省、江苏省。如图 1－33 所示。

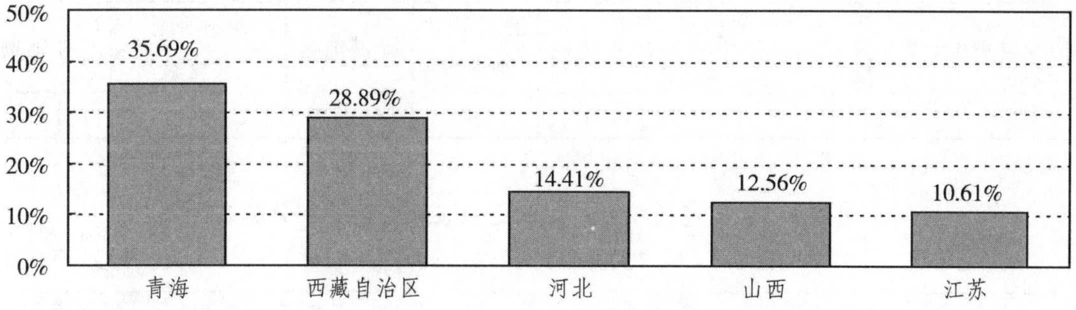


**图　1－33**

（6）企业平均人数

2003 年度全国高校校办企业平均人数为 54 人，其中科技型企业平均人数为 61 人，比全国高校校办企业平均人数多 7 人。如图 1－34 所示。

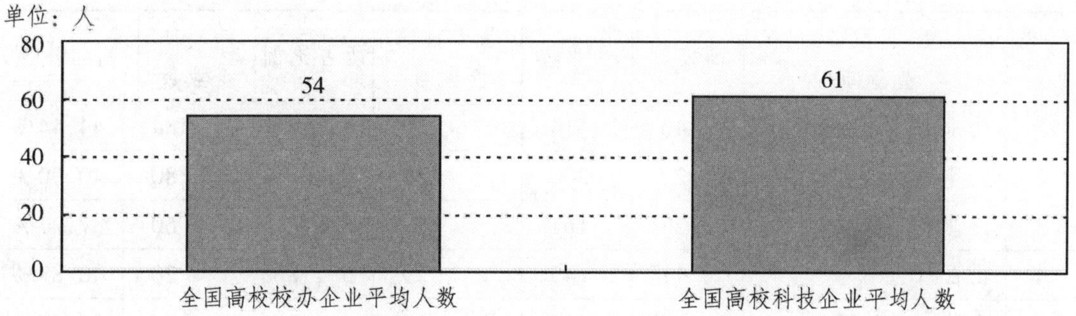


**图　1－34**

## 7．专利及专有技术

2003 年度全国高校校办企业共拥有专利 2 805 项，专有技术 3 042 项。

## 8．2003 年度全国普通高校校办产业统计分析报告综合分析附表

**附表 1　全国高校校办产业按经营性质分类表**

2003 年 12 月 31 日　　单位：个

| 高校总数 | 企业总数 | 其中：从事生产的企业数 | 所占比例 | 从事商贸的企业数 | 所占比例 | 从事其他经营方式的企业数 | 所占比例 |
|---|---|---|---|---|---|---|---|
| 609 | 4 839 | 2 040 | 42.16% | 470 | 9.71% | 2 329 | 48.13% |

**附表 2　全国高校校办产业按投资性质分类表**

2003 年 12 月 31 日　　单位：个

| 高校总数 | 企业总数 | 其中：学校独资企业数 | 所占比例 | 国内联营企业数 | 所占比例 | 外资合营企业数 | 所占比例 |
|---|---|---|---|---|---|---|---|
| 609 | 4 839 | 3 480 | 71.91% | 1 305 | 26.97% | 54 | 1.12% |

**附表 3　全国高校校办产业按企业隶属管理关系分类表**

2003 年 12 月 31 日　　单位：个

| 高校总数 | 企业总数 | 学校管理的企业数 | 所占比例 | 院、系、所管理的企业数 | 所占比例 |
|---|---|---|---|---|---|
| 609 | 4 839 | 4 205 | 86.90% | 634 | 13.10% |

**附表 4　全国高校校办产业分布情况一览表**

2003 年 12 月 31 日　　单位：个

| 序号 | 省、自治区、直辖市 | 高校数 | 企业数 | 其中科技企业数 | 所占比例 | 其　他企业数 | 所占比例 |
|---|---|---|---|---|---|---|---|
| 1 | 北京市 | 46 | 414 | 230 | 55.56% | 184 | 44.44% |
| 2 | 天津市 | 22 | 200 | 120 | 60.00% | 80 | 40.00% |
| 3 | 河北省 | 23 | 161 | 101 | 62.73% | 60 | 37.27% |
| 4 | 山西省 | 11 | 49 | 29 | 59.18% | 20 | 40.82% |
| 5 | 内蒙古自治区 | 6 | 29 | 13 | 44.83% | 16 | 55.17% |
| 6 | 辽宁省 | 46 | 457 | 173 | 37.86% | 284 | 62.14% |

**续附表 4**

| 序号 | 省、自治区、直辖市 | 高校数 | 企业数 | 其中科技企业数 | 所占比例 | 其他企业数 | 所占比例 |
|---|---|---|---|---|---|---|---|
| 7 | 吉林省 | 19 | 132 | 66 | 50.00% | 66 | 50.00% |
| 8 | 黑龙江省 | 16 | 203 | 125 | 61.58% | 78 | 38.42% |
| 9 | 上海市 | 27 | 612 | 327 | 53.43% | 285 | 46.57% |
| 10 | 江苏省 | 47 | 510 | 261 | 51.18% | 249 | 48.82% |
| 11 | 浙江省 | 12 | 134 | 46 | 34.33% | 88 | 65.67% |
| 12 | 安徽省 | 13 | 101 | 53 | 52.48% | 48 | 47.52% |
| 13 | 福建省 | 12 | 115 | 42 | 36.52% | 73 | 63.48% |
| 14 | 江西省 | 12 | 56 | 26 | 46.43% | 30 | 53.57% |
| 15 | 山东省 | 32 | 246 | 125 | 50.81% | 121 | 49.19% |
| 16 | 河南省 | 15 | 79 | 40 | 50.63% | 39 | 49.37% |
| 17 | 湖北省 | 24 | 166 | 108 | 65.06% | 58 | 34.94% |
| 18 | 湖南省 | 19 | 131 | 84 | 64.12% | 47 | 35.88% |
| 19 | 广东省 | 28 | 205 | 83 | 40.49% | 122 | 59.51% |
| 20 | 广西壮族自治区 | 17 | 70 | 32 | 45.71% | 38 | 54.29% |
| 21 | 海南省 | 5 | 17 | 4 | 23.53% | 13 | 76.47% |
| 22 | 重庆市 | 19 | 88 | 30 | 34.09% | 58 | 65.91% |
| 23 | 四川省 | 45 | 264 | 129 | 48.86% | 135 | 51.14% |
| 24 | 贵州省 | 9 | 28 | 6 | 21.43% | 22 | 78.57% |
| 25 | 云南省 | 7 | 52 | 34 | 65.38% | 18 | 34.62% |
| 26 | 西藏自治区 | 2 | 2 | 1 | 50.00% | 1 | 50.00% |
| 27 | 陕西省 | 34 | 191 | 98 | 51.31% | 93 | 48.69% |
| 28 | 甘肃省 | 15 | 66 | 38 | 57.58% | 28 | 42.42% |
| 29 | 青海省 | 5 | 6 | 1 | 16.67% | 5 | 83.33% |
| 30 | 宁夏回族自治区 | 1 | 1 | 0 | 0.00% | 1 | 100.00% |
| 31 | 新疆维吾尔自治区 | 18 | 48 | 18 | 37.50% | 30 | 62.50% |
| 32 | 新疆建设兵团 | 2 | 6 | 4 | 66.67% | 2 | 33.33% |
| 合　计 | | 609 | 4 839 | 2 447 | 50.57% | 2 392 | 49.43% |

**附表5　全国各省、自治区、直辖市高校校办产业收入总额排名**

2003年12月31日　　单位：万元

| 序号 | 省、自治区、直辖市 | 高校校办产业收入总额 |
|---|---|---|
| 1 | 北京市 | 3 577 605.00 |
| 2 | 上海市 | 856 307.10 |
| 3 | 江苏省 | 471 767.90 |
| 4 | 浙江省 | 412 658.30 |
| 5 | 辽宁省 | 388 007.80 |
| 6 | 陕西省 | 351 350.30 |
| 7 | 山东省 | 299 390.60 |
| 8 | 湖北省 | 255 889.60 |
| 9 | 黑龙江省 | 238 588.90 |
| 10 | 广东省 | 216 747.90 |
| 11 | 四川省 | 167 666.30 |
| 12 | 天津市 | 161 278.40 |
| 13 | 江西省 | 123 719.70 |
| 14 | 湖南省 | 123 132.70 |
| 15 | 安徽省 | 82 664.00 |
| 16 | 河北省 | 82 135.10 |
| 17 | 河南省 | 74 001.30 |
| 18 | 重庆市 | 72 060.20 |
| 19 | 山西省 | 61 312.40 |
| 20 | 福建省 | 56 259.60 |
| 21 | 吉林省 | 53 012.30 |
| 22 | 广西壮族自治区 | 49 687.10 |
| 23 | 甘肃省 | 23 381.50 |
| 24 | 海南省 | 17 994.40 |
| 25 | 新疆维吾尔自治区 | 14 535.40 |
| 26 | 内蒙古自治区 | 13 822.90 |
| 27 | 云南省 | 12 134.80 |
| 28 | 贵州省 | 6 334.00 |
| 29 | 新疆建设兵团 | 1 723.40 |
| 30 | 西藏自治区 | 957.50 |
| 31 | 青海省 | 584.40 |
| 32 | 宁夏回族自治区 | 25.20 |
| 合计 | | 8 266 736.00 |

## 附表6 全国各省、自治区、直辖市高校校办产业利润总额排名

2003年12月31日 单位:万元

| 序号 | 省、自治区、直辖市 | 高校校办产业利润总额 |
|---|---|---|
| 1 | 北京市 | 178 401.80 |
| 2 | 上海市 | 85 463.40 |
| 3 | 江苏省 | 38 865.50 |
| 4 | 辽宁省 | 33 135.60 |
| 5 | 湖北省 | 23 931.90 |
| 6 | 陕西省 | 22 782.70 |
| 7 | 浙江省 | 18 521.00 |
| 8 | 四川省 | 14 383.10 |
| 9 | 黑龙江省 | 12 913.10 |
| 10 | 山东省 | 12 230.90 |
| 11 | 河北省 | 11 541.70 |
| 12 | 广东省 | 10 575.70 |
| 13 | 山西省 | 8 637.20 |
| 14 | 湖南省 | 6 970.60 |
| 15 | 重庆市 | 6 655.50 |
| 16 | 广西壮族自治区 | 6 150.90 |
| 17 | 江西省 | 5 661.40 |
| 18 | 河南省 | 4 766.00 |
| 19 | 吉林省 | 4 077.30 |
| 20 | 福建省 | 3 950.20 |
| 21 | 安徽省 | 3 295.90 |
| 22 | 甘肃省 | 1 564.80 |
| 23 | 新疆维吾尔自治区 | 862.10 |
| 24 | 海南省 | 860.70 |
| 25 | 西藏自治区 | 500.70 |
| 26 | 青海省 | 140.10 |
| 27 | 贵州省 | 28.60 |
| 28 | 宁夏回族自治区 | -19.00 |
| 29 | 新疆建设兵团 | -139.10 |
| 30 | 内蒙古自治区 | -437.20 |
| 31 | 云南省 | -26 205.50 |
| 32 | 天津市 | -60 230.90 |
| 合计 | | 429 836.70 |

**附表 7　全国各省、自治区、直辖市高校科技企业收入总额排名**

2003 年 12 月 31 日　　　　单位:万元

| 序号 | 省、自治区、直辖市 | 高校科技企业收入总额 |
|---|---|---|
| 1 | 北京市 | 3 261 266.10 |
| 2 | 上海市 | 644 870.50 |
| 3 | 浙江省 | 349 878.00 |
| 4 | 辽宁省 | 314 833.40 |
| 5 | 陕西省 | 295 681.70 |
| 6 | 江苏省 | 281 208.90 |
| 7 | 山东省 | 220 387.30 |
| 8 | 湖北省 | 212 791.40 |
| 9 | 黑龙江省 | 210 067.70 |
| 10 | 天津市 | 137 345.70 |
| 11 | 江西省 | 120 168.00 |
| 12 | 四川省 | 117 057.00 |
| 13 | 湖南省 | 96 018.80 |
| 14 | 河北省 | 69 144.40 |
| 15 | 广东省 | 67 546.30 |
| 16 | 河南省 | 63 179.40 |
| 17 | 安徽省 | 55 311.80 |
| 18 | 重庆市 | 41 659.90 |
| 19 | 山西省 | 41 449.40 |
| 20 | 吉林省 | 24 224.20 |
| 21 | 甘肃省 | 15 603.30 |
| 22 | 广西壮族自治区 | 13 310.10 |
| 23 | 新疆维吾尔自治区 | 7 311.70 |
| 24 | 云南省 | 6 533.90 |
| 25 | 福建省 | 6 486.30 |
| 26 | 海南省 | 3 030.80 |
| 27 | 新疆建设兵团 | 1 624.30 |
| 28 | 贵州省 | 1 356.00 |
| 29 | 内蒙古自治区 | 1 105.20 |
| 30 | 青海省 | 203.00 |
| 31 | 西藏自治区 | 40.20 |
| 32 | 宁夏回族自治区 | 0.00 |
| 合　计 | | 6 680 694.70 |

**附表 8　全国各省、自治区、直辖市高校科技企业利润总额排名**

2003 年 12 月 31 日　　　　单位:万元

| 序号 | 省、自治区、直辖市 | 高校科技企业利润总额 |
|---|---|---|
| 1 | 北京市 | 135 467.30 |
| 2 | 上海市 | 48 323.40 |
| 3 | 江苏省 | 22 535.00 |
| 4 | 湖北省 | 22 526.90 |
| 5 | 辽宁省 | 22 438.00 |
| 6 | 陕西省 | 19 415.60 |
| 7 | 浙江省 | 13 217.70 |
| 8 | 山东省 | 12 474.30 |
| 9 | 黑龙江省 | 11 474.90 |
| 10 | 河北省 | 10 331.10 |
| 11 | 四川省 | 9 254.90 |
| 12 | 江西省 | 6 298.20 |
| 13 | 广东省 | 5 140.20 |
| 14 | 河南省 | 4 914.10 |
| 15 | 湖南省 | 4 904.50 |
| 16 | 山西省 | 4 089.50 |
| 17 | 重庆市 | 3 129.00 |
| 18 | 安徽省 | 1 910.60 |
| 19 | 吉林省 | 1 723.70 |
| 20 | 甘肃省 | 1 329.00 |
| 21 | 广西壮族自治区 | 1 280.90 |
| 22 | 福建省 | 713.90 |
| 23 | 新疆维吾尔自治区 | 623.00 |
| 24 | 海南省 | 305.40 |
| 25 | 青海省 | 60.00 |
| 26 | 西藏自治区 | 3.60 |
| 27 | 宁夏回族自治区 | 0.00 |
| 28 | 贵州省 | -85.50 |
| 29 | 新疆建设兵团 | -95.00 |
| 30 | 内蒙古自治区 | -289.10 |
| 31 | 云南省 | -26 783.70 |
| 32 | 天津市 | -60 517.70 |
| 合计 | | 276 113.70 |

## 附表9 全国高校校办产业收入总额过亿元的学校排名

2003年12月31日　　单位:亿元

| 序号 | 学校名称 | 高校校办产业收入总额 |
|---|---|---|
| 1 | 北京大学 | 165.84 |
| 2 | 清华大学 | 152.23 |
| 3 | 浙江大学 | 38.73 |
| 4 | 西安交通大学 | 27.36 |
| 5 | 同济大学 | 25.11 |
| 6 | 东北大学 | 24.78 |
| 7 | 上海交通大学 | 21.85 |
| 8 | 石油大学(华东) | 18.12 |
| 9 | 复旦大学 | 16.63 |
| 10 | 哈尔滨工业大学 | 16.47 |
| 11 | 江西中医学院 | 11.41 |
| 12 | 南京大学 | 10.55 |
| 13 | 中山大学 | 10.19 |
| 14 | 华中科技大学 | 8.05 |
| 15 | 武汉大学 | 7.47 |
| 16 | 天津大学 | 6.82 |
| 17 | 北京外国语大学 | 6.23 |
| 18 | 山东大学 | 5.70 |
| 19 | 南开大学 | 5.31 |
| 20 | 东南大学 | 4.87 |
| 21 | 上海外国语大学 | 4.56 |
| 22 | 郑州大学 | 4.44 |
| 23 | 中国地质大学 | 4.26 |
| 24 | 四川大学 | 3.96 |
| 25 | 太原理工大学 | 3.92 |
| 26 | 北京师范大学 | 3.90 |
| 27 | 湖南理工学院 | 3.85 |
| 28 | 厦门大学 | 3.77 |
| 29 | 西南交通大学 | 3.71 |
| 30 | 北京理工大学 | 3.63 |
| 31 | 上海大学 | 3.53 |

**续附表 9**

| 序号 | 学 校 名 称 | 高校校办产业收入总额 |
|---|---|---|
| 32 | 中国科学技术大学 | 3.46 |
| 33 | 重庆大学 | 3.37 |
| 34 | 苏州大学 | 3.21 |
| 35 | 华北电力大学 | 3.20 |
| 36 | 哈尔滨工程大学 | 3.18 |
| 37 | 华南理工大学 | 3.15 |
| 38 | 中国协和医科大学 | 3.07 |
| 39 | 华东师范大学 | 2.85 |
| 40 | 沈阳农业大学 | 2.82 |
| 41 | 北京科技大学 | 2.80 |
| 42 | 广西师范大学 | 2.65 |
| 43 | 东华大学 | 2.64 |
| 44 | 南京理工大学 | 2.50 |
| 45 | 中国人民大学 | 2.48 |
| 46 | 南京师范大学 | 2.44 |
| 47 | 江苏大学 | 2.34 |
| 48 | 大连理工大学 | 2.29 |
| 49 | 南京航空航天大学 | 2.27 |
| 50 | 华东理工大学 | 2.19 |
| 51 | 电子科技大学 | 2.17 |
| 52 | 中南大学 | 2.14 |
| 53 | 扬州大学 | 2.03 |
| 54 | 吉林大学 | 2.02 |
| 55 | 中国农业大学 | 1.83 |
| 56 | 南京工程学院 | 1.82 |
| 57 | 武汉理工大学 | 1.80 |
| 58 | 中国药科大学 | 1.76 |
| 59 | 山西师范大学 | 1.75 |
| 60 | 广州美术学院 | 1.74 |
| 61 | 黑龙江大学 | 1.71 |
| 62 | 燕山大学 | 1.66 |
| 63 | 南京工业大学 | 1.65 |

续附表 9

| 序号 | 学校名称 | 高校校办产业收入总额 |
| --- | --- | --- |
| 64 | 华东船舶工业学院 | 1.60 |
| 65 | 北京工业大学 | 1.52 |
| 66 | 湖南大学 | 1.52 |
| 67 | 湖南农业大学 | 1.47 |
| 68 | 北京邮电大学 | 1.46 |
| 69 | 北京交通大学 | 1.45 |
| 70 | 上海师范大学 | 1.39 |
| 71 | 郑州牧业工程高等专科学校 | 1.39 |
| 72 | 华南农业大学 | 1.37 |
| 73 | 天津理工学院 | 1.37 |
| 74 | 广西大学 | 1.31 |
| 75 | 北京化工大学 | 1.27 |
| 76 | 北京林业大学 | 1.24 |
| 77 | 安徽工业大学 | 1.21 |
| 78 | 石油大学 | 1.18 |
| 79 | 北京建筑工程学院 | 1.16 |
| 80 | 海南医学院 | 1.16 |
| 81 | 东北师范大学 | 1.16 |
| 82 | 华中师范大学 | 1.13 |
| 83 | 河海大学 | 1.13 |
| 84 | 重庆医科大学 | 1.12 |
| 85 | 河北大学 | 1.12 |
| 86 | 江南大学 | 1.11 |
| 87 | 西南石油学院 | 1.08 |
| 88 | 合肥工业大学 | 1.06 |
| 89 | 上海海运学院 | 1.06 |
| 90 | 内蒙古科技大学 | 1.05 |
| 91 | 南京中医药大学 | 1.04 |
| 92 | 沈阳工业大学 | 1.00 |
| 合计 | | 740.37 |

**附表 10　全国高校校办产业实现利润总额过亿元的学校排名**

2003 年 12 月 31 日　　　　单位:亿元

| 序号 | 学　校　名　称 | 高校校办产业实现利润总额 |
|---|---|---|
| 1 | 北京大学 | 7.16 |
| 2 | 清华大学 | 5.12 |
| 3 | 上海交通大学 | 2.43 |
| 4 | 复旦大学 | 1.97 |
| 5 | 北京外国语大学 | 1.80 |
| 6 | 浙江大学 | 1.79 |
| 7 | 西安交通大学 | 1.74 |
| 8 | 上海外国语大学 | 1.39 |
| 9 | 同济大学 | 1.21 |
| 10 | 东南大学 | 1.08 |
| 11 | 东北大学 | 1.04 |
| 合　　计 | | 26.73 |

**附表 11　全国高校科技企业收入总额过亿元的学校排名**

2003 年 12 月 31 日　　　　单位:亿元

| 序号 | 学　校　名　称 | 高校科技企业收入总额 |
|---|---|---|
| 1 | 北京大学 | 163.63 |
| 2 | 清华大学 | 144.62 |
| 3 | 浙江大学 | 33.90 |
| 4 | 西安交通大学 | 25.70 |
| 5 | 东北大学 | 24.07 |
| 6 | 同济大学 | 22.35 |
| 7 | 上海交通大学 | 19.02 |
| 8 | 哈尔滨工业大学 | 15.37 |
| 9 | 石油大学(华东) | 13.99 |
| 10 | 复旦大学 | 13.66 |
| 11 | 江西中医学院 | 11.41 |
| 12 | 南京大学 | 9.65 |
| 13 | 华中科技大学 | 7.55 |
| 14 | 武汉大学 | 6.94 |
| 15 | 天津大学 | 6.63 |

**续附表 11**

| 序号 | 学校名称 | 高校科技企业收入总额 |
| --- | --- | --- |
| 16 | 山东大学 | 5.30 |
| 17 | 中国地质大学 | 4.26 |
| 18 | 南开大学 | 4.14 |
| 19 | 0郑州大学 | 4.14 |
| 20 | 太原理工大学 | 3.86 |
| 21 | 湖南理工学院 | 3.85 |
| 22 | 西南交通大学 | 3.51 |
| 23 | 四川大学 | 3.28 |
| 24 | 中国科学技术大学 | 3.28 |
| 25 | 华北电力大学 | 3.17 |
| 26 | 哈尔滨工程大学 | 3.06 |
| 27 | 北京理工大学 | 3.00 |
| 28 | 中国协和医科大学 | 2.87 |
| 29 | 北京科技大学 | 2.74 |
| 30 | 沈阳农业大学 | 2.57 |
| 31 | 上海大学 | 2.41 |
| 32 | 重庆大学 | 2.29 |
| 33 | 东华大学 | 2.25 |
| 34 | 东南大学 | 2.16 |
| 35 | 电子科技大学 | 2.04 |
| 36 | 南京航空航天大学 | 2.00 |
| 37 | 华南理工大学 | 1.99 |
| 38 | 华东理工大学 | 1.96 |
| 39 | 扬州大学 | 1.85 |
| 40 | 中山大学 | 1.81 |
| 41 | 苏州大学 | 1.71 |
| 42 | 燕山大学 | 1.66 |
| 43 | 中南大学 | 1.64 |
| 44 | 南京工业大学 | 1.59 |
| 45 | 南京理工大学 | 1.46 |
| 46 | 湖南农业大学 | 1.45 |
| 47 | 南京工程学院 | 1.43 |
| 48 | 吉林大学 | 1.39 |

续附表 11

| 序号 | 学　校　名　称 | 高校科技企业收入总额 |
|---|---|---|
| 49 | 郑州牧业工程高等专科学校 | 1.39 |
| 50 | 北京邮电大学 | 1.29 |
| 51 | 中国农业大学 | 1.27 |
| 52 | 天津理工学院 | 1.25 |
| 53 | 北京工业大学 | 1.19 |
| 54 | 上海师范大学 | 1.14 |
| 55 | 北京交通大学 | 1.14 |
| 56 | 重庆医科大学 | 1.12 |
| 57 | 安徽工业大学 | 1.12 |
| 58 | 黑龙江大学 | 1.11 |
| 59 | 北京化工大学 | 1.02 |
| 合　　计 | | 617.65 |

**附表 12　全国高校科技企业实现利润总额过亿元的学校排名**

2003 年 12 月 31 日　　单位:亿元

| 序号 | 学　校　名　称 | 高校科技企业实现利润总额 |
|---|---|---|
| 1 | 北京大学 | 7.30 |
| 2 | 清华大学 | 4.74 |
| 3 | 上海交通大学 | 2.04 |
| 4 | 西安交通大学 | 1.70 |
| 5 | 浙江大学 | 1.29 |
| 6 | 复旦大学 | 1.20 |
| 7 | 同济大学 | 1.01 |
| 合　　计 | | 19.28 |

**附表 13　全国高校企业与高校科技企业收入总额情况一览表**

2003 年 12 月 31 日　　单位:万元

| 序号 | 省、自治区、直辖市 | 收入总额 | 其中科技企业收入额 | 所占比例 | 其他企业收入额 | 所占比例 |
|---|---|---|---|---|---|---|
| 1 | 北京市 | 3 577 605.00 | 3 261 266.10 | 91.16% | 316 338.90 | 8.84% |
| 2 | 天津市 | 161 278.40 | 137 345.70 | 85.16% | 23 932.70 | 14.84% |
| 3 | 河北省 | 82 135.10 | 69 144.40 | 84.18% | 12 990.70 | 15.82% |
| 4 | 山西省 | 61 312.40 | 41 449.40 | 67.60% | 19 863.00 | 32.40% |

**续附表 13**

| 序号 | 省、自治区、直辖市 | 收入总额 | 其中科技企业收入额 | 所占比例 | 其他企业收入额 | 所占比例 |
|---|---|---|---|---|---|---|
| 5 | 内蒙古自治区 | 13 822.90 | 1 105.20 | 8.00% | 12 717.70 | 92.00% |
| 6 | 辽宁省 | 388 007.80 | 314 833.40 | 81.14% | 73 174.40 | 18.86% |
| 7 | 吉林省 | 53 012.30 | 24 224.20 | 45.70% | 28 788.10 | 54.30% |
| 8 | 黑龙江省 | 238 588.90 | 210 067.70 | 88.05% | 28 521.20 | 11.95% |
| 9 | 上海市 | 856 307.10 | 644 870.50 | 75.31% | 211 436.60 | 24.69% |
| 10 | 江苏省 | 471 767.90 | 281 208.90 | 59.61% | 190 559.00 | 40.39% |
| 11 | 浙江省 | 412 658.30 | 349 878.00 | 84.79% | 62 780.30 | 15.21% |
| 12 | 安徽省 | 82 664.00 | 55 311.80 | 66.91% | 27 352.20 | 33.09% |
| 13 | 福建省 | 56 259.60 | 6 486.30 | 11.53% | 49 773.30 | 88.47% |
| 14 | 江西省 | 123 719.70 | 120 168.00 | 97.13% | 3 551.70 | 2.87% |
| 15 | 山东省 | 299 390.60 | 220 387.30 | 73.61% | 79 003.30 | 26.39% |
| 16 | 河南省 | 74 001.30 | 63 179.40 | 85.38% | 10 821.90 | 14.62% |
| 17 | 湖北省 | 255 889.60 | 212 791.40 | 83.16% | 43 098.20 | 16.84% |
| 18 | 湖南省 | 123 132.70 | 96 018.80 | 77.98% | 27 113.90 | 22.02% |
| 19 | 广东省 | 216 747.90 | 67 546.30 | 31.16% | 149 201.60 | 68.84% |
| 20 | 广西壮族自治区 | 49 687.10 | 13 310.10 | 26.79% | 36 377.00 | 73.21% |
| 21 | 海南省 | 17 994.40 | 3 030.80 | 16.84% | 14 963.60 | 83.16% |
| 22 | 重庆市 | 72 060.20 | 41 659.90 | 57.81% | 30 400.30 | 42.19% |
| 23 | 四川省 | 167 666.30 | 117 057.00 | 69.82% | 50 609.30 | 30.18% |
| 24 | 贵州省 | 6 334.00 | 1 356.00 | 21.41% | 4 978.00 | 78.59% |
| 25 | 云南省 | 12 134.80 | 6 533.90 | 53.84% | 5 600.90 | 46.16% |
| 26 | 西藏自治区 | 957.50 | 40.20 | 4.20% | 917.30 | 95.80% |
| 27 | 陕西省 | 351 350.30 | 295 681.70 | 84.16% | 55 668.60 | 15.84% |
| 28 | 甘肃省 | 23 381.50 | 15 603.30 | 66.73% | 7 778.20 | 33.27% |
| 29 | 青海省 | 584.40 | 203.00 | 34.74% | 381.40 | 65.26% |
| 30 | 宁夏回族自治区 | 25.20 | 0.00 | 0.00% | 25.20 | 100.00% |
| 31 | 新疆维吾尔自治区 | 14 535.40 | 7 311.70 | 50.30% | 7 223.70 | 49.70% |
| 32 | 新疆建设兵团 | 1 723.40 | 1 624.30 | 94.25% | 99.10 | 5.75% |
| 合　　计 | | 8 266 736.00 | 6 680 694.70 | 80.81% | 1 586 041.30 | 19.19% |

## 附表 14 全国高校企业与高校科技企业实现利润总额情况一览表

2003 年 12 月 31 日 单位:万元

| 序号 | 省、自治区、直辖市 | 利润总额 | 其中科技企业利润额 | 所占比例 | 其他企业利润额 | 所占比例 |
|---|---|---|---|---|---|---|
| 1 | 北京市 | 178 401.80 | 135 467.30 | 75.93% | 42 934.50 | 24.07% |
| 2 | 天津市 | -60 230.90 | -60 517.70 | 100.48% | 286.80 | -0.48% |
| 3 | 河北省 | 11 541.70 | 10 331.10 | 89.51% | 1 210.60 | 10.49% |
| 4 | 山西省 | 8 637.20 | 4 089.50 | 47.35% | 4 547.70 | 52.65% |
| 5 | 内蒙古自治区 | -437.20 | -289.10 | 66.13% | -148.10 | 33.87% |
| 6 | 辽宁省 | 33 135.60 | 22 438.00 | 67.72% | 10 697.60 | 32.28% |
| 7 | 吉林省 | 4 077.30 | 1 723.70 | 42.28% | 2 353.60 | 57.72% |
| 8 | 黑龙江省 | 12 913.10 | 11 474.90 | 88.86% | 1 438.20 | 11.14% |
| 9 | 上海市 | 85 463.40 | 48 323.40 | 56.54% | 37 140.00 | 43.46% |
| 10 | 江苏省 | 38 865.50 | 22 535.00 | 57.98% | 16 330.50 | 42.02% |
| 11 | 浙江省 | 18 521.00 | 13 217.70 | 71.37% | 5 303.30 | 28.63% |
| 12 | 安徽省 | 3 295.90 | 1 910.60 | 57.97% | 1 385.30 | 42.03% |
| 13 | 福建省 | 3 950.20 | 713.90 | 18.07% | 3 236.30 | 81.93% |
| 14 | 江西省 | 5 661.40 | 6 298.20 | 111.25% | -636.80 | -11.25% |
| 15 | 山东省 | 12 230.90 | 12 474.30 | 101.99% | -243.40 | -1.99% |
| 16 | 河南省 | 4 766.00 | 4 914.10 | 103.11% | -148.10 | -3.11% |
| 17 | 湖北省 | 23 931.90 | 22 526.90 | 94.13% | 1 405.00 | 5.87% |
| 18 | 湖南省 | 6 970.60 | 4 904.50 | 70.36% | 2 066.10 | 29.64% |
| 19 | 广东省 | 10 575.70 | 5 140.20 | 48.60% | 5 435.50 | 51.40% |
| 20 | 广西壮族自治区 | 6 150.90 | 1 280.90 | 20.82% | 4 870.00 | 79.18% |
| 21 | 海南省 | 860.70 | 305.40 | 35.48% | 555.30 | 64.52% |
| 22 | 重庆市 | 6 655.50 | 3 129.00 | 47.01% | 3 526.50 | 52.99% |
| 23 | 四川省 | 14 383.10 | 9 254.90 | 64.35% | 5 128.20 | 35.65% |
| 24 | 贵州省 | 28.60 | -85.50 | -298.95% | 114.10 | 398.95% |
| 25 | 云南省 | -26 205.50 | -26 783.70 | 102.21% | 578.20 | -2.21% |
| 26 | 西藏自治区 | 500.70 | 3.60 | 0.72% | 497.10 | 99.28% |
| 27 | 陕西省 | 22 782.70 | 19 415.60 | 85.22% | 3 367.10 | 14.78% |
| 28 | 甘肃省 | 1 564.80 | 1 329.00 | 84.93% | 235.80 | 15.07% |
| 29 | 青海省 | 140.10 | 60.00 | 42.83% | 80.10 | 57.17% |
| 30 | 宁夏回族自治区 | -19.00 | 0.00 | 0.00% | -19.00 | 100.00% |
| 31 | 新疆维吾尔自治区 | 862.10 | 623.00 | 72.27% | 239.10 | 27.73% |
| 32 | 新疆建设兵团 | -139.10 | -95.00 | 68.30% | -44.10 | 31.70% |
| 合计 | | 429 836.70 | 276 113.70 | 64.24% | 153 723.00 | 35.76% |

**附表 15　全国高校校办产业人员状况一览表**

2003 年 12 月 31 日　　　　单位:个

| 序号 | 省、自治区、直辖市 | 年末职工人数 | 其中科技人员数 | 所占比例 | 高级职称人数 | 所占比例 | 中级职称人数 | 所占比例 |
|---|---|---|---|---|---|---|---|---|
| 1 | 北京市 | 36 851 | 14 463 | 39.25% | 3 280 | 8.90% | 6 194 | 16.81% |
| 2 | 天津市 | 8 528 | 2 302 | 26.99% | 757 | 8.88% | 1 156 | 13.56% |
| 3 | 河北省 | 6 343 | 2 329 | 36.72% | 618 | 9.74% | 953 | 15.02% |
| 4 | 山西省 | 2 787 | 1 123 | 40.29% | 341 | 12.24% | 596 | 21.39% |
| 5 | 内蒙古自治区 | 887 | 257 | 28.97% | 124 | 13.98% | 86 | 9.70% |
| 6 | 辽宁省 | 21 018 | 8 748 | 41.62% | 2 124 | 10.11% | 2 788 | 13.26% |
| 7 | 吉林省 | 6 325 | 1 690 | 26.72% | 404 | 6.39% | 668 | 10.56% |
| 8 | 黑龙江省 | 8 653 | 2 904 | 33.56% | 892 | 10.31% | 1 339 | 15.47% |
| 9 | 上海市 | 25 132 | 9 471 | 37.69% | 2 019 | 8.03% | 4 370 | 17.39% |
| 10 | 江苏省 | 22 504 | 7875 | 34.99% | 1 829 | 8.13% | 2 873 | 12.77% |
| 11 | 浙江省 | 8 682 | 3 796 | 43.72% | 548 | 6.31% | 1 364 | 15.71% |
| 12 | 安徽省 | 5 471 | 2 070 | 37.84% | 497 | 9.08% | 867 | 15.85% |
| 13 | 福建省 | 5 436 | 1 206 | 22.19% | 177 | 3.26% | 502 | 9.23% |
| 14 | 江西省 | 7 093 | 1 539 | 21.70% | 190 | 2.68% | 400 | 5.64% |
| 15 | 山东省 | 12 204 | 4 093 | 33.54% | 1 040 | 8.52% | 1 720 | 14.09% |
| 16 | 河南省 | 5 966 | 2 181 | 36.56% | 549 | 9.20% | 1 111 | 18.62% |
| 17 | 湖北省 | 11 064 | 3 708 | 33.51% | 963 | 8.70% | 1 858 | 16.79% |
| 18 | 湖南省 | 71 28 | 3 330 | 46.72% | 891 | 12.50% | 1 701 | 23.86% |
| 19 | 广东省 | 8 722 | 2 924 | 33.52% | 634 | 7.27% | 1 369 | 15.70% |
| 20 | 广西壮族自治区 | 3052 | 1125 | 36.86% | 217 | 7.11% | 486 | 15.92% |
| 21 | 海南省 | 1 474 | 871 | 59.09% | 126 | 8.55% | 292 | 19.81% |
| 22 | 重庆市 | 5 282 | 1 854 | 35.10% | 581 | 11.00% | 902 | 17.08% |
| 23 | 四川省 | 13 944 | 4 051 | 29.05% | 1 004 | 7.20% | 1 673 | 12.00% |
| 24 | 贵州省 | 816 | 149 | 18.26% | 53 | 6.50% | 61 | 7.48% |
| 25 | 云南省 | 1 713 | 597 | 34.85% | 182 | 10.62% | 278 | 16.23% |
| 26 | 西藏自治区 | 122 | 32 | 26.23% | 3 | 2.46% | 5 | 4.10% |
| 27 | 陕西省 | 19 979 | 5 361 | 26.83% | 1425 | 7.13% | 2 322 | 11.62% |
| 28 | 甘肃省 | 3 225 | 960 | 29.77% | 243 | 7.53% | 479 | 14.85% |
| 29 | 青海省 | 133 | 51 | 38.35% | 9 | 6.77% | 29 | 21.80% |
| 30 | 宁夏回族自治区 | 15 | 2 | 13.33% | 0 | 0.00% | 2 | 13.33% |
| 31 | 新疆维吾尔自治区 | 1 232 | 370 | 30.03% | 113 | 9.17% | 177 | 14.37% |

**续附表 15**

| 序号 | 省、自治区、直辖市 | 年末职工人数 | 其中科技人员数 | 所占比例 | 高级职称人数 | 所占比例 | 中级职称人数 | 所占比例 |
|---|---|---|---|---|---|---|---|---|
| 32 | 新疆建设兵团 | 402 | 91 | 22.64% | 33 | 8.21% | 15 | 3.73% |
| 合　计 | | 262 183 | 91 523 | 34.91% | 21 866 | 8.34% | 38 636 | 14.74% |

2003 年度高校校办企业接纳学生实习人数达 64.09 万人次，累计工时 2 576.16 万小时。此外校办企业还参与了硕士生、博士生的培养工作，2003 年度参与培养硕士生 5 116 名；博士生 1392 名。

**附表 16　全国各省、自治区、直辖市高校校办产业人均销售额排名**

2003 年 12 月 31 日　　单位：万元

| 序号 | 省、自治区、直辖市 | 高校校办产业人均销售额 |
|---|---|---|
| 1 | 北京市 | 97.08 |
| 2 | 浙江省 | 47.53 |
| 3 | 上海市 | 34.07 |
| 4 | 黑龙江省 | 27.57 |
| 5 | 广东省 | 24.85 |
| 6 | 山东省 | 24.53 |
| 7 | 湖北省 | 23.13 |
| 8 | 山西省 | 22.00 |
| 9 | 江苏省 | 20.96 |
| 10 | 天津市 | 18.91 |
| 11 | 辽宁省 | 18.46 |
| 12 | 陕西省 | 17.59 |
| 13 | 江西省 | 17.44 |
| 14 | 湖南省 | 17.27 |
| 15 | 广西壮族自治区 | 16.28 |
| 16 | 内蒙古自治区 | 15.58 |
| 17 | 安徽省 | 15.11 |
| 18 | 重庆市 | 13.64 |
| 19 | 河北省 | 12.95 |
| 20 | 河南省 | 12.40 |
| 21 | 海南省 | 12.21 |
| 22 | 四川省 | 12.02 |
| 23 | 新疆维吾尔自治区 | 11.80 |

**续附表 16**

| 序号 | 省、自治区、直辖市 | 高校校办产业人均销售额 |
|---|---|---|
| 24 | 福建省 | 10.35 |
| 25 | 吉林省 | 8.38 |
| 26 | 西藏自治区 | 7.85 |
| 27 | 贵州省 | 7.76 |
| 28 | 甘肃省 | 7.25 |
| 29 | 云南省 | 7.08 |
| 30 | 青海省 | 4.39 |
| 31 | 新疆建设兵团 | 4.29 |
| 32 | 宁夏回族自治区 | 1.68 |

**附表 17　全国各省、自治区、直辖市高校校办产业人均利润额排名**

2003 年 12 月 31 日　　　　单位:万元

| 序号 | 省、自治区、直辖市 | 高校校办产业人均利润额 |
|---|---|---|
| 1 | 西藏自治区 | 4.07 |
| 2 | 北京市 | 3.02 |
| 3 | 上海市 | 2.83 |
| 4 | 山西省 | 2.42 |
| 5 | 湖北省 | 1.82 |
| 6 | 河北省 | 1.62 |
| 7 | 辽宁省 | 1.30 |
| 8 | 江苏省 | 1.29 |
| 9 | 广西壮族自治区 | 1.22 |
| 10 | 黑龙江省 | 1.22 |
| 11 | 陕西省 | 0.99 |
| 12 | 浙江省 | 0.97 |
| 13 | 重庆市 | 0.91 |
| 14 | 广东省 | 0.87 |
| 15 | 四川省 | 0.78 |
| 16 | 青海省 | 0.74 |
| 17 | 湖南省 | 0.74 |
| 18 | 福建省 | 0.65 |
| 19 | 山东省 | 0.55 |
| 20 | 新疆维吾尔自治区 | 0.54 |

**续附表 17**

| 序号 | 省、自治区、直辖市 | 高校校办产业人均利润额 |
| --- | --- | --- |
| 21 | 吉林省 | 0.49 |
| 22 | 河南省 | 0.48 |
| 23 | 海南省 | 0.46 |
| 24 | 安徽省 | 0.43 |
| 25 | 甘肃省 | 0.27 |
| 26 | 贵州省 | 0.00 |
| 27 | 江西省 | -0.04 |
| 28 | 新疆建设兵团 | -0.35 |
| 29 | 内蒙古自治区 | -0.52 |
| 30 | 宁夏回族自治区 | -1.27 |
| 31 | 天津市 | -7.18 |
| 32 | 云南省 | -15.42 |

**附表 18　全国各省、自治区、直辖市高校校办产业人均创税排名**

2003 年 12 月 31 日　　　　单位:万元

| 序号 | 省、自治区、直辖市 | 高校校办产业人均创税 |
| --- | --- | --- |
| 1 | 北京市 | 3.26 |
| 2 | 江西省 | 2.09 |
| 3 | 上海市 | 1.88 |
| 4 | 广西壮族自治区 | 1.78 |
| 5 | 山西省 | 1.71 |
| 6 | 山东省 | 1.62 |
| 7 | 浙江省 | 1.61 |
| 8 | 重庆市 | 1.51 |
| 9 | 湖北省 | 1.30 |
| 10 | 辽宁省 | 1.28 |
| 11 | 广东省 | 1.27 |
| 12 | 江苏省 | 1.23 |
| 13 | 云南省 | 1.15 |
| 14 | 西藏自治区 | 0.94 |
| 15 | 陕西省 | 0.89 |
| 16 | 吉林省 | 0.87 |
| 17 | 湖南省 | 0.87 |

**续附表 18**

| 序号 | 省、自治区、直辖市 | 高校校办产业人均创税 |
|---|---|---|
| 18 | 黑龙江省 | 0.81 |
| 19 | 安徽省 | 0.77 |
| 20 | 四川省 | 0.76 |
| 21 | 河北省 | 0.73 |
| 22 | 新疆维吾尔自治区 | 0.65 |
| 23 | 天津市 | 0.64 |
| 24 | 甘肃省 | 0.61 |
| 25 | 福建省 | 0.52 |
| 26 | 河南省 | 0.50 |
| 27 | 贵州省 | 0.37 |
| 28 | 青海省 | 0.32 |
| 29 | 宁夏回族自治区 | 0.23 |
| 30 | 内蒙古自治区 | 0.21 |
| 31 | 海南省 | 0.09 |
| 32 | 新疆建设兵团 | 0.02 |

**附表 19　全国各省、自治区、直辖市高校校办产业销售净利率排名**

2003 年 12 月 31 日　　　　单位:万元

| 序号 | 省、自治区、直辖市 | 高校校办产业销售净利率 |
|---|---|---|
| 1 | 西藏自治区 | 51.92% |
| 2 | 青海省 | 16.88% |
| 3 | 河北省 | 12.49% |
| 4 | 山西省 | 11.01% |
| 5 | 上海市 | 8.30% |
| 6 | 湖北省 | 7.85% |
| 7 | 广西壮族自治区 | 7.51% |
| 8 | 辽宁省 | 7.06% |
| 9 | 重庆市 | 6.64% |
| 10 | 四川省 | 6.48% |
| 11 | 福建省 | 6.25% |
| 12 | 江苏省 | 6.15% |
| 13 | 吉林省 | 5.85% |
| 14 | 陕西省 | 5.65% |

**续附表 19**

| 序号 | 省、自治区、直辖市 | 高校校办产业销售净利率 |
|---|---|---|
| 15 | 新疆维吾尔自治区 | 4.56% |
| 16 | 黑龙江省 | 4.41% |
| 17 | 湖南省 | 4.26% |
| 18 | 河南省 | 3.88% |
| 19 | 海南省 | 3.80% |
| 20 | 甘肃省 | 3.77% |
| 21 | 广东省 | 3.51% |
| 22 | 北京市 | 3.11% |
| 23 | 安徽省 | 2.82% |
| 24 | 山东省 | 2.25% |
| 25 | 浙江省 | 2.03% |
| 26 | 贵州省 | 0.00% |
| 27 | 江西省 | -0.25% |
| 28 | 内蒙古自治区 | -3.37% |
| 29 | 新疆建设兵团 | -8.08% |
| 30 | 天津市 | -37.96% |
| 31 | 宁夏回族自治区 | -75.40% |
| 32 | 云南省 | -217.65% |

**附表 20　全国各省、自治区、直辖市高校校办产业净资产收益率排名**

2003 年 12 月 31 日　　单位:万元

| 序号 | 省、自治区、直辖市 | 高校校办产业净资产收益率 |
|---|---|---|
| 1 | 青海省 | 35.69% |
| 2 | 西藏自治区 | 28.89% |
| 3 | 河北省 | 14.41% |
| 4 | 山西省 | 12.56% |
| 5 | 江苏省 | 10.61% |
| 6 | 广西壮族自治区 | 9.82% |
| 7 | 福建省 | 8.40% |
| 8 | 辽宁省 | 8.31% |
| 9 | 上海市 | 8.17% |
| 10 | 宁夏回族自治区 | 7.74% |
| 11 | 重庆市 | 7.31% |

**续附表 20**

| 序号 | 省、自治区、直辖市 | 高校校办产业净资产收益率 |
|---|---|---|
| 12 | 四川省 | 6.98% |
| 13 | 广东省 | 6.97% |
| 14 | 吉林省 | 6.46% |
| 15 | 北京市 | 6.01% |
| 16 | 湖北省 | 5.69% |
| 17 | 陕西省 | 5.34% |
| 18 | 甘肃省 | 5.23% |
| 19 | 新疆维吾尔自治区 | 4.98% |
| 20 | 海南省 | 4.93% |
| 21 | 湖南省 | 4.91% |
| 22 | 河南省 | 4.29% |
| 23 | 山东省 | 3.92% |
| 24 | 黑龙江省 | 3.59% |
| 25 | 浙江省 | 3.25% |
| 26 | 安徽省 | 3.02% |
| 27 | 贵州省 | 0.00% |
| 28 | 江西省 | -0.90% |
| 29 | 新疆建设兵团 | -7.26% |
| 30 | 内蒙古自治区 | -7.27% |
| 31 | 天津市 | -14.99% |
| 32 | 云南省 | -25.52% |

**附表 21　全国高校收入总额过 5 000 万元的科技企业**

2003 年 12 月 31 日　　　　单位:万元

| 序号 | 企　业　名　称 | 高校校办产业收入总额 |
|---|---|---|
| 1 | 北京北大方正集团公司 | 1 612 025.60 |
| 2 | 清华同方股份有限公司 | 677 543.00 |
| 3 | 清华紫光(集团)总公司 | 303 893.00 |
| 4 | 浙江浙大网新信息控股有限公司 | 291 475.60 |
| 5 | 东软集团有限公司 | 213 935.70 |
| 6 | 同济科技实业股份有限公司 | 150 312.90 |
| 7 | 西安交通大学产业(集团)总公司 | 148 974.10 |
| 8 | 诚志股份有限公司 | 146 483.00 |

**续附表 21**

| 序号 | 企业名称 | 高校校办产业收入总额 |
|---|---|---|
| 9 | 江西江中集团公司 | 114 148.80 |
| 10 | 山东石大科技有限公司 | 114 068.10 |
| 11 | 深圳清华大学研究院 | 113 400.00 |
| 12 | 西安交通大学开元集团 | 102 160.00 |
| 13 | 哈工大首创科技股份有限公司 | 68 792.90 |
| 14 | 上海交大昂立股份有限公司 | 68 109.70 |
| 15 | 上海交大南洋股份有限公司 | 55 426.00 |
| 16 | 武汉凯迪电力股份有限公司 | 50 885.70 |
| 17 | 天津天大天财股份有限公司 | 49 552.30 |
| 18 | 北京博奥生物芯片有限责任公司 | 48 414.20 |
| 19 | 华工科技产业股份有限公司 | 40 079.00 |
| 20 | 哈尔滨工大高新技术开发股份有限公司 | 39 367.20 |
| 21 | 岳泰集团有限公司 | 38 535.70 |
| 22 | 河南思达高科技股份有限公司 | 38 173.00 |
| 23 | 江苏南大苏富特软件股份有限公司 | 37 660.60 |
| 24 | 太原理工天成科技股份有限公司 | 36 286.80 |
| 25 | 天津南开戈德集团有限公司 | 32 781.40 |
| 26 | 同济大学建筑设计研究院 | 31 082.20 |
| 27 | 上海复旦复华科技股份有限公司 | 30 050.60 |
| 28 | 西南交通大学新技术开发公司 | 28 637.30 |
| 29 | 哈尔滨工程大学科技园建设开发公司 | 27 928.60 |
| 30 | 北京清华阳光能源开发有限责任公司 | 26 690.00 |
| 31 | 北京精电蓬远显示技术有限公司 | 26 327.80 |
| 32 | 沈阳农业大学实验场种子服务公司 | 24 518.20 |
| 33 | 南大科技园股份有限公司 | 23 963.20 |
| 34 | 北京理工科技集团公司 | 21 874.30 |
| 35 | 上海复旦光华信息科技股份有限公司 | 20 576.80 |
| 36 | 新疆新能源股份有限公司 | 20 189.80 |
| 37 | 同济城市规划设计研究院 | 19 624.50 |
| 38 | 山东石大胜华化工股份有限公司 | 18 205.00 |
| 39 | 海南鑫生实业股份有限公司 | 17 531.80 |
| 40 | 南京欣网视讯科技股份有限公司 | 17 191.00 |
| 41 | 山东山大华特科技股份有限公司 | 17 168.00 |

**续附表 21**

| 序号 | 企　业　名　称 | 高校校办产业收入总额 |
| --- | --- | --- |
| 42 | 云南地矿资源股份有限公司 | 16 600.00 |
| 43 | 山东山大华天科技股份有限公司 | 16 336.00 |
| 44 | 苏州大学特种化学试剂实业公司 | 15 918.50 |
| 45 | 北京四方同创保护与控制设备有限公司 | 15 252.40 |
| 46 | 浙江大学对外技术贸易公司 | 14 914.00 |
| 47 | 重庆重大高科技股份有限公司 | 14 641.30 |
| 48 | 上海交大慧谷信息产业股份有限公司 | 13 963.60 |
| 49 | 河南海润实业总公司 | 13 884.10 |
| 50 | 江门三捷电池实业有限公司 | 13 511.00 |
| 51 | 浙江浙大海纳科技股份有限公司 | 13 421.10 |
| 52 | 中山大学达安基因股份有限公司 | 13 249.00 |
| 53 | 北京北科麦思科自动化工程技术有限公司 | 12 956.00 |
| 54 | 华南理工大学建筑设计研究院 | 12 953.70 |
| 55 | 南京航大意航科技股份有限公司 | 12 828.30 |
| 56 | 上海新源变频电器股份有限公司 | 12 730.30 |
| 57 | 清华紫光比威网络技术有限公司 | 11 446.00 |
| 58 | 中国高科集团股份有限公司 | 11 383.90 |
| 59 | 江苏东大金智软件股份有限公司 | 11 281.00 |
| 60 | 北京北大维信生物科技有限公司 | 11 235.30 |
| 61 | 上海中纺电子系统有限公司 | 11 196.70 |
| 62 | 北京四方立德保护控制设备有限公司 | 10 705.50 |
| 63 | 沈阳北方交通工程公司 | 10 670.70 |
| 64 | 杭州东信北邮信息技术有限公司 | 10 044.50 |
| 65 | 北京公达电子有限责任公司 | 10 029.40 |
| 66 | 上海复旦微电子股份有限公司 | 10 000.00 |
| 67 | 南京东大科技实业(集团)总公司 | 9 442.90 |
| 68 | 南京康尼机电新技术有限公司 | 9 371.80 |
| 69 | 武汉华工大学科技园发展有限公司 | 9 294.00 |
| 70 | 北京协和制药二厂 | 9 181.30 |
| 71 | 武汉天喻信息产业股份有限公司 | 9 132.00 |
| 72 | 四川川大力腾软件有限责任公司 | 9 105.90 |
| 73 | 北京协和药厂 | 9 011.10 |
| 74 | 山大鲁能信息科技有限公司 | 8 781.30 |

**续附表 21**

| 序号 | 企 业 名 称 | 高校校办产业收入总额 |
|---|---|---|
| 75 | 北京泽华化学工程有限公司 | 8 385.50 |
| 76 | 清华紫光环保有限公司 | 8 309.10 |
| 77 | 上海复旦复华药业有限公司 | 8 296.70 |
| 78 | 扬州大学东风汽车技术服务站 | 8 267.70 |
| 79 | 重庆医科大学科技发展有限公司 | 8 259.50 |
| 80 | 清华科技园建设股份有限公司 | 8 157.70 |
| 81 | 北京协和医学科学技术开发公司 | 8 118.40 |
| 82 | 清华大学建筑设计研究院 | 8 086.80 |
| 83 | 上海师大科技开发总公司 | 8 059.10 |
| 84 | 北京林大林业科技股份有限公司 | 7 930.10 |
| 85 | 华东理工大学华昌聚合物有限公司 | 7 881.90 |
| 86 | 四川农大高科农业有限责任公司 | 7 617.10 |
| 87 | 理工产业股份有限公司 | 7 474.70 |
| 88 | 华西医科大学制药厂 | 7 354.90 |
| 89 | 科大创新股份有限公司 | 7 325.50 |
| 90 | 上海复旦金仕达计算机有限公司 | 7 259.50 |
| 91 | 湖南金农生物资源股份有限公司 | 7 094.90 |
| 92 | 上海交大产业投资管理(集团)有限公司 | 7 074.10 |
| 93 | 湖南铁道职业技术学院天一实业有限公司 | 6 825.20 |
| 94 | 北京北大绿色科技有限公司 | 6 705.60 |
| 95 | 秦皇岛燕大国海不锈钢业有限公司 | 6 428.90 |
| 96 | 黑龙江黑大同庆软件工程股份有限公司 | 6 386.30 |
| 97 | 北京清华通力机电设备有限责任公司 | 6 266.00 |
| 98 | 福建省凯特科技有限公司 | 6 243.90 |
| 99 | 哈尔滨工业大学建筑设计研究院 | 6 164.90 |
| 100 | 保定市轶思达包装材料有限公司 | 6 021.80 |
| 101 | 江苏南中医大药业有限责任公司 | 5 900.90 |
| 102 | 西安交通大学科技园 | 5 895.30 |
| 103 | 成都华微电子系统有限公司 | 5 720.00 |
| 104 | 上海复旦绿源门诊部有限公司 | 5 708.00 |
| 105 | 哈尔滨博实自动化设备有限责任公司 | 5 682.40 |
| 106 | 沈阳东洋异性管有限公司 | 5 676.60 |
| 107 | 南京航空航天大学科技开发部 | 5 672.30 |

**续附表 21**

| 序号 | 企 业 名 称 | 高校校办产业收入总额 |
|---|---|---|
| 108 | 华中师范大学产业集团 | 5 636.20 |
| 109 | 上海集爱遗传与不育治疗中心有限公司 | 5 635.60 |
| 110 | 中国美术学院风景建筑设计研究所 | 5 615.20 |
| 111 | 北京化大化新科技股份有限公司 | 5 555.30 |
| 112 | 长春吉大正元信息技术股份有限公司 | 5 538.20 |
| 113 | 武汉华中数控股份有限公司 | 5 491.00 |
| 114 | 上海明茂贸易发展有限公司 | 5 366.90 |
| 115 | 武汉武大弘元股份有限公司 | 5 331.70 |
| 116 | 南京理工大学科技贸易公司 | 5 220.50 |
| 117 | 上海复旦科技园股份有限公司 | 5 189.60 |
| 118 | 深圳大学建筑设计研究院 | 5 180.20 |
| 119 | 上海同济建设监理咨询有限公司 | 5 151.30 |
| 120 | 四川川大智胜软件股份有限公司 | 5 145.00 |
| 121 | 安徽科大恒星电子商务技术有限公司 | 5 105.70 |
| 122 | 北京北农大动物科技有限公司 | 5 041.00 |
| 123 | 成都理工大学公司 | 5 040.00 |
| 合 计 | | 5 676 010.70 |

## 附表 22 全国高校利润总额过千万元的科技企业

2003 年 12 月 31 日　　　　单位:万元

| 序号 | 企 业 名 称 | 高校校办产业利润总额 |
|---|---|---|
| 1 | 北京北大方正集团公司 | 82 746.40 |
| 2 | 清华同方股份有限公司 | 20 055.20 |
| 3 | 深圳清华大学研究院 | 16 187.00 |
| 4 | 武汉凯迪电力股份有限公司 | 10 354.40 |
| 5 | 上海交大昂立股份有限公司 | 9 734.20 |
| 6 | 沈阳农业大学实验场种子服务公司 | 8 723.30 |
| 7 | 西安交通大学产业(集团)总公司 | 8 607.60 |
| 8 | 诚志股份有限公司 | 7 609.70 |
| 9 | 浙江浙大网新信息控股有限公司 | 7 417.60 |
| 10 | 东软集团有限公司 | 7 396.80 |
| 11 | 西安交通大学开元集团 | 7 016.00 |
| 12 | 江西江中集团公司 | 7 004.80 |

**续附表 22**

| 序号 | 企业名称 | 高校校办产业利润总额 |
|---|---|---|
| 13 | 北京四方同创保护与控制设备有限公司 | 6 798.60 |
| 14 | 山东石大科技有限公司 | 6 011.90 |
| 15 | 同济科技实业股份有限公司 | 5 645.50 |
| 16 | 河南思达高科技股份有限公司 | 4 308.80 |
| 17 | 华工科技产业股份有限公司 | 4 057.70 |
| 18 | 云南地矿资源股份有限公司 | 3 848.50 |
| 19 | 北京精电蓬远显示技术有限公司 | 3 522.00 |
| 20 | 北京博奥生物芯片有限责任公司 | 3 213.30 |
| 21 | 太原理工天成科技股份有限公司 | 3 158.80 |
| 22 | 上海复旦科技园股份有限公司 | 3 017.00 |
| 23 | 清华大学建筑设计研究院 | 2 966.00 |
| 24 | 北京协和制药二厂 | 2 845.30 |
| 25 | 上海交大产业投资管理(集团)有限公司 | 2 809.10 |
| 26 | 上海交大南洋股份有限公司 | 2 788.70 |
| 27 | 北京北科麦思科自动化工程技术有限公司 | 2 767.70 |
| 28 | 中山大学达安基因股份有限公司 | 2 763.50 |
| 29 | 上海交大科技园(上饶)有限公司 | 2 614.00 |
| 30 | 哈工大首创科技股分有限公司 | 2 588.90 |
| 31 | 同济大学建筑设计研究院 | 2 569.90 |
| 32 | 浙江大学医学仪器有限公司 | 2 563.00 |
| 33 | 哈尔滨工业大学建筑设计研究院 | 2 497.00 |
| 34 | 岳泰集团有限公司 | 2 433.00 |
| 35 | 上海复旦水务工程技术有限公司 | 2 277.50 |
| 36 | 南京航空航天大学科技开发部 | 2 268.90 |
| 37 | 北京北大维信生物科技有限公司 | 2 247.00 |
| 38 | 浙江浙大海纳科技股份有限公司 | 2 149.50 |
| 39 | 黑龙江辰能哈工大高科技风险投资有限公司 | 2 102.50 |
| 40 | 新疆新能源股份有限公司 | 2 036.40 |
| 41 | 北京清华阳光能源开发有限责任公司 | 1 949.00 |
| 42 | 北京协和药厂 | 1 948.00 |
| 43 | 山东山大华特科技股份有限公司 | 1 927.50 |
| 44 | 哈尔滨工大高新技术开发股份有限公司 | 1 920.80 |
| 45 | 清华科技园建设股份有限公司 | 1 873.90 |

**续附表 22**

| 序号 | 企　业　名　称 | 高校校办产业利润总额 |
| --- | --- | --- |
| 46 | 上海集爱遗传与不育治疗中心有限公司 | 1 855.30 |
| 47 | 哈尔滨博实自动化设备有限责任公司 | 1 781.50 |
| 48 | 华南理工大学建筑设计研究院 | 1 749.10 |
| 49 | 南京康尼机电新技术有限公司 | 1 711.80 |
| 50 | 成都国星通信有限公司 | 1 705.30 |
| 51 | 扬州市扬大生物研究开发中心 | 1 561.90 |
| 52 | 华中科技大产业集团有限公司 | 1 539.80 |
| 53 | 北京理工科技集团公司 | 1 493.90 |
| 54 | 西安交通大学科技园 | 1 460.00 |
| 55 | 上海复旦复华药业有限公司 | 1 450.20 |
| 56 | 江苏南大苏富特软件股份有限公司 | 1 430.50 |
| 57 | 南京欣网视讯科技股份有限公司 | 1 420.90 |
| 58 | 杭州东信北邮信息技术有限公司 | 1 400.50 |
| 59 | 西南交通大学新技术开发公司 | 1 378.30 |
| 60 | 上海复旦光华信息科技股份有限公司 | 1 122.20 |
| 61 | 江苏东大金智软件股份有限公司 | 1 106.40 |
| 62 | 北京中农大网络发展有限公司 | 1 076.60 |
| 63 | 上海交大科技园有限公司 | 1 065.90 |
| 64 | 北京科大恒兴高技术有限公司 | 1 040.60 |
| 65 | 四川川大智胜软件股份有限公司 | 1 024.20 |
| 66 | 重庆重大高科技股份有限公司 | 1 008.50 |
| 67 | 北京中医药大学药厂 | 1 005.20 |
| 合　计 | | 321 730.80 |

**附表 23　全国高校收入总额过 5 000 万元的非科技企业**

2003 年 12 月　　　　单位:万元

| 序号 | 企　业　名　称 | 企业收入总额 |
| --- | --- | --- |
| 1 | 广州中山医医药有限公司 | 74 908.60 |
| 2 | 外语教学与研究出版社 | 49 350.70 |
| 3 | 上海外语教育出版社 | 30 084.30 |
| 4 | 北京师范大学出版社 | 28 678.90 |
| 5 | 石油大学(华东)隆达实业公司 | 28 325.30 |
| 6 | 哈尔滨工程大学科技园建设开发公司 | 27 928.60 |

**续附表 23**

| 序号 | 企 业 名 称 | 企业收入总额 |
|---|---|---|
| 7 | 广西师范大学出版社 | 18 859.60 |
| 8 | 广东省集美设计工程公司 | 15 920.60 |
| 9 | 厦门大学建筑工程公司 | 15 356.70 |
| 10 | 浙江大学对外技术贸易公司 | 14 914.00 |
| 11 | 北京大学出版社 | 14 575.70 |
| 12 | 厦门大学后勤集团 | 13 865.80 |
| 13 | 镇江江大机械设备有限公司 | 13 240.80 |
| 14 | 西安交通大学后勤集团 | 13 179.90 |
| 15 | 华东师范大学出版社 | 12 917.70 |
| 16 | 东南大学建筑设计研究院 | 12 816.30 |
| 17 | 江苏药大医药有限公司 | 11 544.90 |
| 18 | 英语周报社 | 11 214.00 |
| 19 | 武汉南华高速船舶工程股份有限公司 | 10 776.70 |
| 20 | 复旦大学出版社 | 10 251.40 |
| 21 | 上海同济企业管理中心 | 8 781.30 |
| 22 | 东营石大汽车销售服务有限公司 | 8 776.90 |
| 23 | 湘西荣昌建筑安装有限责任公司 | 8 685.40 |
| 24 | 东北师范大学出版社 | 8 611.10 |
| 25 | 扬州大学东风汽车技术服务站 | 8 267.70 |
| 26 | 浙江大学建筑设计研究院 | 8 238.50 |
| 27 | 北京外语音像出版社 | 8 074.30 |
| 28 | 北京石大中油油品销售有限责任公司 | 7 018.00 |
| 29 | 上海华山康健医疗有限公司 | 6 800.30 |
| 30 | 浙江大学新宇物业发展有限公司 | 6 799.40 |
| 31 | 上海大众汽车同济特约维修站 | 6 532.30 |
| 32 | 陕西师范大学出版社 | 6 391.80 |
| 33 | 上海交大后勤发展有限公司 | 6 260.10 |
| 34 | 安徽省安保药业有限责任公司 | 6 179.50 |
| 35 | 南京理工大学后勤集团 | 6 165.30 |
| 36 | 苏州大学出版社 | 6 152.90 |
| 38 | 大连理工大学出版社 | 6 108.20 |
| 39 | 语文报社 | 6 029.60 |
| 40 | 西南师范大学出版社 | 5 898.10 |

**续附表 23**

| 序号 | 企　业　名　称 | 企业收入总额 |
|---|---|---|
| 41 | 镇江市船院空调有限公司 | 5 841.20 |
| 42 | 哈尔滨市学府书店 | 5 661.60 |
| 43 | 天津天高国际经济发展公司 | 5 466.90 |
| 44 | 上海邦达电子系统工程有限公司 | 5 382.30 |
| 45 | 鲁迅美术学院艺术工程总公司 | 5 371.60 |
| 46 | 北京师大加油站 | 5 345.10 |
| 47 | 浙江大学出版社 | 5 331.00 |
| 48 | 哈尔滨工业大学建筑工程总承包公司 | 5 101.90 |
| 49 | 东南大学出版社 | 5 006.90 |

**附表 24　全国高校利润总额过千万元的非科技企业**

2003 年 12 月　　　　单位:万元

| 序号 | 企　业　名　称 | 利　润　总　额 |
|---|---|---|
| 1 | 外语教学与研究出版社 | 144 121 |
| 2 | 上海外语教育出版社 | 116 275 |
| 3 | 东南大学建筑设计研究院 | 79 526 |
| 4 | 北京师范大学出版社 | 74 284 |
| 5 | 上海华山康健医疗有限公司 | 49 760 |
| 6 | 鲁迅美术学院艺术工程总公司 | 39 967 |
| 7 | 广西师范大学出版社 | 38 336 |
| 8 | 北京外语音像出版社 | 37 221 |
| 9 | 英语周报社 | 34 126 |
| 10 | 北京大学出版社 | 34 095 |
| 11 | 华东师范大学出版社 | 30 019 |
| 12 | 浙江大学建筑设计研究院 | 24 484 |
| 13 | 广州中山医医药有限公司 | 22 078 |
| 14 | 北京理工大学房地产办公室 | 21 513 |
| 15 | 黑龙江辰能哈工大高科技风险投资有限公司 | 21 025 |
| 16 | 上海邦达电子系统工程有限公司 | 19 441 |
| 17 | 东北财经大学出版社 | 19 351 |
| 18 | 复旦大学出版社 | 18 468 |
| 19 | 北京政法大学出版社 | 16 982 |
| 20 | 东南大学出版社 | 14 631 |

**续附表 24**

| 序号 | 企　业　名　称 | 利　润　总　额 |
|---|---|---|
| 21 | 苏州大学出版社 | 14 523 |
| 22 | 北京大学医学部出版社 | 14 295 |
| 23 | 西南师范大学出版社 | 14 237 |
| 24 | 大连理工大学出版社 | 13 407 |
| 25 | 重庆大学出版社 | 12 486 |
| 26 | 浙江大学出版社 | 12 229 |
| 27 | 上海外国语大学印刷厂 | 11 986 |
| 28 | 上海交大企业管理中心 | 11 945 |
| 29 | 北京语言大学出版社 | 11 867 |
| 30 | 湖南师范大学出版社 | 11 449 |
| 31 | 厦门大学后勤集团 | 10 916 |
| 32 | 语文报社 | 10 236 |
| 33 | 重庆大学城市规划与设计研究院 | 10 228 |

**附表 25　全国高校校办产业按资产总额排名前百强**

2003 年 12 月 31 日　　　　单位:万元

| 序号 | 学　校　名　称 | 高校校办产业资产总额 |
|---|---|---|
| 1 | 北京大学 | 2 974 265.10 |
| 2 | 清华大学 | 2 039 463.80 |
| 3 | 上海交通大学 | 674 230.60 |
| 4 | 南开大学 | 634 994.10 |
| 5 | 浙江大学 | 607 497.20 |
| 6 | 西安交通大学 | 604 754.00 |
| 7 | 东北大学 | 481 923.60 |
| 8 | 复旦大学 | 453 613.90 |
| 9 | 哈尔滨工业大学 | 390 286.70 |
| 10 | 同济大学 | 291 024.00 |
| 11 | 华中科技大学 | 263 385.80 |
| 12 | 天津大学 | 217 108.90 |
| 13 | 武汉大学 | 187 280.50 |
| 14 | 江西中医学院 | 185 331.90 |
| 15 | 山东大学 | 178 674.60 |
| 16 | 云南大学 | 176 474.10 |

**续附表 25**

| 序号 | 学 校 名 称 | 高校校办产业资产总额 |
| --- | --- | --- |
| 17 | 南京大学 | 143 319.80 |
| 18 | 郑州大学 | 115 454.67 |
| 19 | 四川大学 | 93 120.43 |
| 20 | 北京理工大学 | 91 736.50 |
| 21 | 中国科学技术大学 | 89 400.00 |
| 22 | 重庆大学 | 82 748.90 |
| 23 | 哈尔滨工程大学 | 68 577.50 |
| 24 | 中山大学 | 65 925.80 |
| 25 | 中国地质大学 | 64 222.00 |
| 26 | 石油大学(华东) | 63 441.90 |
| 27 | 北京外国语大学 | 62 488.60 |
| 28 | 太原理工大学 | 61 543.30 |
| 29 | 西南交通大学 | 59 194.80 |
| 30 | 上海外国语大学 | 57 934.30 |
| 31 | 华北电力大学 | 57 901.20 |
| 32 | 华南理工大学 | 54 276.50 |
| 33 | 北京邮电大学 | 52 314.70 |
| 34 | 东南大学 | 50 959.80 |
| 35 | 中南大学 | 50 504.54 |
| 36 | 吉林大学 | 48 867.70 |
| 37 | 湖南大学 | 48 683.50 |
| 38 | 南京中医药大学 | 48 640.70 |
| 39 | 厦门大学 | 47 133.80 |
| 40 | 电子科技大学 | 45 884.60 |
| 41 | 北京师范大学 | 45 538.20 |
| 42 | 华东师范大学 | 44 751.20 |
| 43 | 武汉理工大学 | 44 457.20 |
| 44 | 上海大学 | 44 089.40 |
| 45 | 中国农业大学 | 44 088.00 |
| 46 | 中国人民大学 | 41 661.00 |
| 47 | 沈阳农业大学 | 40 095.00 |
| 48 | 广西师范大学 | 35 953.80 |
| 49 | 南京理工大学 | 35 824.20 |

**续附表 25**

| 序号 | 学 校 名 称 | 高校校办产业资产总额 |
|---|---|---|
| 50 | 华东理工大学 | 31 655.20 |
| 51 | 大连理工大学 | 30 971.40 |
| 52 | 深圳大学 | 30 330.60 |
| 53 | 中国协和医科大学 | 30 218.80 |
| 54 | 东北财经大学 | 29 881.30 |
| 55 | 湖南理工学院 | 28 641.70 |
| 56 | 北京科技大学 | 27 678.70 |
| 57 | 西北工业大学 | 26 841.90 |
| 58 | 青岛大学 | 26 036.30 |
| 59 | 南京师范大学 | 25 206.40 |
| 60 | 海南医学院 | 24 945.50 |
| 61 | 燕山大学 | 24 376.10 |
| 62 | 南京航空航天大学 | 24 200.20 |
| 63 | 广西大学 | 23 497.30 |
| 64 | 湖南农业大学 | 23 389.40 |
| 65 | 江南大学 | 23 077.90 |
| 66 | 苏州大学 | 22 906.80 |
| 67 | 陕西师范大学 | 22 386.54 |
| 68 | 北京林业大学 | 22 016.90 |
| 69 | 中国药科大学 | 21 185.00 |
| 70 | 南京工程学院 | 21 136.90 |
| 71 | 南昌大学 | 21 006.40 |
| 72 | 天津理工学院 | 20 230.40 |
| 73 | 上海海运学院 | 19 814.70 |
| 74 | 广州美术学院 | 19 539.50 |
| 75 | 哈尔滨医科大学 | 19 397.80 |
| 76 | 南京工业大学 | 18 996.90 |
| 77 | 成都中医药大学 | 18 875.60 |
| 78 | 北京工业大学 | 18 844.50 |
| 79 | 南京农业大学 | 18 419.40 |
| 80 | 河北大学 | 17 912.50 |

**续附表 25**

| 序号 | 学校名称 | 高校校办产业资产总额 |
| --- | --- | --- |
| 81 | 北京化工大学 | 17 818.80 |
| 82 | 华东船舶工业学院 | 17 675.00 |
| 83 | 重庆医科大学 | 17 554.40 |
| 84 | 重庆邮电学院 | 17 036.80 |
| 85 | 黑龙江大学 | 16 895.20 |
| 86 | 西北农林科技大学 | 16 821.70 |
| 87 | 北京交通大学 | 16 622.40 |
| 88 | 中国医科大学 | 16 515.40 |
| 89 | 四川师范大学 | 16 401.50 |
| 90 | 西京职业学院 | 16 232.10 |
| 91 | 北京建筑工程学院 | 15 838.70 |
| 92 | 东北师范大学 | 15 823.00 |
| 93 | 东华大学 | 15 471.90 |
| 94 | 合肥工业大学 | 15 420.90 |
| 95 | 中国矿业大学 | 15 151.80 |
| 96 | 扬州大学 | 15 088.50 |
| 97 | 华南农业大学 | 14 757.30 |
| 98 | 山西师范大学 | 14 616.30 |
| 99 | 西南石油学院 | 14 388.70 |
| 100 | 上海师范大学 | 14 205.80 |

**附表 26　全国高校校办产业按净资产总额排名前百强**

2003 年 12 月 31 日　　　　单位:万元

| 序号 | 学校名称 | 高校校办产业净资产总额 |
| --- | --- | --- |
| 1 | 清华大学 | 948 362.40 |
| 2 | 北京大学 | 522 684.90 |
| 3 | 上海交通大学 | 372 600.10 |
| 4 | 南开大学 | 282 297.00 |
| 5 | 西安交通大学 | 258 145.30 |
| 6 | 哈尔滨工业大学 | 254 421.00 |
| 7 | 复旦大学 | 252 138.70 |

**续附表 26**

| 序号 | 学 校 名 称 | 高校校办产业净资产总额 |
| --- | --- | --- |
| 8 | 浙江大学 | 249 270.00 |
| 9 | 东北大学 | 221 780.00 |
| 10 | 华中科技大学 | 168 100.50 |
| 11 | 山东大学 | 104 321.50 |
| 12 | 天津大学 | 96 380.50 |
| 13 | 武汉大学 | 95 656.70 |
| 14 | 云南大学 | 95 506.10 |
| 15 | 南京大学 | 78 845.70 |
| 16 | 同济大学 | 76 236.20 |
| 17 | 北京理工大学 | 60 975.70 |
| 18 | 中国科学技术大学 | 54 744.80 |
| 19 | 郑州大学 | 50 304.80 |
| 20 | 四川大学 | 48 596.90 |
| 21 | 上海外国语大学 | 46 551.00 |
| 22 | 北京外国语大学 | 42 567.10 |
| 23 | 中国地质大学 | 38 844.20 |
| 24 | 北京师范大学 | 37 074.30 |
| 25 | 北京邮电大学 | 36 105.30 |
| 26 | 太原理工大学 | 34 161.10 |
| 27 | 重庆大学 | 32 661.00 |
| 28 | 中南大学 | 32 255.30 |
| 29 | 中国人民大学 | 31 767.10 |
| 30 | 华北电力大学 | 29 134.80 |
| 31 | 华南理工大学 | 29 037.90 |
| 32 | 电子科技大学 | 29 035.70 |
| 33 | 厦门大学 | 28 526.60 |
| 34 | 湖南大学 | 27 956.70 |
| 35 | 武汉理工大学 | 27 561.20 |
| 36 | 石油大学(华东) | 27 056.40 |
| 37 | 东南大学 | 26 674.20 |
| 38 | 吉林大学 | 26 159.70 |

**续附表 26**

| 序号 | 学校名称 | 高校校办产业净资产总额 |
|---|---|---|
| 39 | 江西中医学院 | 24 711.90 |
| 40 | 华东师范大学 | 23 752.60 |
| 41 | 中山大学 | 22 928.10 |
| 42 | 沈阳农业大学 | 22 391.70 |
| 43 | 大连理工大学 | 22 209.30 |
| 44 | 中国农业大学 | 21 930.70 |
| 45 | 上海大学 | 21 894.10 |
| 46 | 广西师范大学 | 21 603.50 |
| 47 | 南京理工大学 | 21 411.80 |
| 48 | 华东理工大学 | 21 185.40 |
| 49 | 中国协和医科大学 | 20 163.70 |
| 50 | 西北工业大学 | 19 338.60 |
| 51 | 陕西师范大学 | 16 616.70 |
| 52 | 江南大学 | 16 257.50 |
| 53 | 西京职业学院 | 15 494.90 |
| 54 | 湖南理工学院 | 15 226.60 |
| 55 | 北京科技大学 | 14 909.00 |
| 56 | 南京航空航天大学 | 13 748.00 |
| 57 | 青岛大学 | 13 735.20 |
| 58 | 北京林业大学 | 12 973.90 |
| 59 | 成都中医药大学 | 12 903.40 |
| 60 | 南京农业大学 | 12 734.20 |
| 61 | 山西师范大学 | 12 538.90 |
| 62 | 西北农林科技大学 | 12 052.10 |
| 63 | 北京化工大学 | 11 868.40 |
| 64 | 苏州大学 | 11 697.10 |
| 65 | 燕山大学 | 11 563.80 |
| 66 | 榆林学院 | 11 076.00 |
| 67 | 天津理工学院 | 10 506.10 |
| 68 | 深圳大学 | 10 330.00 |
| 69 | 北京建筑工程学院 | 10 317.40 |
| 70 | 海南医学院 | 10 139.00 |
| 71 | 上海海运学院 | 9 996.10 |

**续附表 26**

| 序号 | 学 校 名 称 | 高校校办产业净资产总额 |
|---|---|---|
| 72 | 南京师范大学 | 9 932.90 |
| 73 | 中国政法大学 | 9 745.60 |
| 74 | 湖南农业大学 | 9 676.90 |
| 75 | 南京工业大学 | 9 639.00 |
| 76 | 东北林业大学 | 9 445.80 |
| 77 | 北京交通大学 | 9 343.30 |
| 78 | 华南农业大学 | 9 265.40 |
| 79 | 北京工业大学 | 9 218.40 |
| 80 | 合肥工业大学 | 9 106.90 |
| 81 | 北京中医药大学 | 9 101.90 |
| 82 | 东北师范大学 | 8 991.90 |
| 83 | 重庆医科大学 | 8 982.20 |
| 84 | 中国医科大学 | 8 502.20 |
| 85 | 东华大学 | 8 300.40 |
| 86 | 南昌大学 | 8 286.70 |
| 87 | 黑龙江大学 | 8 254.70 |
| 88 | 成都体育学院 | 8 081.20 |
| 89 | 大连海事大学 | 7 882.50 |
| 90 | 北京航空航天大学 | 7 712.80 |
| 91 | 南京工程学院 | 7 606.30 |
| 92 | 四川农业大学 | 7 365.40 |
| 93 | 河海大学 | 7 309.50 |
| 94 | 新疆大学 | 7 253.40 |
| 95 | 西南交通大学 | 7 212.90 |
| 96 | 湖南师范大学 | 7 174.60 |
| 97 | 中师范大学 | 7 173.50 |
| 98 | 河北大学 | 6 943.90 |
| 99 | 中国药科大学 | 6 893.40 |
| 100 | 哈尔滨医科大学 | 6 636.80 |

# 二、2003 年度教育部直属高校校办产业统计分析

## 1. 教育部直属高校校办产业概况

① 2003 年度教育部直属 71 所高等学校(其中中央财经大学、中央美术学院未上报数据)的 1 744 个企业参加了 2003 年度全国高校校办产业统计工作。其中科技型企业 1 038 个,占直属高校上报企业数的 59.52%;其他类型企业 706 个,占上报企业的 40.48%。如图 2-1 所示。

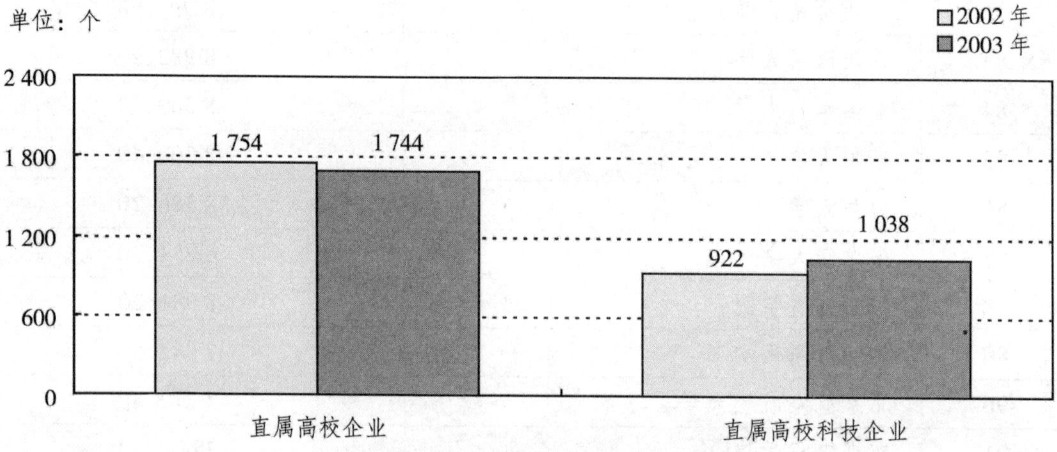


(a)

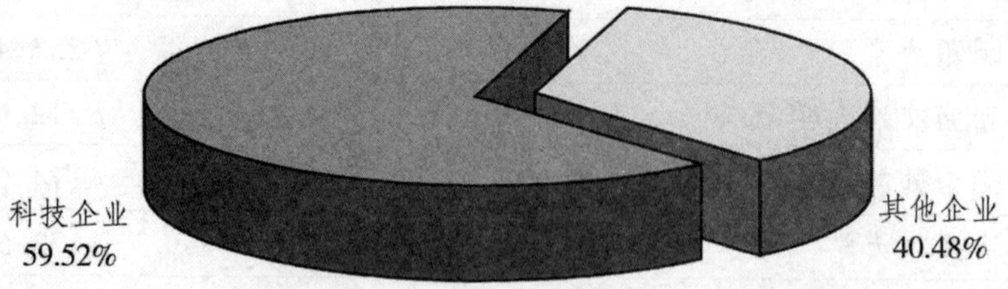


(b)

**图 2-1**

② 从经营性质来看,从事工业生产的企业为 756 个,占 43.35%;从事商贸的企业 187 个,占 10.72%。从事其他经营方式的企业 801 个,占 45.93%。如图

2－2所示。

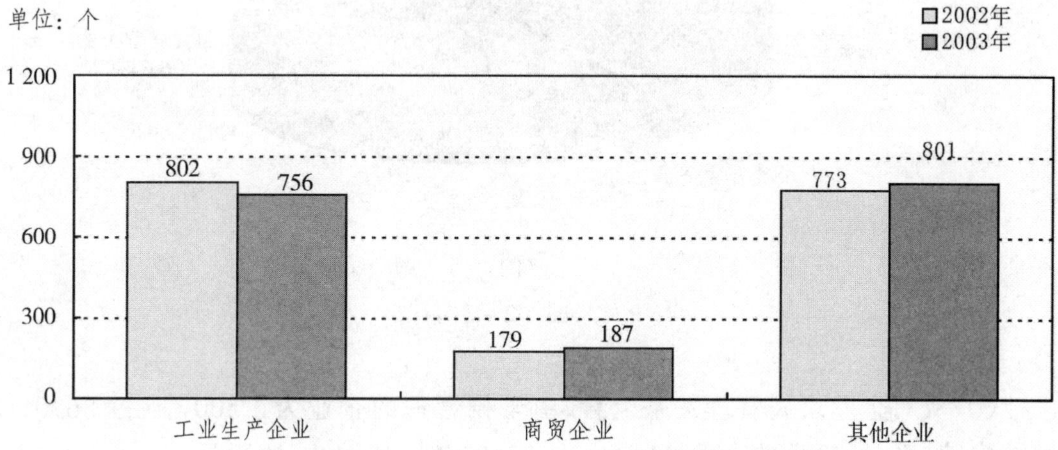


(a)

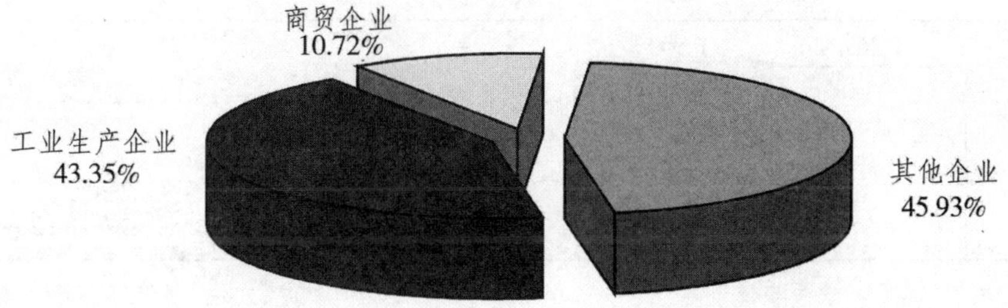


(b)

**图 2－2**

③ 从投资性质来看，学校独资企业 1 071 个，占 61.41%；国内联营企业 639 个，占 36.64%；外资合营企业 34 个，占 1.95%。如图 2－3 所示。

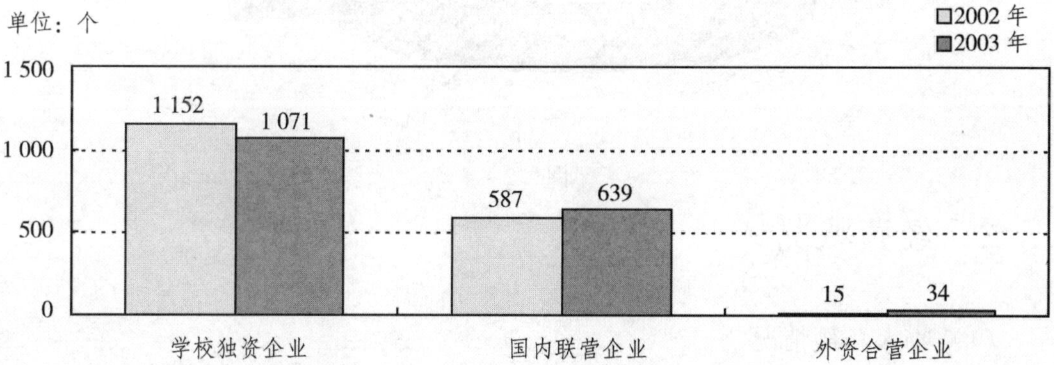


(a)

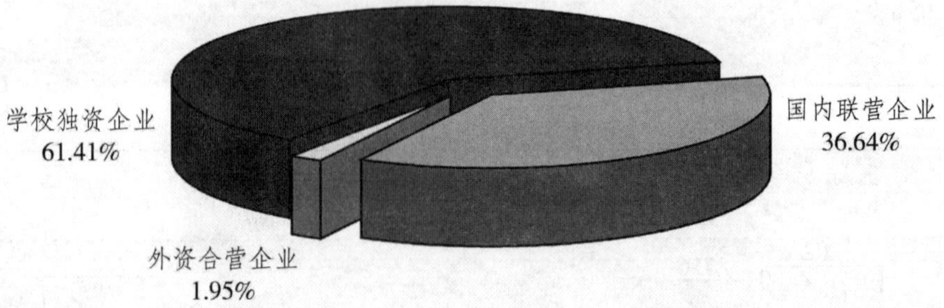


(b)

图　2－3

④ 从对企业隶属管理关系上看，由学校管理的企业为 1 500 个，占 86.01%；由校内院、系、所管理的企业 244 个，占 13.99%。如图 2－4 所示。

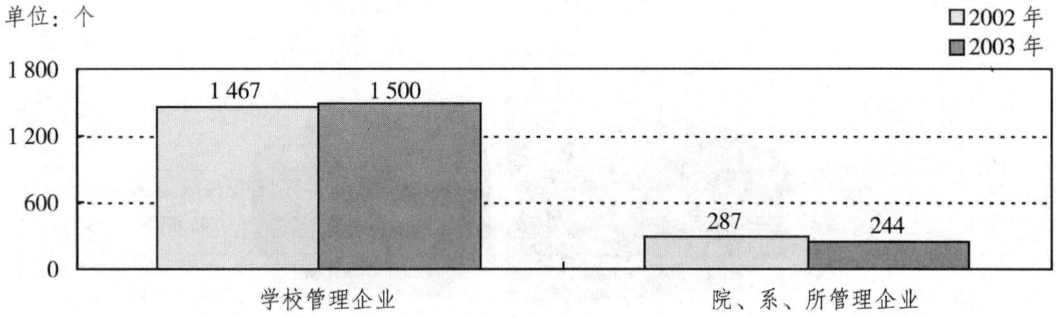


(a)

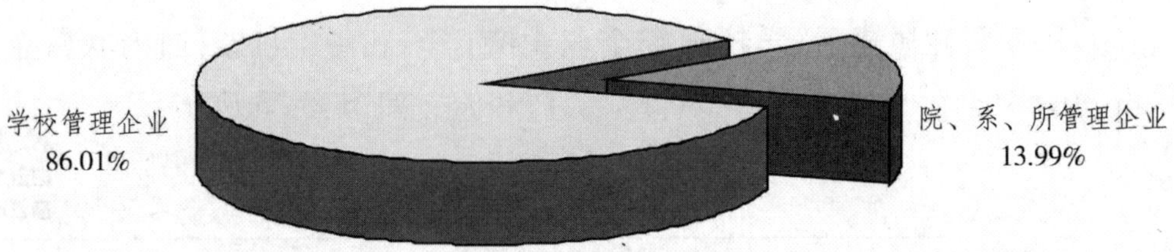


(b)

图　2－4

## 2．经营状况

(1) 收入总额情况

① 2003 年度教育部直属高校校办产业收入总额 640.33 亿元，占全国高校校办产业收入总额 826.67 亿元的 77.46%，比 2002 年度教育部直属高校校办产业收入总额 560.45 亿元增加了 79.88 亿元，增长率为 14.25%。其中科技型企业收

入总额 550.42 亿元，占全国高校科技型企业收入总额 668.07 亿元的 82.39%，比 2002 年度教育部直属高校科技型企业产业收入总额 458.08 亿元增加了 92.34 亿元，增长率为 20.16%。如图 2-5 所示。

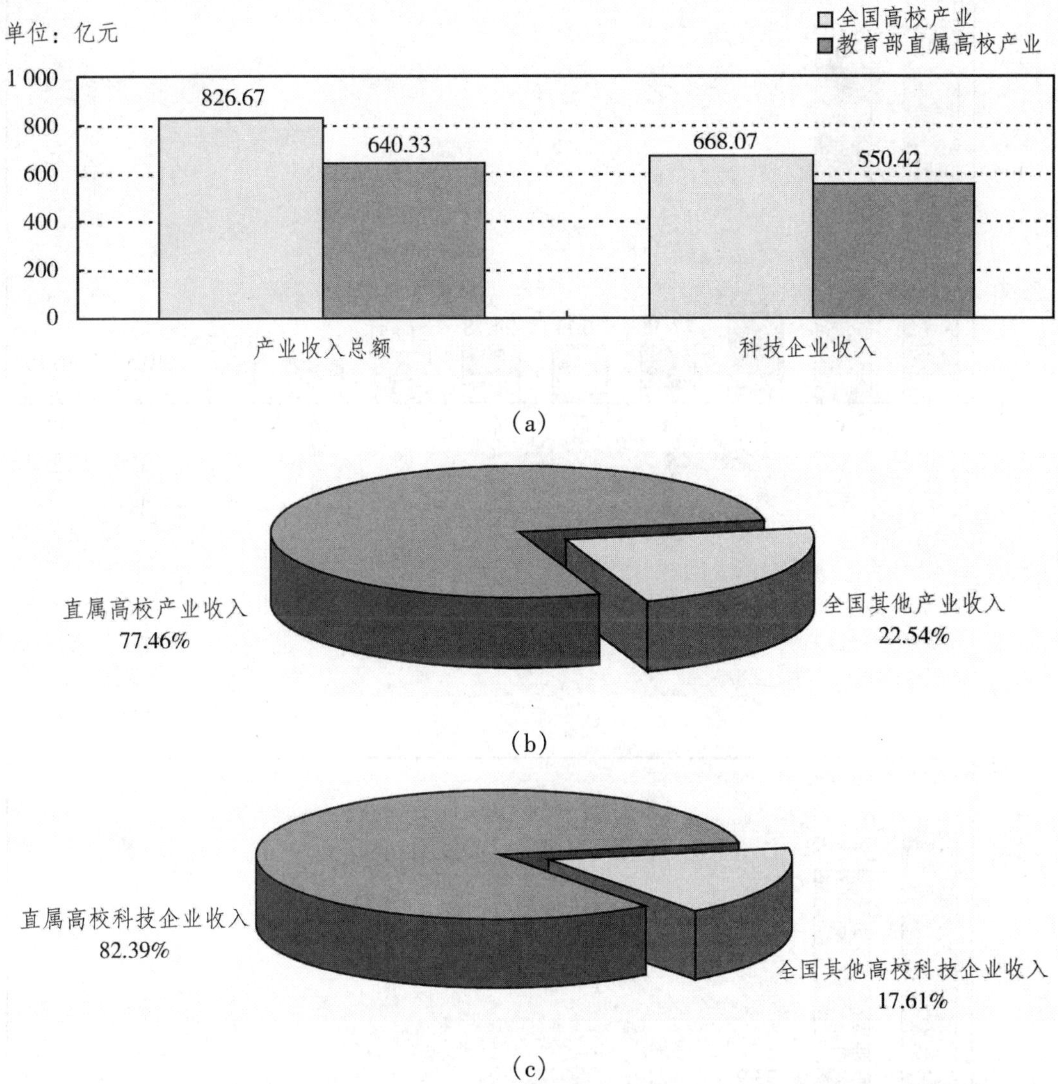


**图　2-5**

② 教育部直属高校产业收入超过 10 亿元的 11 所学校分别是北京大学、清华大学、浙江大学、西安交通大学、同济大学、东北大学、上海交通大学、石油大学(华东)、复旦大学、南京大学、中山大学。以上高校所属企业收入共计为 511.39 亿元，占直属高校产业收入总额的 79.86%，占全国高校产业收入总额的 61.86%。11 所学校科技型企业收入总额 472.40 亿元，占直属高校科技企业收入总额的 85.83%，占全国高校科技企业收入总额的 70.71%。如图 2-6 所示。

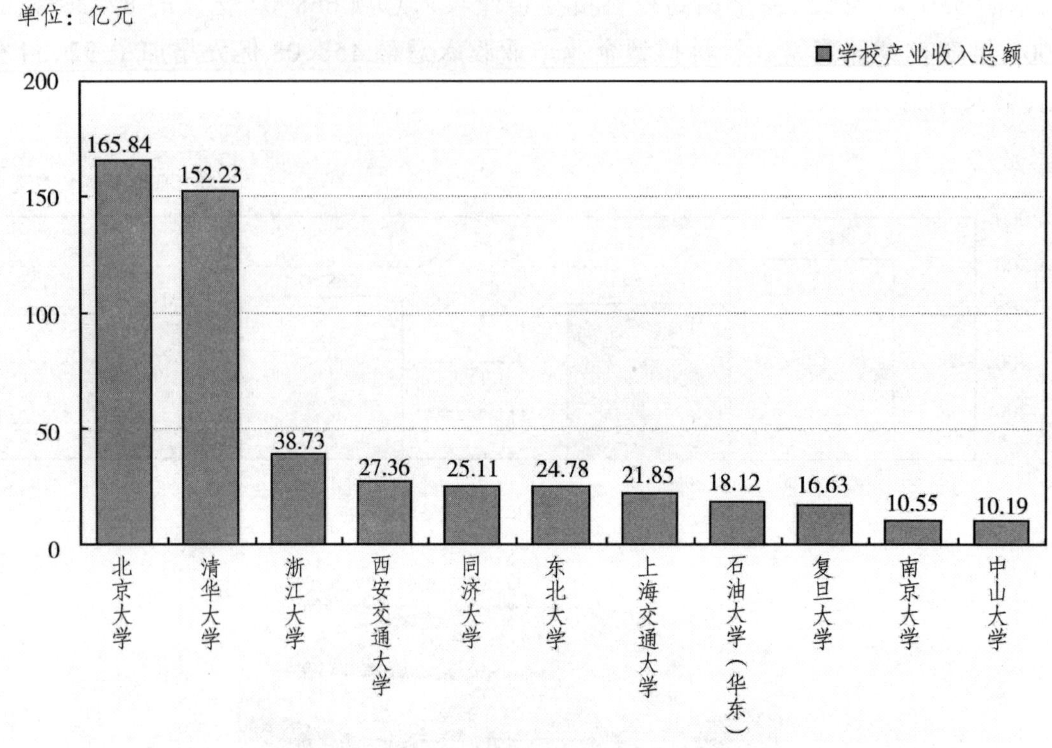
单位：亿元
学校产业收入总额
200
150
100
50
0
165.84
152.23
38.73
27.36
25.11
24.78
21.85
18.12
16.63
10.55
10.19
北京大学
清华大学
浙江大学
西安交通大学
同济大学
东北大学
上海交通大学
石油大学（华东）
复旦大学
南京大学
中山大学

（a）

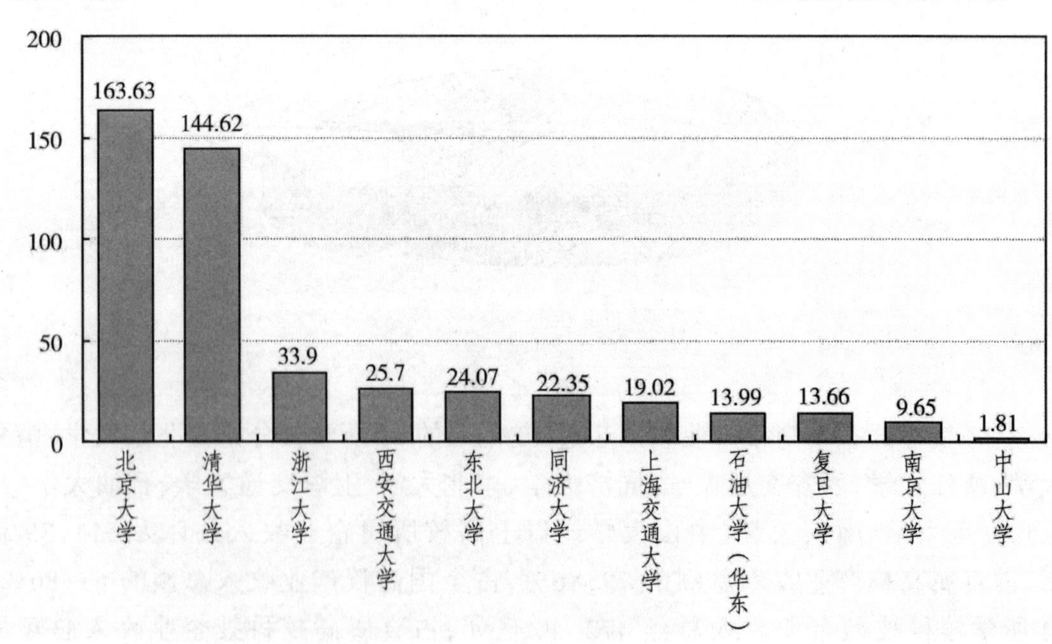
单位：亿元
学校科技企业收入总额
200
150
100
50
0
163.63
144.62
33.9
25.7
24.07
22.35
19.02
13.99
13.66
9.65
1.81
北京大学
清华大学
浙江大学
西安交通大学
东北大学
同济大学
上海交通大学
石油大学（华东）
复旦大学
南京大学
中山大学

（b）

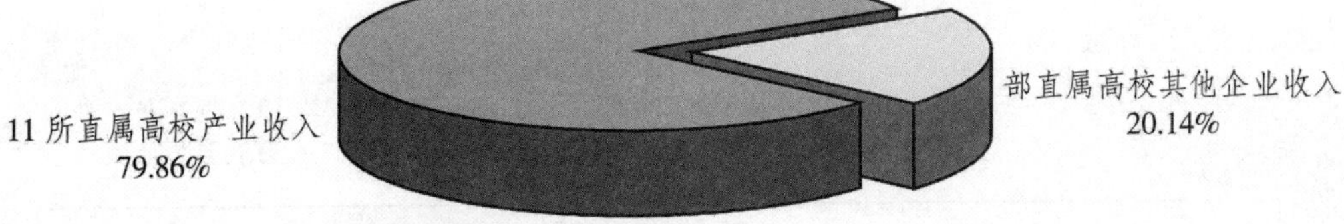


(c)

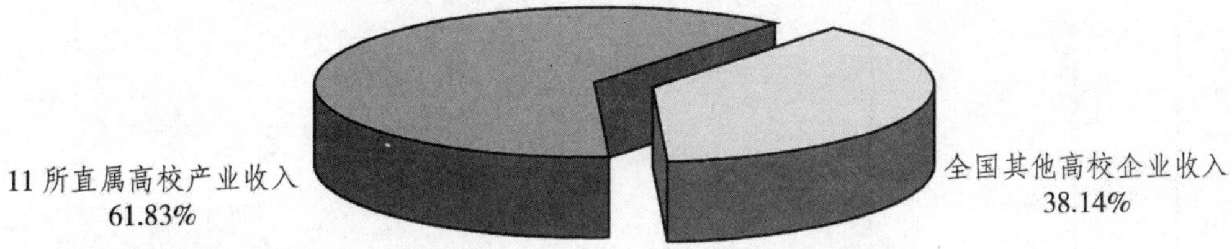


(d)

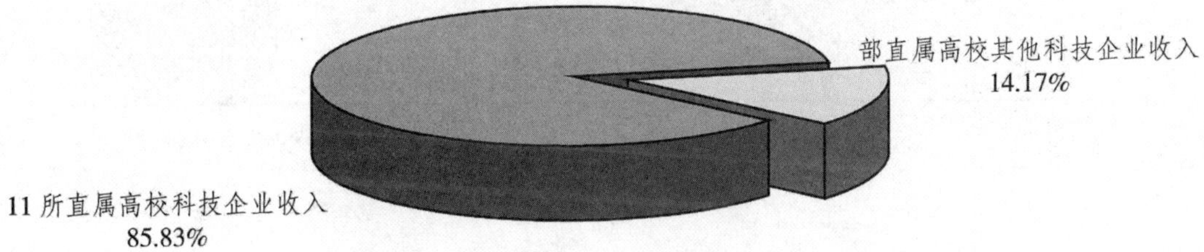


(e)

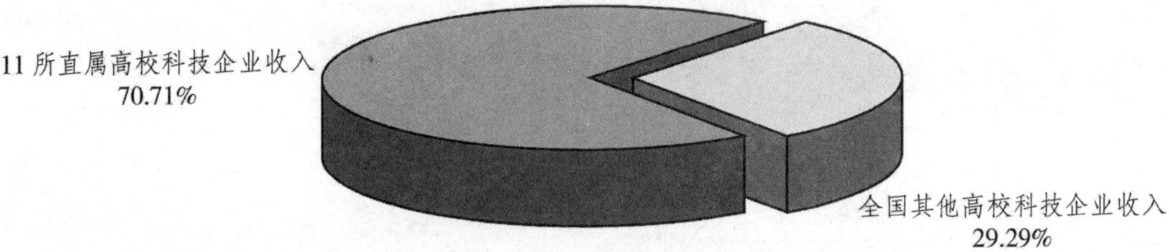


(f)

**图　2－6**

（2）利润情况

① 2003年度教育部直属高校校办产业利润总额32.64亿元，占2003年度全国高校校办产业利润总额42.98亿元的75.94%，比2002年度教育部直属高校校办产业利润总额32.19亿元增加了0.45亿元，增长率为1.40%。教育部直属高校科技型企业利润总额21.49亿元，占2003年度全国高校校办科技型企业利润总额27.61亿元的77.83%，比2002年度教育部直属高校科技型企业利润总额

17.73 亿元增加了 3.76 亿元，增长率为 21.21%。如图 2－7 所示。

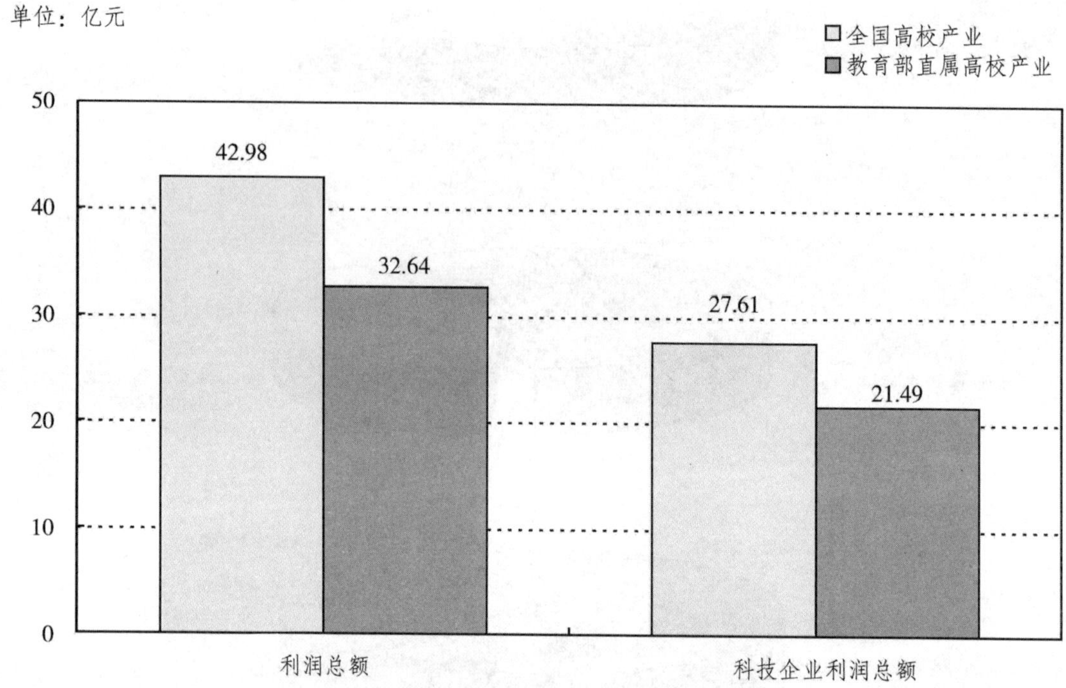


（a）

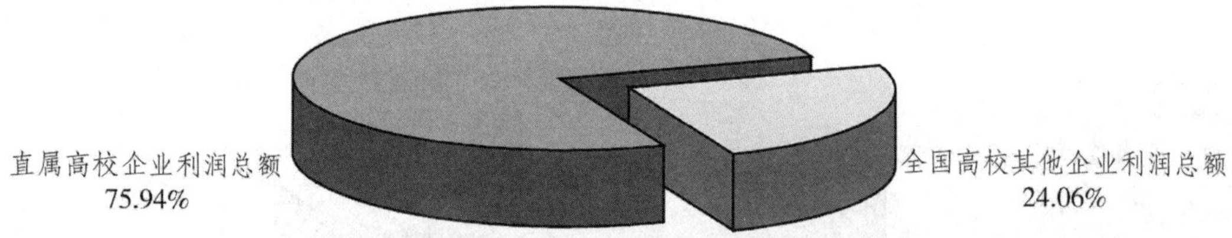


（b）

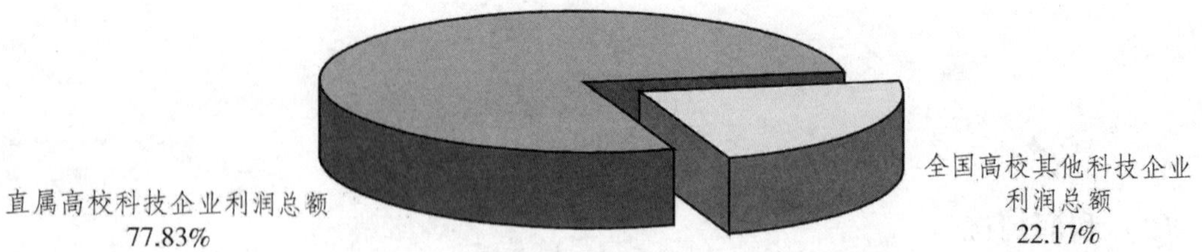


（c）

**图 2－7**

② 教育部直属高校校办产业利润总额超过亿元的学校有 11 所，它们分别是（按序排名）：北京大学、清华大学、上海交通大学、复旦大学、北京外国语大学、浙

江大学、西安交通大学、上海外国语大学、同济大学、东南大学、东北大学。如图2－8所示。

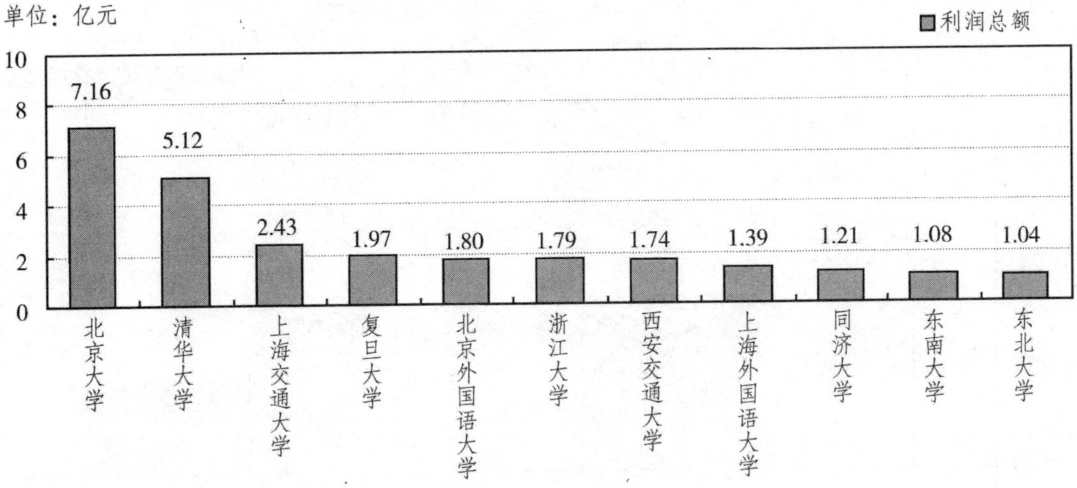


**图　2－8**

③ 教育部直属高校科技型企业利润总额超过亿元的学校有7所，它们分别是(按序排名)：北京大学、清华大学、上海交通大学、西安交通大学、浙江大学、复旦大学、同济大学。如图2－9所示。

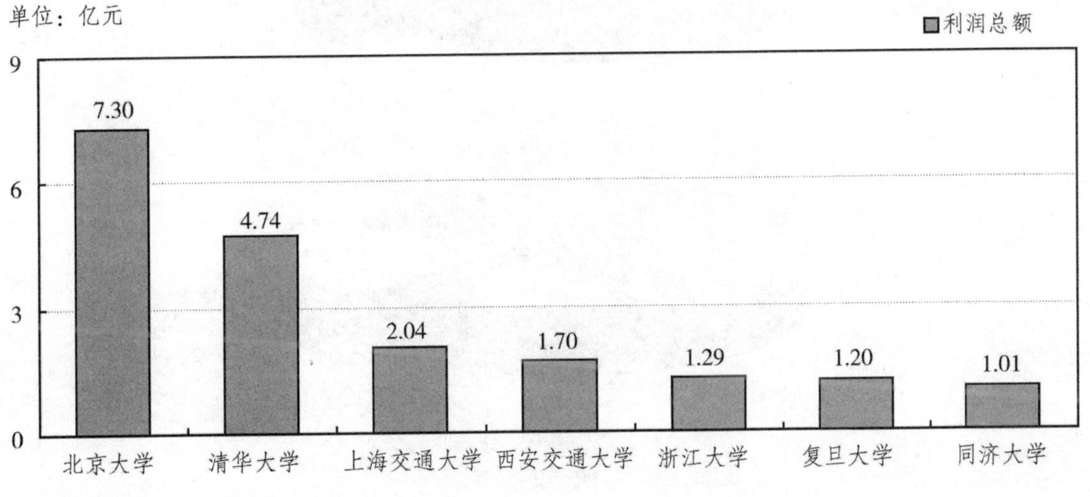


**图　2－9**

④ 2003年度教育部直属高校校办产业共实现净利润21.24亿元，占2003年度全国高校校办企业净利润27.95亿元的75.99%，比2002年度教育部直属高校校办产业净利润26.17亿元减少了4.93亿元，降低了18.84%。2003年度教育部直属高校科技型企业实现净利润11.47亿元，占2003年度全国高校校办科技型

企业净利润 14.73 亿元的 77.87%，比 2002 年度教育部直属高校科技型企业净利润 12.86 亿元减少了 1.39 亿元，降低了 10.81%。如图 2-10 所示。

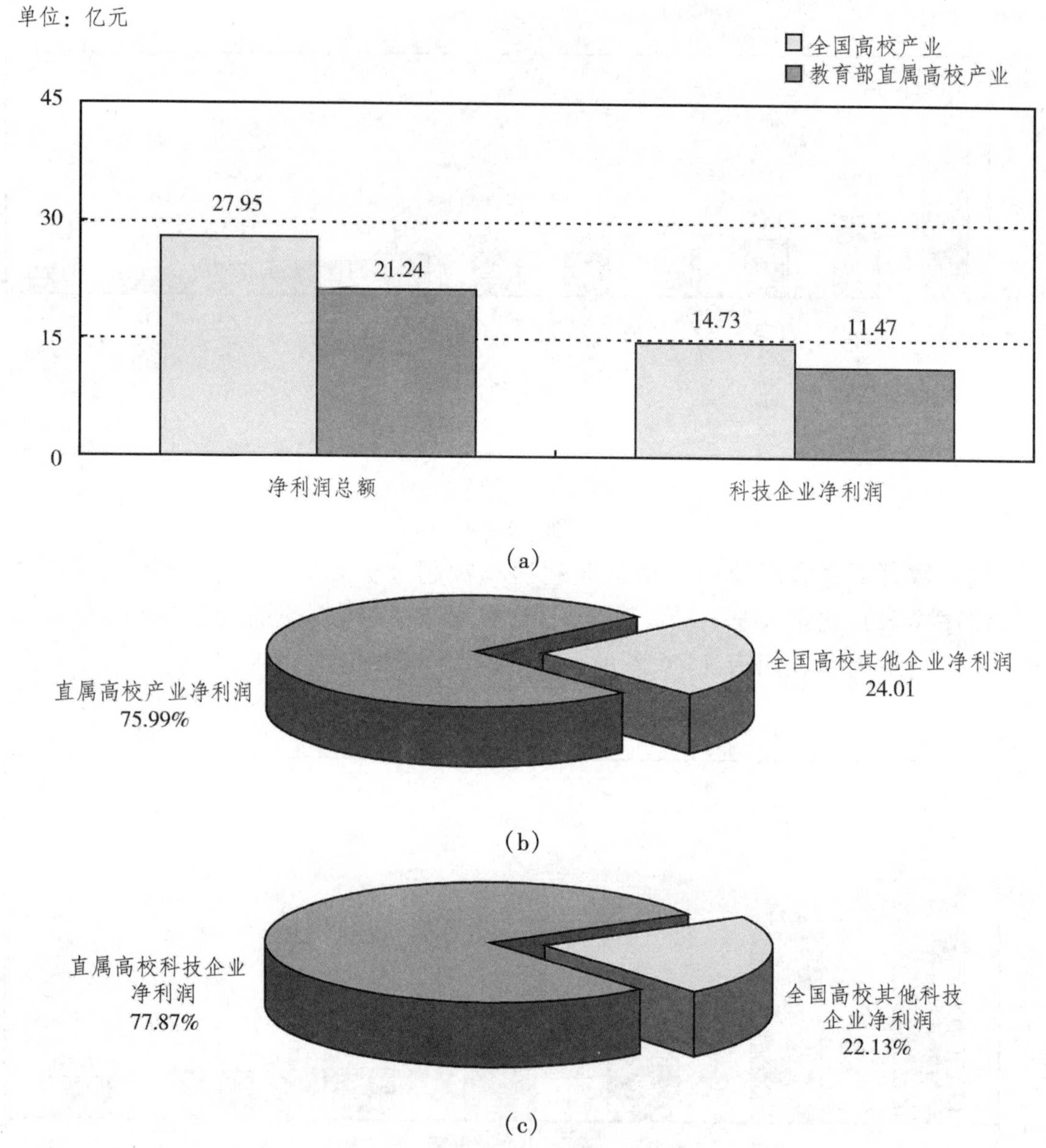


**图 2-10**

(3) 对学校的回报情况

2003 年度教育部直属高校校办产业对学校回报 11.02 亿元，占全国高校校办产业对学校回报 18.00 亿元的 61.22%，比 2002 年度教育部直属高校校办产业对学校回报 10.21 亿元增加了 0.81 亿元，增长率为 7.93%。在直属高校企业对学校的回报中，上交学校利润 7.33 亿元，返还学校工资等各种费用 3.69 亿元。如图 2-11 所示。

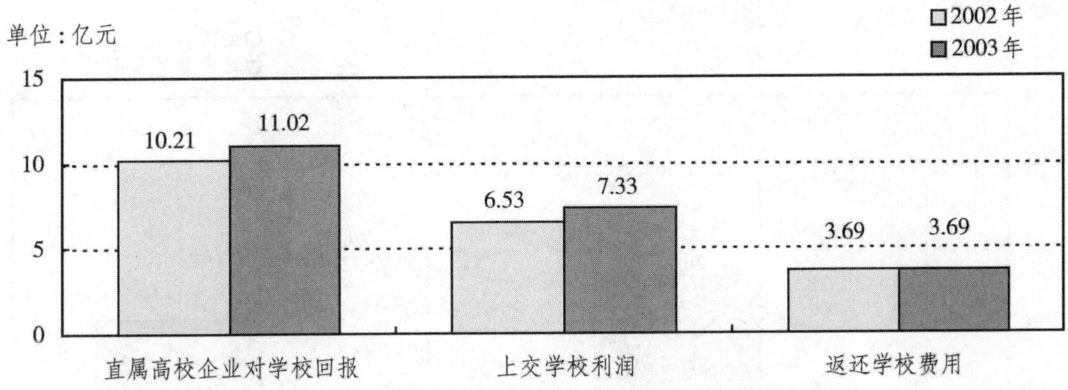


（a）

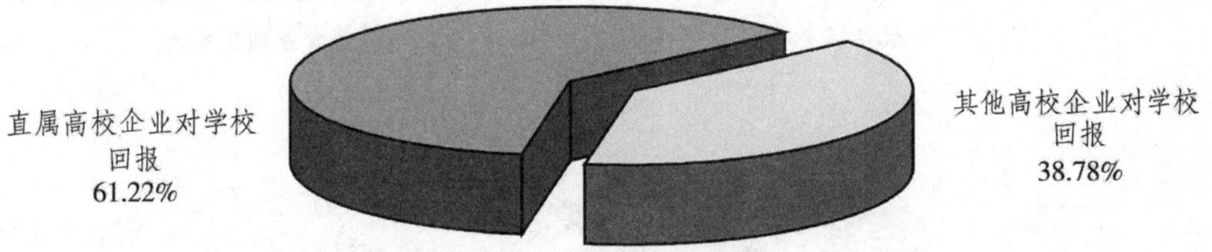


（b）

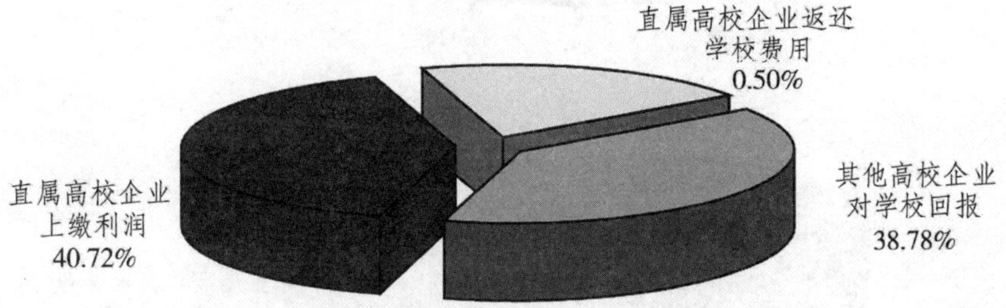


（c）

**图 2-11**

（4）上交税金情况

2003年度教育部直属高校校办企业纳税总额26.92亿元，占全国高校校办企业纳税总额38.69亿元的69.58%，比2002年度教育部直属高校校办企业纳税总额26.58亿元增加了0.34亿元，增长率为1.28%。其中学校科技型企业纳税总额21.57亿元，占教育部直属高校校办企业纳税总额的80.13%，比2002年度教育部直属高校科技型企业纳税总额20.47亿元增加了1.10亿元，增长率为5.37%。如图2-12所示。

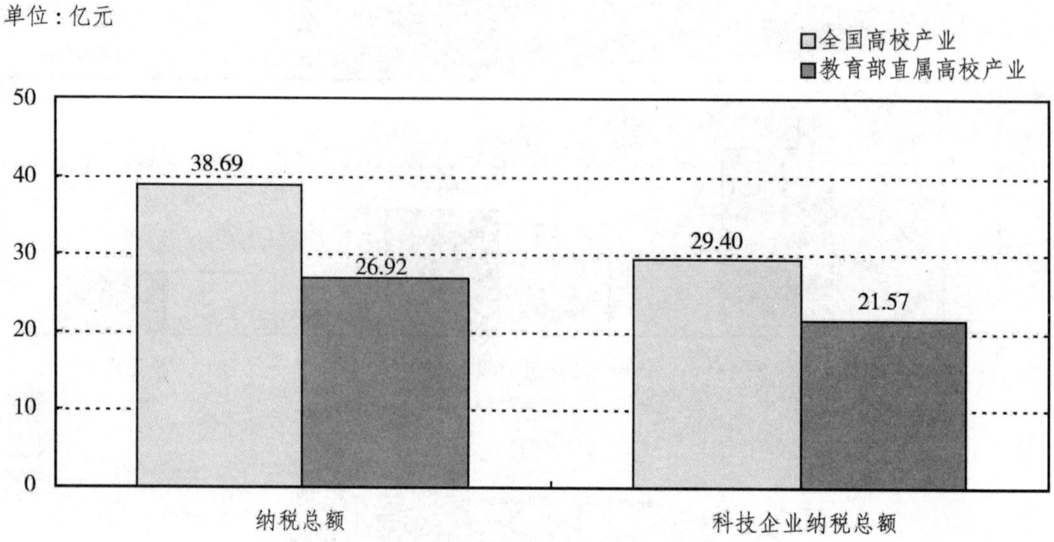


(a)

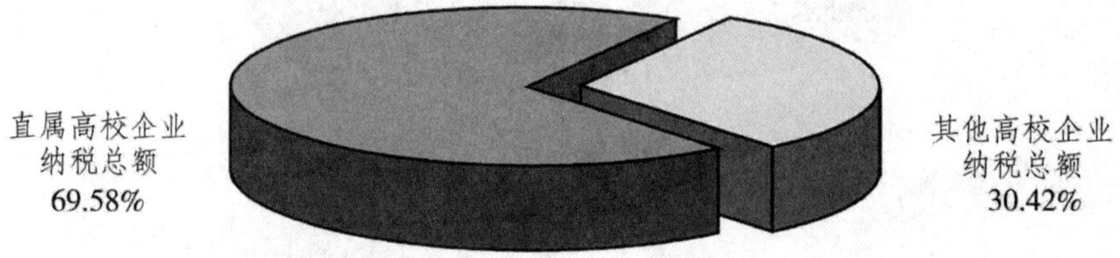


(b)

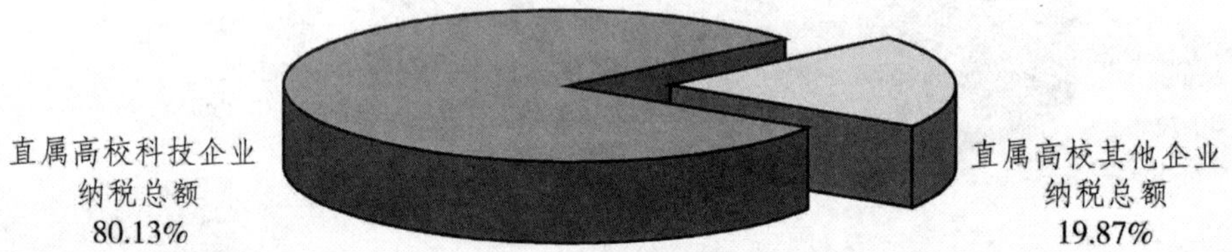


(c)

**图 2-12**

(5) 对社会的回报情况

2003 年度教育部直属高校校办产业对社会的回报总计为 48.16 亿元，占全国高校校办产业对社会的回报 66.64 亿元的 72.27%，比 2002 年度教育部直属高校校办企业对社会的回报 52.75 亿元减少了 4.59 亿元，降低了 8.70%。其中学校科技型企业对社会的回报共计 33.04 亿元，占直属高校校办企业对社会回报的 68.60%，比 2002 年度教育部直属高校科技型企业对社会回报 33.33 亿元减少了 0.29 亿元，降低了 0.87%。如图 2-13 所示。

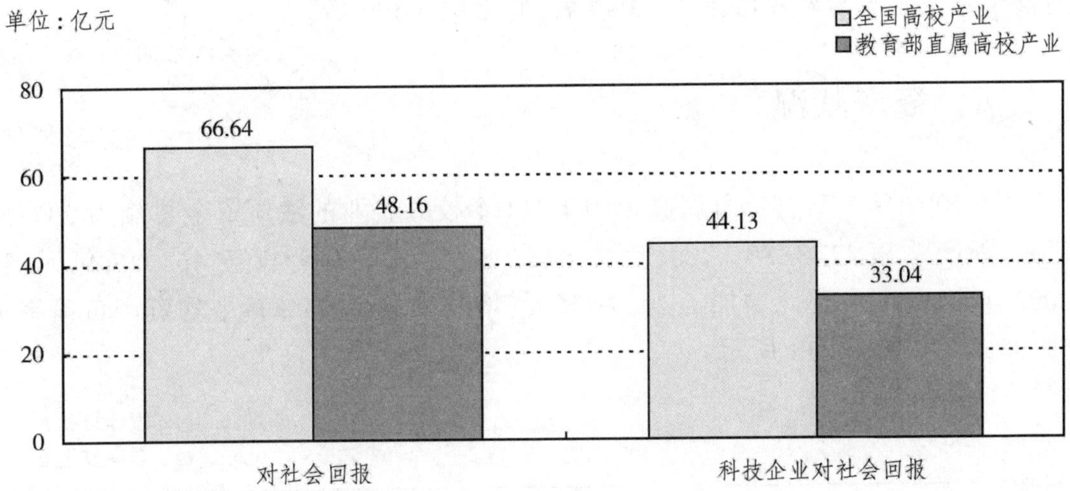


(a)

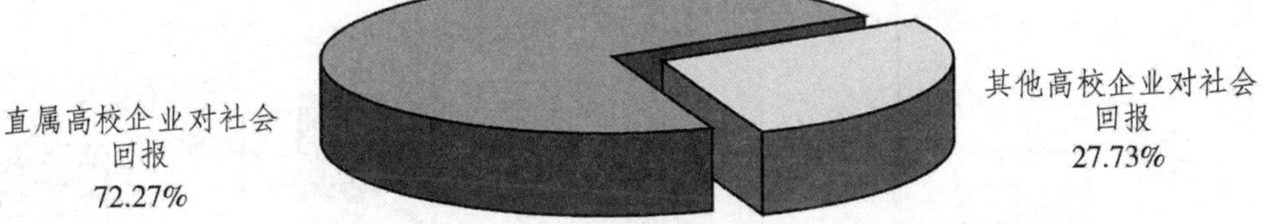


(b)

(c)

**图 2－13**

## 3．人员状况

① 2003年末直属高校校办企业在册职工人数共计12.95万人，其中有科技人员5.03万人（其中具有高级职称的人数为11 169人、具有中级职称的人数为20 512人）。

② 2003年度直属高校校办企业接纳学生实习人数达7.08万人次，累计工时534.09万小时。此外，校办企业还参与了硕士、博士的培养工作。2003年度直属

高校校办企业参与培养博士生 1 045 名、硕士生 3 309 名。

## 4. 资产状况

① 2003 年末教育部直属高校的 1 744 个校办企业的注册资金总额为 237.50 亿元,资产总额 1143.20 亿元,负债 675.03 亿元,所有者权益 468.17 亿元(比 2002 年末 433.38 亿元增加了 34.79 亿元,增长率为 8.03%),平均资产负债率为 59.05%。如图 2－14 所示。

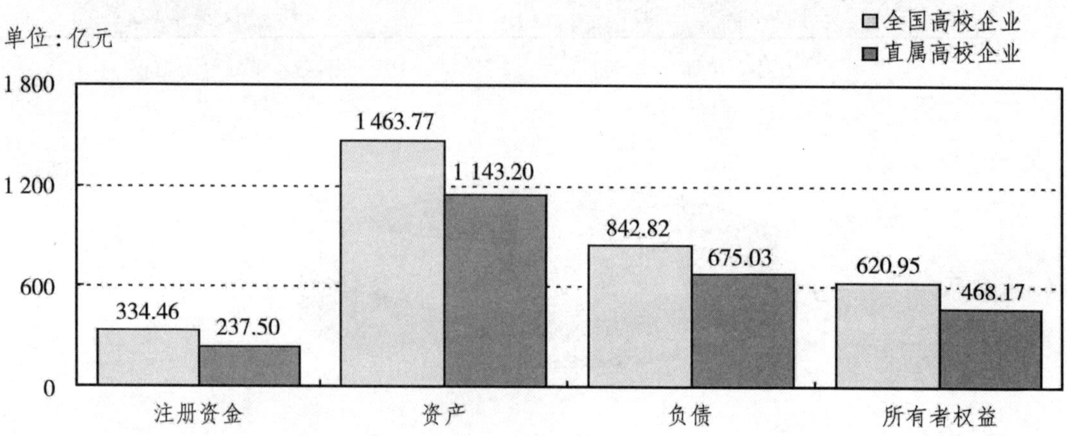


图 2－14

② 在教育部直属高校 1 744 个校办企业中,1 038 个科技型企业的注册资本金为 201.97 亿元,资产总额 986.77 亿元,负债 592.27 亿元,所有者权益 394.50 亿元(比 2002 年末 346.53 亿元增加了 47.97 亿元,增长率为 13.84%),平均资产负债率为 60.02%。如图 2－15 所示。

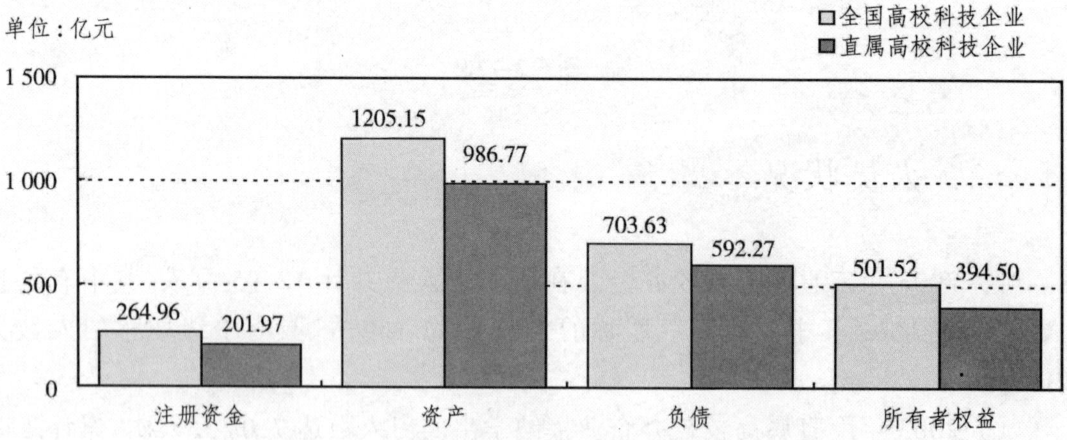


图 2－15

## 5. 基本分析

(1) 人均销售额

① 2003 年度教育部直属高校校办产业人均销售额为 49.45 万元,比全国高校校办产业人均销售额(31.53 万元)高 56.83%。如图 2-16 所示。

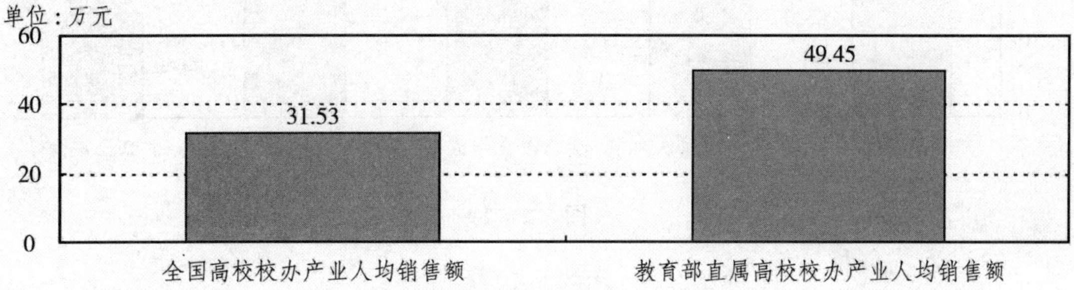


图 2-16

② 人均销售额排在前五位的学校分别是:北京大学、清华大学、石油大学(华东)、中国地质大学、同济大学。如图 2-17 所示。

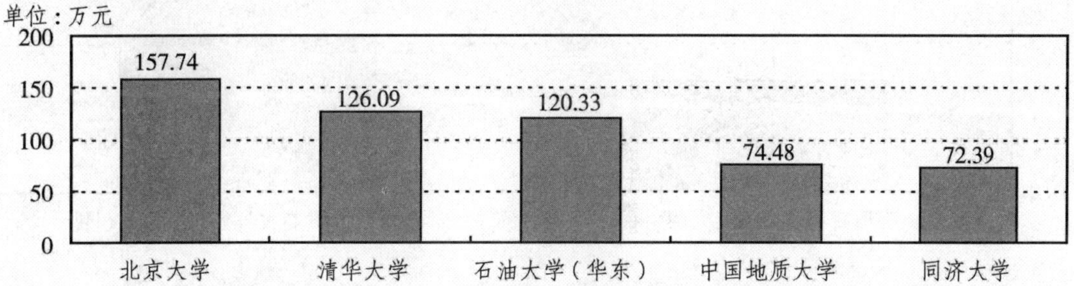


图 2-17

(2) 人均利润额

① 2003 年度教育部直属高校校办产业人均利润额为 1.64 万元,比全国高校校办产业人均销售额(1.07 万元)高 53.27%。如图 2-18 所示。

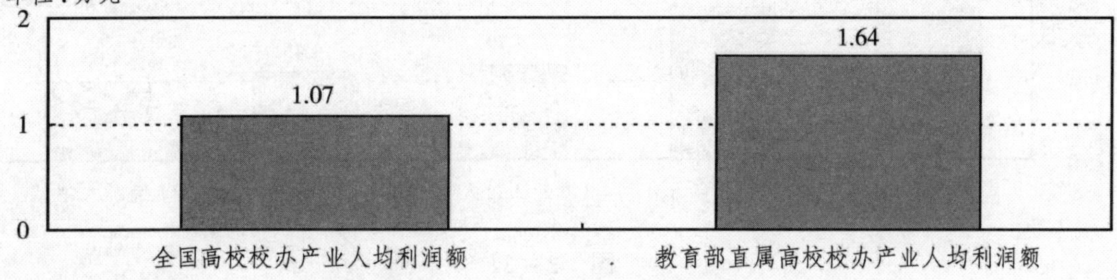


图 2-18

② 人均利润额排在前五位的学校分别是：中国政法大学、中南财经政法大学、上海外国语大学、北京外国语大学、北京语言大学。如图 2－19 所示。

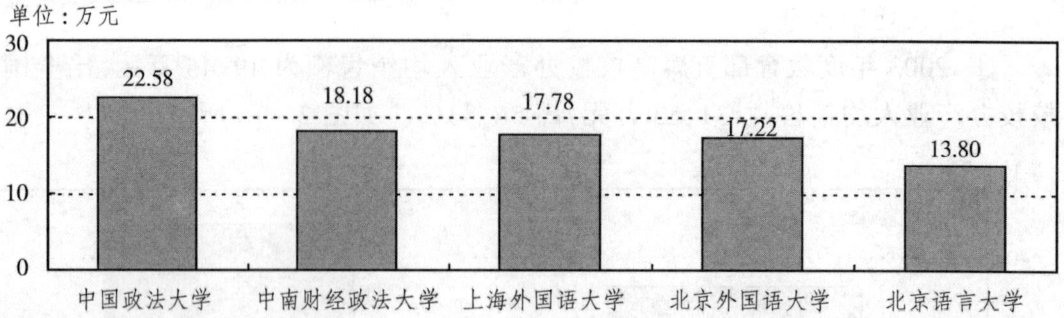


**图 2－19**

（3）人均创税

① 2003 年度教育部直属高校校办产业人均创税为 2.08 万元，比全国高校校办产业人均创税(1.48 万元)高 40.54%。如图 2－20 所示。

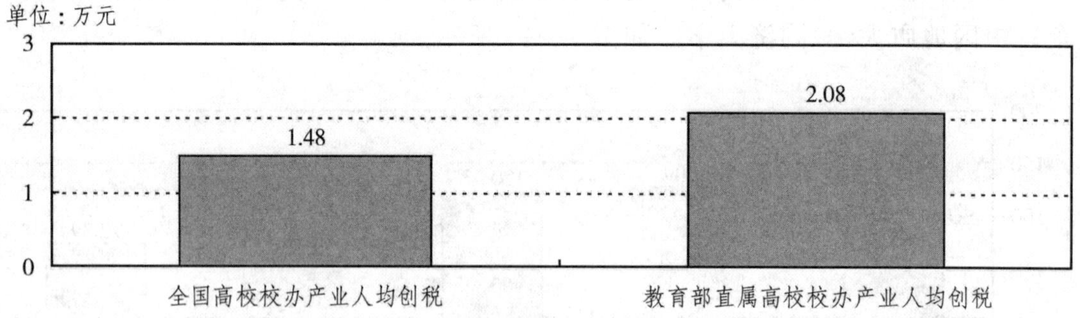


**图 2－20**

② 人均创税排在前五位的学校分别是：北京语言大学、石油大学(华东)、上海外国语大学、清华大学、同济大学。如图 2－21 所示。

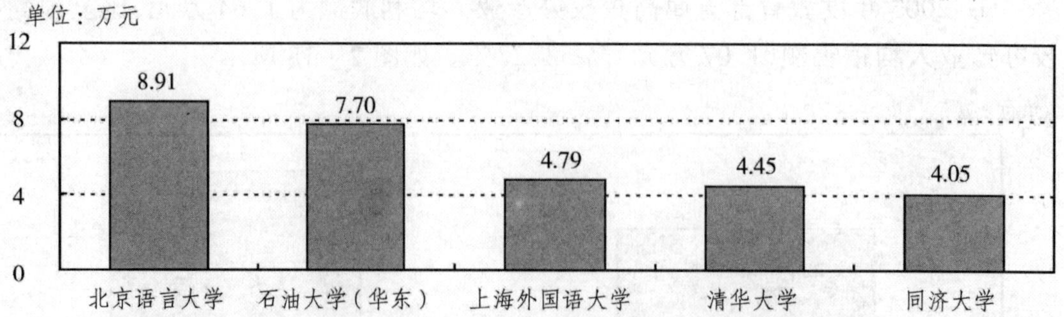


**图 2－21**

(4) 销售净利率

① 2003 年度教育部直属高校校办产业平均销售净利率为 3.32%,比全国高校校办产业平均销售净利率(3.38%)低 1.78%。如图 2-22 所示。

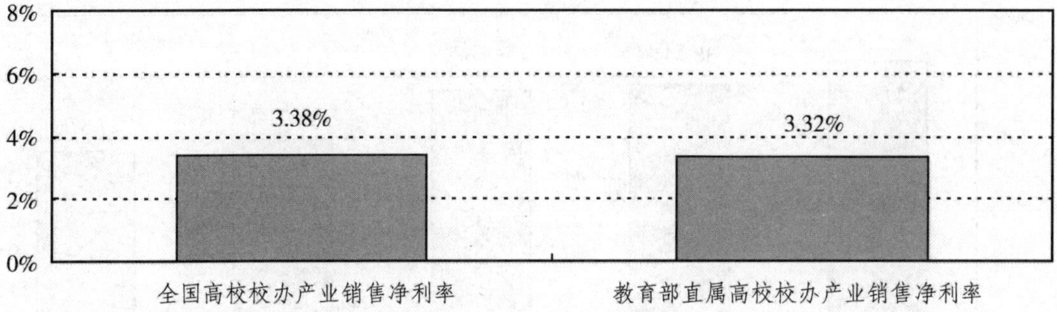


图 2-22

② 销售净利率排在前五位的学校分别是:北京语言大学、中南财经政法大学、中国政法大学、上海外国语大学、北京外国语大学。如图 2-23 所示。

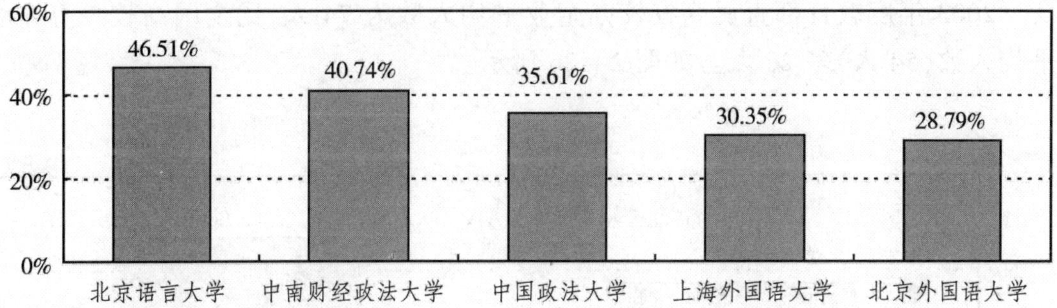


图 2-23

(5) 净资产收益率

① 2003 年度教育部直属高校校办产业平均净资产收益率为 4.54%,比全国高校校办产业平均净资产收益率(4.50%)高 0.89%。如图 2-24 所示。

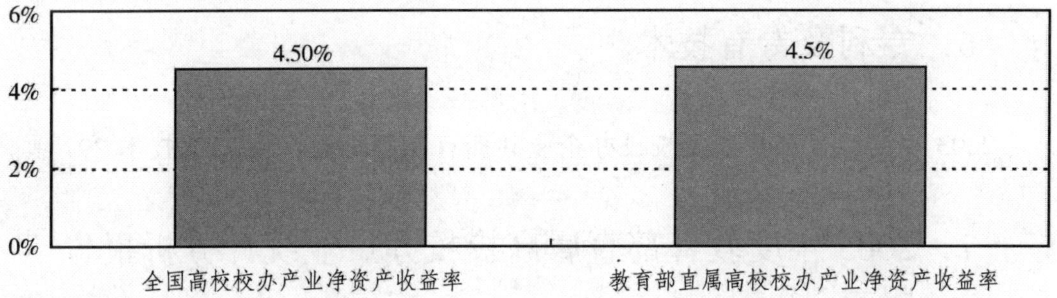


图 2-24

② 净资产收益率排在前五位的学校分别是：北京外国语大学、华中农业大学、东南大学、上海外国语大学、北京广播学院。如图 2－25 所示。

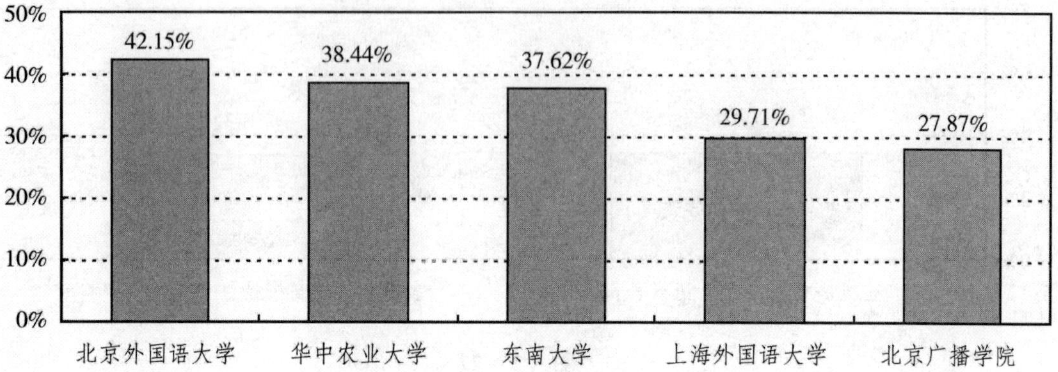


图　2－25

（6）企业平均人数

2003 年度教育部直属高校校办企业平均人数为 74 人，比全国高校校办企业平均人数（54 人）多 20 人。如图 2－26 所示。

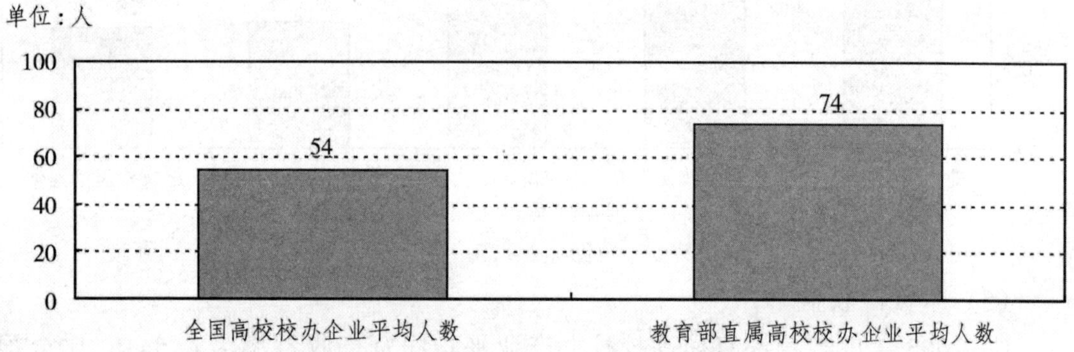


图　2－26

## 6．专利及专有技术

2003 年度教育部直属高校校办企业共拥有专利 1 351 项，专有技术 797 项。

## 7．2003 年度教育部直属高校校办产业统计分析报告附表

**附表 1　教育部直属高校按产业收入总额排名**

2003 年 12 月 31 日　　　　单位:万元

| 序号 | 学 校 名 称 | 收 入 总 额 |
|---|---|---|
| 1 | 北京大学 | 1 658 352.30 |
| 2 | 清华大学 | 1 522 322.90 |
| 3 | 浙江大学 | 387 339.40 |
| 4 | 西安交通大学 | 273 648.30 |
| 5 | 同济大学 | 251 052.60 |
| 6 | 东北大学 | 247 800.70 |
| 7 | 上海交通大学 | 218 518.90 |
| 8 | 石油大学(华东) | 181 214.70 |
| 9 | 复旦大学 | 166 284.40 |
| 10 | 南京大学 | 105 538.20 |
| 11 | 中山大学 | 101 858.50 |
| 12 | 华中科技大学 | 80 483.90 |
| 13 | 武汉大学 | 74 729.60 |
| 14 | 天津大学 | 68 173.90 |
| 15 | 北京外国语大学 | 62 321.90 |
| 16 | 山东大学 | 57 002.70 |
| 17 | 南开大学 | 53 098.70 |
| 18 | 东南大学 | 48 702.20 |
| 19 | 上海外国语大学 | 45 568.90 |
| 20 | 中国地质大学 | 42 600.00 |
| 21 | 四川大学 | 39 559.80 |
| 22 | 北京师范大学 | 38 959.10 |
| 23 | 厦门大学 | 37 703.60 |
| 24 | 西南交通大学 | 37 050.30 |
| 25 | 重庆大学 | 33 719.60 |
| 26 | 华北电力大学 | 32 045.40 |
| 27 | 华南理工大学 | 31 460.10 |
| 28 | 华东师范大学 | 28 461.40 |
| 29 | 北京科技大学 | 28 045.00 |
| 30 | 东华大学 | 26 439.90 |
| 31 | 中国人民大学 | 24 794.40 |
| 32 | 大连理工大学 | 22 893.80 |

续附表 1

| 序号 | 学 校 名 称 | 收 入 总 额 |
|---|---|---|
| 33 | 华东理工大学 | 21 889.60 |
| 34 | 电子科技大学 | 21 725.70 |
| 35 | 中南大学 | 21 374.00 |
| 36 | 吉林大学 | 20 249.80 |
| 37 | 中国农业大学 | 18 317.00 |
| 38 | 武汉理工大学 | 18 039.30 |
| 39 | 中国药科大学 | 17 642.50 |
| 40 | 湖南大学 | 15 173.90 |
| 41 | 北京邮电大学 | 14 590.50 |
| 42 | 北京交通大学 | 14 504.40 |
| 43 | 北京化工大学 | 12 658.20 |
| 44 | 北京林业大学 | 12 388.70 |
| 45 | 石油大学 | 11 828.70 |
| 46 | 东北师范大学 | 11 551.30 |
| 47 | 华中师范大学 | 11 304.50 |
| 48 | 河海大学 | 11 291.70 |
| 49 | 江南大学 | 11 111.30 |
| 50 | 合肥工业大学 | 10 605.50 |
| 51 | 陕西师范大学 | 9 276.00 |
| 52 | 南京农业大学 | 9 032.10 |
| 53 | 中国矿业大学 | 8 148.60 |
| 54 | 西安电子科技大学 | 7 865.90 |
| 55 | 中国地质大学(北京) | 7 479.20 |
| 56 | 长安大学 | 7 396.80 |
| 57 | 西南师范大学 | 6 984.40 |
| 58 | 东北林业大学 | 6 544.60 |
| 59 | 兰州大学 | 6 372.10 |
| 60 | 西北农林科技大学 | 5 912.70 |
| 61 | 北京中医药大学 | 4 796.00 |
| 62 | 中国政法大学 | 4 754.90 |
| 63 | 中国海洋大学 | 4 119.60 |
| 64 | 上海财经大学 | 2 672.20 |
| 65 | 北京语言大学 | 2 551.70 |

**续附表 1**

| 序号 | 学 校 名 称 | 收 入 总 额 |
|---|---|---|
| 66 | 北京广播学院 | 1 628.30 |
| 67 | 西南财经大学 | 1 110.20 |
| 68 | 华中农业大学 | 852.40 |
| 69 | 中央音乐学院 | 571.70 |
| 70 | 中国矿业大学(北京校区) | 479.60 |
| 71 | 对外经济贸易大学 | 298.60 |
| 72 | 中南财经政法大学 | 267.80 |
| 73 | 中央戏剧学院 | 174.50 |
| 74 | 北京体育大学 | 19.70 |
| 合 计 | | 6 403 301.30 |

**附表 2 教育部直属高校按产业实现利润总额排名**

2003 年 12 月 31 日 单位:万元

| 序号 | 学 校 名 称 | 利 润 总 额 |
|---|---|---|
| 1 | 北京大学 | 71 641.60 |
| 2 | 清华大学 | 51 199.80 |
| 3 | 上海交通大学 | 24 343.60 |
| 4 | 复旦大学 | 19 670.60 |
| 5 | 北京外国语大学 | 17 966.30 |
| 6 | 浙江大学 | 17 851.80 |
| 7 | 西安交通大学 | 17 350.40 |
| 8 | 上海外国语大学 | 13 890.90 |
| 9 | 同济大学 | 12 069.60 |
| 10 | 东南大学 | 10 825.90 |
| 11 | 东北大学 | 10 377.00 |
| 12 | 武汉大学 | 9 333.80 |
| 13 | 华北电力大学 | 8 239.20 |
| 14 | 北京师范大学 | 8 112.60 |
| 15 | 华中科技大学 | 6 791.50 |
| 16 | 石油大学(华东) | 6 540.60 |
| 17 | 中国人民大学 | 6 199.50 |
| 18 | 中山大学 | 5 220.50 |
| 19 | 南京大学 | 5 216.50 |

**续附表 2**

| 序号 | 学校名称 | 利润总额 |
|---|---|---|
| 20 | 中国地质大学 | 4 963.00 |
| 21 | 山东大学 | 4 722.70 |
| 22 | 重庆大学 | 4 567.50 |
| 23 | 北京科技大学 | 4 135.40 |
| 24 | 四川大学 | 3 792.20 |
| 25 | 华东师范大学 | 3 599.00 |
| 26 | 大连理工大学 | 3 258.20 |
| 27 | 吉林大学 | 2 684.70 |
| 28 | 华南理工大学 | 2 595.10 |
| 29 | 电子科技大学 | 2 408.90 |
| 30 | 厦门大学 | 2 121.30 |
| 31 | 陕西师范大学 | 1 705.70 |
| 32 | 中国政法大学 | 1 693.20 |
| 33 | 华东理工大学 | 1 579.40 |
| 34 | 北京林业大学 | 1 492.70 |
| 35 | 西南师范大学 | 1 483.80 |
| 36 | 河海大学 | 1 264.20 |
| 37 | 西南交通大学 | 1 212.30 |
| 38 | 中南大学 | 1 188.00 |
| 39 | 北京语言大学 | 1 186.70 |
| 40 | 东华大学 | 1 032.40 |
| 41 | 东北林业大学 | 1 021.20 |
| 42 | 湖南大学 | 992.20 |
| 43 | 北京中医药大学 | 976.90 |
| 44 | 合肥工业大学 | 967.90 |
| 45 | 中国农业大学 | 966.60 |
| 46 | 南京农业大学 | 927.30 |
| 47 | 华中师范大学 | 813.20 |
| 48 | 西安电子科技大学 | 783.10 |
| 49 | 中国矿业大学 | 743.80 |
| 50 | 中国海洋大学 | 743.80 |
| 51 | 东北师范大学 | 673.20 |
| 52 | 上海财经大学 | 656.20 |

**续附表 2**

| 序号 | 学 校 名 称 | 利 润 总 额 |
|---|---|---|
| 53 | 西北农林科技大学 | 464.80 |
| 54 | 北京广播学院 | 438.90 |
| 55 | 北京化工大学 | 371.50 |
| 56 | 武汉理工大学 | 363.00 |
| 57 | 江南大学 | 287.80 |
| 58 | 长安大学 | 259.10 |
| 59 | 西南财经大学 | 245.20 |
| 60 | 北京交通大学 | 224.40 |
| 61 | 兰州大学 | 215.50 |
| 62 | 中国地质大学(北京) | 193.90 |
| 63 | 华中农业大学 | 174.00 |
| 64 | 石油大学 | 144.90 |
| 65 | 中南财经政法大学 | 109.30 |
| 66 | 对外经济贸易大学 | 1.00 |
| 67 | 北京体育大学 | -0.40 |
| 68 | 中央戏剧学院 | -6.50 |
| 69 | 中国矿业大学(北京校区) | -12.40 |
| 70 | 中央音乐学院 | -65.60 |
| 71 | 中国药科大学 | -121.60 |
| 72 | 北京邮电大学 | -1 061.40 |
| 73 | 南开大学 | -24 438.00 |
| 74 | 天津大学 | -37 163.90 |
| 合 计 | | 326 417.00 |

**附表 3　教育部直属高校按科技企业收入总额排名**

2003 年 12 月 31 日　　单位:万元

| 序号 | 学 校 名 称 | 收 入 总 额 |
|---|---|---|
| 1 | 北京大学 | 1 636 331.10 |
| 2 | 清华大学 | 1 446 168.80 |
| 3 | 浙江大学 | 338 951.40 |
| 4 | 西安交通大学 | 257 037.90 |
| 5 | 东北大学 | 240 688.60 |
| 6 | 同济大学 | 223 489.20 |

续附表 3

| 序号 | 学 校 名 称 | 收 入 总 额 |
|---|---|---|
| 7 | 上海交通大学 | 190 247.60 |
| 8 | 石油大学(华东) | 139 934.40 |
| 9 | 复旦大学 | 136 612.20 |
| 10 | 南京大学 | 96 524.40 |
| 11 | 华中科技大学 | 75 465.90 |
| 12 | 武汉大学 | 69 440.00 |
| 13 | 天津大学 | 66 337.60 |
| 14 | 山东大学 | 52 951.30 |
| 15 | 中国地质大学 | 42 600.00 |
| 16 | 南开大学 | 41 427.20 |
| 17 | 西南交通大学 | 35 146.50 |
| 18 | 四川大学 | 32 841.50 |
| 19 | 华北电力大学 | 31 654.40 |
| 20 | 北京科技大学 | 27 439.70 |
| 21 | 重庆大学 | 22 885.30 |
| 22 | 东华大学 | 22 456.90 |
| 23 | 东南大学 | 21 571.10 |
| 24 | 电子科技大学 | 20 431.80 |
| 25 | 华南理工大学 | 19 938.20 |
| 26 | 华东理工大学 | 19 585.80 |
| 27 | 中山大学 | 18 051.60 |
| 28 | 中南大学 | 16 439.50 |
| 29 | 吉林大学 | 13 918.20 |
| 30 | 北京邮电大学 | 12 892.80 |
| 31 | 中国农业大学 | 12 691.90 |
| 32 | 北京交通大学 | 11 382.00 |
| 33 | 北京化工大学 | 10 171.40 |
| 34 | 北京林业大学 | 9 601.30 |
| 35 | 湖南大学 | 9 275.00 |
| 36 | 华中师范大学 | 7 620.50 |
| 37 | 大连理工大学 | 7 444.50 |
| 38 | 南京农业大学 | 7 341.00 |

**续附表3**

| 序号 | 学校名称 | 收入总额 |
| --- | --- | --- |
| 39 | 中国矿业大学 | 6 824.20 |
| 40 | 合肥工业大学 | 5 622.20 |
| 41 | 武汉理工大学 | 5 391.80 |
| 42 | 江南大学 | 5 373.00 |
| 43 | 西北农林科技大学 | 4 736.00 |
| 44 | 北京中医药大学 | 4 575.60 |
| 45 | 石油大学 | 4 061.50 |
| 46 | 兰州大学 | 3 229.40 |
| 47 | 河海大学 | 3 215.40 |
| 48 | 华东师范大学 | 2 413.80 |
| 49 | 中国海洋大学 | 2 335.30 |
| 50 | 东北林业大学 | 2 146.50 |
| 51 | 长安大学 | 1 593.00 |
| 52 | 北京师范大学 | 1 215.90 |
| 53 | 中国人民大学 | 1 154.10 |
| 54 | 中国地质大学(北京) | 991.70 |
| 55 | 北京外国语大学 | 718.00 |
| 56 | 华中农业大学 | 715.70 |
| 57 | 东北师范大学 | 694.80 |
| 58 | 厦门大学 | 372.30 |
| 59 | 西安电子科技大学 | 360.50 |
| 60 | 西南师范大学 | 338.30 |
| 61 | 中南财经政法大学 | 267.80 |
| 62 | 中国矿业大学(北京校区) | 233.80 |
| 63 | 上海财经大学 | 221.50 |
| 64 | 中国药科大学 | 172.50 |
| 65 | 西南财经大学 | 76.30 |
| 66 | 陕西师范大学 | 50.80 |
| 67 | 对外经济贸易大学 | 38.00 |
| 68 | 北京广播学院 | 32.70 |
| 合计 | | 5 504 160.90 |

**附表4　教育部直属高校按科技企业实现利润总额排名**

2003 年 12 月 31 日　　　　单位:万元

| 序号 | 学校名称 | 利润总额 |
|---|---|---|
| 1 | 北京大学 | 72 991.40 |
| 2 | 清华大学 | 47 432.35 |
| 3 | 上海交通大学 | 20 369.00 |
| 4 | 西安交通大学 | 17 043.20 |
| 5 | 浙江大学 | 12 915.40 |
| 6 | 复旦大学 | 12 027.10 |
| 7 | 同济大学 | 10 100.90 |
| 8 | 东北大学 | 9 906.40 |
| 9 | 武汉大学 | 9 343.70 |
| 10 | 华北电力大学 | 8 100.20 |
| 11 | 华中科技大学 | 6 739.00 |
| 12 | 石油大学(华东) | 6 736.70 |
| 13 | 中国地质大学 | 4 963.00 |
| 14 | 山东大学 | 4 519.60 |
| 15 | 南京大学 | 4 235.80 |
| 16 | 北京科技大学 | 4 164.01 |
| 17 | 四川大学 | 3 018.20 |
| 18 | 中山大学 | 2 978.30 |
| 19 | 华南理工大学 | 2 332.70 |
| 20 | 重庆大学 | 2 293.30 |
| 21 | 电子科技大学 | 2 172.00 |
| 22 | 吉林大学 | 1 505.40 |
| 23 | 北京林业大学 | 1 449.70 |
| 24 | 华东理工大学 | 1 406.50 |
| 25 | 西南交通大学 | 1 271.70 |
| 26 | 中南大学 | 1 166.24 |
| 27 | 东南大学 | 1 165.60 |
| 28 | 北京中医药大学 | 976.90 |
| 29 | 中国农业大学 | 931.60 |
| 30 | 大连理工大学 | 858.50 |
| 31 | 中国海洋大学 | 814.90 |

**续附表 4**

| 序号 | 学校名称 | 利润总额 |
|---|---|---|
| 32 | 中国矿业大学 | 802.80 |
| 33 | 东华大学 | 761.60 |
| 34 | 湖南大学 | 612.80 |
| 35 | 华中师范大学 | 609.70 |
| 36 | 南京农业大学 | 606.20 |
| 37 | 北京交通大学 | 448.70 |
| 38 | 东北林业大学 | 373.00 |
| 39 | 北京化工大学 | 320.50 |
| 40 | 西北农林科技大学 | 298.60 |
| 41 | 兰州大学 | 233.90 |
| 42 | 合肥工业大学 | 224.10 |
| 43 | 武汉理工大学 | 222.20 |
| 44 | 长安大学 | 162.20 |
| 45 | 华中农业大学 | 154.20 |
| 46 | 西安电子科技大学 | 128.90 |
| 47 | 江南大学 | 115.90 |
| 48 | 中南财经政法大学 | 109.30 |
| 49 | 北京师范大学 | 107.80 |
| 50 | 河海大学 | 78.60 |
| 51 | 石油大学 | 62.50 |
| 52 | 西南师范大学 | 26.80 |
| 53 | 中国地质大学(北京) | 18.70 |
| 54 | 华东师范大学 | 16.70 |
| 55 | 厦门大学 | 15.40 |
| 56 | 陕西师范大学 | 6.90 |
| 57 | 东北师范大学 | 5.10 |
| 58 | 西南财经大学 | 4.60 |
| 59 | 北京外国语大学 | 3.70 |
| 60 | 中国药科大学 | 0.80 |
| 61 | 对外经济贸易大学 | 0.50 |
| 62 | 北京广播学院 | -2.80 |
| 63 | 上海财经大学 | -4.40 |

**续附表 4**

| 序号 | 学 校 名 称 | 利 润 总 额 |
|---|---|---|
| 64 | 中国矿业大学(北京校区) | -18.80 |
| 65 | 中国人民大学 | -105.70 |
| 66 | 北京邮电大学 | -942.30 |
| 67 | 南开大学 | -24 816.80 |
| 68 | 天津大学 | -37 197.90 |
| 合 计 | | 219 373.30 |

**附表 5 教育部直属高校企业与科技企业收入总额各地区情况一览表**

2003 年 12 月 31 日　　单位:万元

| 序号 | 省、自治区、直辖市 | 收入总额 | 其中科技企业收入额 | 所占比例 | 其他企业收入额 | 所占比例 |
|---|---|---|---|---|---|---|
| 1 | 北京市 | 3 441 837.30 | 3 179 700.30 | 92.38% | 262 137.00 | 7.62% |
| 2 | 天津市 | 121 272.50 | 107 764.80 | 88.86% | 13 507.70 | 11.14% |
| 3 | 河北省 | 32 045.40 | 31 654.40 | 98.78% | 391.00 | 1.22% |
| 4 | 辽宁省 | 270 694.50 | 248 133.10 | 91.67% | 22 561.40 | 8.33% |
| 5 | 吉林省 | 31 801.10 | 14 613.00 | 45.95% | 17 188.10 | 54.05% |
| 6 | 黑龙江省 | 6 544.60 | 2 146.50 | 32.80% | 4 398.10 | 67.20% |
| 7 | 上海市 | 760 887.90 | 595 027.00 | 78.20% | 165 860.90 | 21.80% |
| 8 | 江苏省 | 211 466.60 | 141 021.60 | 66.69% | 70 445.00 | 33.31% |
| 9 | 浙江省 | 387 339.40 | 338 951.40 | 87.51% | 48 388.00 | 12.49% |
| 10 | 安徽省 | 10 605.50 | 5 622.20 | 53.01% | 4 983.30 | 46.99% |
| 11 | 福建省 | 37 703.60 | 372.30 | 0.99% | 37 331.30 | 99.01% |
| 12 | 山东省 | 242 337.00 | 195 221.00 | 80.56% | 47 116.00 | 19.44% |
| 13 | 湖北省 | 228 277.60 | 201 501.70 | 88.27% | 26 775.90 | 11.73% |
| 14 | 湖南省 | 36 547.90 | 25 714.50 | 70.36% | 10 833.40 | 29.64% |
| 15 | 广东省 | 133 318.60 | 37 989.80 | 28.50% | 95 328.80 | 71.50% |
| 16 | 重庆市 | 40 704.00 | 23 223.60 | 57.05% | 17 480.40 | 42.95% |
| 17 | 四川省 | 99 446.00 | 88 496.10 | 88.99% | 10 949.90 | 11.01% |
| 18 | 陕西省 | 304 099.70 | 263 778.20 | 86.74% | 40 321.50 | 13.26% |
| 19 | 甘肃省 | 6 372.10 | 3 229.40 | 50.68% | 3 142.70 | 49.32% |
| 合 计 | | 6 403 301.30 | 5 504 160.90 | 85.96% | 899 140.40 | 14.04% |

## 附表 6　教育部直属高校企业与科技企业实现利润总额各地区情况一览表

2003 年 12 月 31 日　　单位:万元

| 序号 | 省、自治区、直辖市 | 利润总额 | 其中科技企业利润额 | 所占比例 | 其他企业利润额 | 所占比例 |
|---|---|---|---|---|---|---|
| 1 | 北京市 | 165 799.60 | 127 838.80 | 77.10% | 37 960.80 | 22.90% |
| 2 | 天津市 | -61 601.90 | -62 014.70 | 100.67% | 412.80 | -0.67% |
| 3 | 河北省 | 8 239.20 | 8 100.20 | 98.31% | 139.00 | 1.69% |
| 4 | 辽宁省 | 13 635.20 | 10 764.90 | 78.95% | 2 870.30 | 21.05% |
| 5 | 吉林省 | 3 357.90 | 1 510.50 | 44.98% | 1 847.40 | 55.02% |
| 6 | 黑龙江省 | 1 021.20 | 373.00 | 36.53% | 648.20 | 63.47% |
| 7 | 上海市 | 76 841.70 | 44 677.40 | 58.14% | 32 164.30 | 41.86% |
| 8 | 江苏省 | 19 143.90 | 7 005.70 | 36.59% | 12 138.20 | 63.41% |
| 9 | 浙江省 | 17 851.80 | 12 915.40 | 72.35% | 4 936.40 | 27.65% |
| 10 | 安徽省 | 967.90 | 224.10 | 23.15% | 743.80 | 76.85% |
| 11 | 福建省 | 2 121.30 | 15.40 | 0.73% | 2 105.90 | 99.27% |
| 12 | 山东省 | 12 007.10 | 12 071.20 | 100.53% | -64.10 | -0.53% |
| 13 | 湖北省 | 22 547.80 | 22 141.10 | 98.20% | 406.70 | 1.80% |
| 14 | 湖南省 | 2 180.20 | 1 779.00 | 81.60% | 401.20 | 18.40% |
| 15 | 广东省 | 7 815.60 | 5 311.00 | 67.95% | 2 504.60 | 32.05% |
| 16 | 重庆市 | 6 051.30 | 2 320.10 | 38.34% | 3 731.20 | 61.66% |
| 17 | 四川省 | 7 658.60 | 6 466.50 | 84.43% | 1 192.10 | 15.57% |
| 18 | 陕西省 | 20 563.10 | 17 639.80 | 85.78% | 2 923.30 | 14.22% |
| 19 | 甘肃省 | 215.50 | 233.90 | 108.54% | -18.40 | -8.54% |
| 合　计 | | 326 417.00 | 219 373.30 | 67.21% | 107 043.70 | 32.79% |

## 附表 7　教育部直属高校校办企业人员地区分布状况一览表

2003 年 12 月 31 日　　单位:个

| 序号 | 省、自治区、直辖市 | 年末职工人数 | 其中科技人员数 | 所占比例 | 高级职称人数 | 所占比例 | 中级职称人数 | 所占比例 |
|---|---|---|---|---|---|---|---|---|
| 1 | 北京市 | 31 065 | 12 392 | 39.89% | 2 684 | 8.64% | 5 270 | 16.96% |
| 2 | 天津市 | 4 770 | 968 | 20.29% | 311 | 6.52% | 477 | 10.00% |
| 3 | 河北省 | 872 | 483 | 55.39% | 109 | 12.50% | 174 | 19.95% |
| 4 | 辽宁省 | 9 083 | 4 702 | 51.77% | 631 | 6.95% | 1 194 | 13.15% |
| 5 | 吉林省 | 3 454 | 824 | 23.86% | 166 | 4.81% | 325 | 9.41% |
| 6 | 黑龙江省 | 1 276 | 587 | 46.00% | 225 | 17.63% | 311 | 24.37% |

**续附表 7**

| 序号 | 省、自治区、直辖市 | 年末职工人数 | 其中科技人员数 | 所占比例 | 高级职称人数 | 所占比例 | 中级职称人数 | 所占比例 |
|---|---|---|---|---|---|---|---|---|
| 7 | 上海市 | 19 145 | 7 430 | 38.81% | 1 678 | 8.76% | 3 529 | 18.43% |
| 8 | 江苏省 | 7 179 | 3 945 | 54.95% | 818 | 11.39% | 1 235 | 17.20% |
| 9 | 浙江省 | 7 265 | 3 253 | 44.78% | 463 | 6.37% | 1 173 | 16.15% |
| 10 | 安徽省 | 1 578 | 563 | 35.68% | 213 | 13.50% | 256 | 16.22% |
| 11 | 福建省 | 2 955 | 349 | 11.81% | 60 | 2.03% | 121 | 4.09% |
| 12 | 山东省 | 5 645 | 2 256 | 39.96% | 441 | 7.81% | 898 | 15.91% |
| 13 | 湖北省 | 7 118 | 2 846 | 39.98% | 811 | 11.39% | 1 383 | 19.43% |
| 14 | 湖南省 | 3 256 | 1 777 | 54.58% | 577 | 17.72% | 887 | 27.24% |
| 15 | 广东省 | 3 024 | 1 173 | 38.79% | 211 | 6.98% | 463 | 15.31% |
| 16 | 重庆市 | 2 100 | 961 | 45.76% | 354 | 16.86% | 496 | 23.62% |
| 17 | 四川省 | 5 466 | 2 211 | 40.45% | 618 | 11.31% | 785 | 14.36% |
| 18 | 陕西省 | 13 502 | 3 390 | 25.11% | 756 | 5.60% | 1 416 | 10.49% |
| 19 | 甘肃省 | 744 | 230 | 30.91% | 43 | 5.78% | 119 | 15.99% |
| 合　　计 | | 129 497 | 50 340 | 38.87% | 11 169 | 8.62% | 20 512 | 15.84% |

2003 年度教育部直属高校校办企业接纳学生实习人数达 7.08 万人次，累计工时 534.09 万小时。此外校办企业还参与了硕士生、博士生的培养工作，2003 年度参与培养硕士生 3 309 名；博士生 1 045 名。

**附表 8　教育部直属高校产业与科技产业收入总额情况对照表**

2003 年 12 月 31 日　　　　单位：万元

| 序号 | 学校名称 | 收入总额 | 其中科技企业收入额 | 所占比例 | 其他企业收入额 | 所占比例 |
|---|---|---|---|---|---|---|
| 1 | 北京大学 | 1 658 352.30 | 1 636 331.10 | 98.67% | 22 021.20 | 1.33% |
| 2 | 清华大学 | 1 522 322.90 | 1 446 168.80 | 95.00% | 76 154.10 | 5.00% |
| 3 | 浙江大学 | 387 339.40 | 338 951.40 | 87.51% | 48 388.00 | 12.49% |
| 4 | 西安交通大学 | 273 648.30 | 257 037.90 | 93.93% | 16 610.40 | 6.07% |
| 5 | 同济大学 | 251 052.60 | 223 489.20 | 89.02% | 27 563.40 | 10.98% |
| 6 | 东北大学 | 247 800.70 | 240 688.60 | 97.13% | 7 112.10 | 2.87% |
| 7 | 上海交通大学 | 218 518.90 | 190 247.60 | 87.06% | 28 271.30 | 12.94% |
| 8 | 石油大学(华东) | 181 214.70 | 139 934.40 | 77.22% | 41 280.30 | 22.78% |
| 9 | 复旦大学 | 166 284.40 | 136 612.20 | 82.16% | 29 672.20 | 17.84% |
| 10 | 南京大学 | 105 538.20 | 96 524.40 | 91.46% | 9 013.80 | 8.54% |

**续附表 8**

| 序号 | 学 校 名 称 | 收入总额 | 其中科技企业收入额 | 所占比例 | 其他企业收入额 | 所占比例 |
|---|---|---|---|---|---|---|
| 11 | 中山大学 | 101 858.50 | 18 051.60 | 17.72% | 83 806.90 | 82.28% |
| 12 | 华中科技大学 | 80 483.90 | 75 465.90 | 93.77% | 5 018.00 | 6.23% |
| 13 | 武汉大学 | 74 729.60 | 69 440.00 | 92.92% | 5 289.60 | 7.08% |
| 14 | 天津大学 | 68 173.90 | 66 337.60 | 97.31% | 1 836.30 | 2.69% |
| 15 | 北京外国语大学 | 62 321.90 | 718.00 | 1.15% | 61 603.90 | 98.85% |
| 16 | 山东大学 | 57 002.70 | 52 951.30 | 92.89% | 4 051.40 | 7.11% |
| 17 | 南开大学 | 53 098.70 | 41 427.20 | 78.02% | 11 671.50 | 21.98% |
| 18 | 东南大学 | 48 702.20 | 21 571.10 | 44.29% | 27 131.10 | 55.71% |
| 19 | 上海外国语大学 | 45 568.90 | 0.00 | 0.00% | 45 568.90 | 100.00% |
| 20 | 中国地质大学 | 42 600.00 | 42 600.00 | 100.00% | 0.00 | 0.00% |
| 21 | 四川大学 | 39 559.80 | 32 841.50 | 83.02% | 6 718.30 | 16.98% |
| 22 | 北京师范大学 | 38 959.10 | 1 215.90 | 3.12% | 37 743.20 | 96.88% |
| 23 | 厦门大学 | 37 703.60 | 372.30 | 0.99% | 37 331.30 | 99.01% |
| 24 | 西南交通大学 | 37 050.30 | 35 146.50 | 94.86% | 1 903.80 | 5.14% |
| 25 | 重庆大学 | 33 719.60 | 22 885.30 | 67.87% | 10 834.30 | 32.13% |
| 26 | 华北电力大学 | 32 045.40 | 31 654.40 | 98.78% | 391.00 | 1.22% |
| 27 | 华南理工大学 | 31 460.10 | 19 938.20 | 63.38% | 11 521.90 | 36.62% |
| 28 | 华东师范大学 | 28 461.40 | 2 413.80 | 8.48% | 26 047.60 | 91.52% |
| 29 | 北京科技大学 | 28 045.00 | 27 439.70 | 97.84% | 605.30 | 2.16% |
| 30 | 东华大学 | 26 439.90 | 22 456.90 | 84.94% | 3 983.00 | 15.06% |
| 31 | 中国人民大学 | 24 794.40 | 1 154.10 | 4.65% | 23 640.30 | 95.35% |
| 32 | 大连理工大学 | 22 893.80 | 7 444.50 | 32.52% | 15 449.30 | 67.48% |
| 33 | 华东理工大学 | 21 889.60 | 19 585.80 | 89.48% | 2 303.80 | 10.52% |
| 34 | 电子科技大学 | 21 725.70 | 20 431.80 | 94.04% | 1 293.90 | 5.96% |
| 35 | 中南大学 | 21 374.00 | 16 439.50 | 76.91% | 4 934.50 | 23.09% |
| 36 | 吉林大学 | 20 249.80 | 13 918.20 | 68.73% | 6 331.60 | 31.27% |
| 37 | 中国农业大学 | 18 317.00 | 12 691.90 | 69.29% | 5 625.10 | 30.71% |
| 38 | 武汉理工大学 | 18 039.30 | 5 391.80 | 29.89% | 12 647.50 | 70.11% |
| 39 | 中国药科大学 | 17 642.50 | 172.50 | 0.98% | 17 470.00 | 99.02% |
| 40 | 湖南大学 | 15 173.90 | 9 275.00 | 61.12% | 5 898.90 | 38.88% |
| 41 | 北京邮电大学 | 14 590.50 | 12 892.80 | 88.36% | 1 697.70 | 11.64% |
| 42 | 北京交通大学 | 14 504.40 | 11 382.00 | 78.47% | 3 122.40 | 21.53% |

**续附表 8**

| 序号 | 学校名称 | 收入总额 | 其中科技企业收入额 | 所占比例 | 其他企业收入额 | 所占比例 |
|---|---|---|---|---|---|---|
| 43 | 北京化工大学 | 12 658.20 | 10 171.40 | 80.35% | 2 486.80 | 19.65% |
| 44 | 北京林业大学 | 12 388.70 | 9 601.30 | 77.50% | 2 787.40 | 22.50% |
| 45 | 石油大学 | 11 828.70 | 4 061.50 | 34.34% | 7 767.20 | 65.66% |
| 46 | 东北师范大学 | 11 551.30 | 694.80 | 6.01% | 10 856.50 | 93.99% |
| 47 | 华中师范大学 | 11 304.50 | 7 620.50 | 67.41% | 3 684.00 | 32.59% |
| 48 | 河海大学 | 11 291.70 | 3 215.40 | 28.48% | 8 076.30 | 71.52% |
| 49 | 江南大学 | 11 111.30 | 5 373.00 | 48.36% | 5 738.30 | 51.64% |
| 50 | 合肥工业大学 | 10 605.50 | 5 622.20 | 53.01% | 4 983.30 | 46.99% |
| 51 | 陕西师范大学 | 9 276.00 | 50.80 | 0.55% | 9 225.20 | 99.45% |
| 52 | 南京农业大学 | 9 032.10 | 7 341.00 | 81.28% | 1 691.10 | 18.72% |
| 53 | 中国矿业大学 | 8 148.60 | 6 824.20 | 83.75% | 1 324.40 | 16.25% |
| 54 | 西安电子科技大学 | 7 865.90 | 360.50 | 4.58% | 7 505.40 | 95.42% |
| 55 | 中国地质大学(北京) | 7 479.20 | 991.70 | 13.26% | 6 487.50 | 86.74% |
| 56 | 长安大学 | 7 396.80 | 1 593.00 | 21.54% | 5 803.80 | 78.46% |
| 57 | 西南师范大学 | 6 984.40 | 338.30 | 4.84% | 6 646.10 | 95.16% |
| 58 | 东北林业大学 | 6 544.60 | 2 146.50 | 32.80% | 4 398.10 | 67.20% |
| 59 | 兰州大学 | 6 372.10 | 3 229.40 | 50.68% | 3 142.70 | 49.32% |
| 60 | 西北农林科技大学 | 5 912.70 | 4 736.00 | 80.10% | 1 176.70 | 19.90% |
| 61 | 北京中医药大学 | 4 796.00 | 4 575.60 | 95.40% | 220.40 | 4.60% |
| 62 | 中国政法大学 | 4 754.90 | 0.00 | 0.00% | 4 754.90 | 100.00% |
| 63 | 中国海洋大学 | 4 119.60 | 2 335.30 | 56.69% | 1 784.30 | 43.31% |
| 64 | 上海财经大学 | 2 672.20 | 221.50 | 8.29% | 2 450.70 | 91.71% |
| 65 | 北京语言大学 | 2 551.70 | 0.00 | 0.00% | 2 551.70 | 100.00% |
| 66 | 北京广播学院 | 1 628.30 | 32.70 | 2.01% | 1 595.60 | 97.99% |
| 67 | 西南财经大学 | 1 110.20 | 76.30 | 6.87% | 1 033.90 | 93.13% |
| 68 | 华中农业大学 | 852.40 | 715.70 | 83.96% | 136.70 | 16.04% |
| 69 | 中央音乐学院 | 571.70 | 0.00 | 0.00% | 571.70 | 100.00% |
| 70 | 中国矿业大学(北京校区) | 479.60 | 233.80 | 48.75% | 245.80 | 51.25% |
| 71 | 对外经济贸易大学 | 298.60 | 38.00 | 12.73% | 260.60 | 87.27% |
| 72 | 中南财经政法大学 | 267.80 | 267.80 | 100.00% | 0.00 | 0.00% |
| 73 | 中央戏剧学院 | 174.50 | 0.00 | 0.00% | 174.50 | 100.00% |
| 74 | 北京体育大学 | 19.70 | 0.00 | 0.00% | 19.70 | 100.00% |
| 合计 | | 6 403 301.30 | 5 504 160.90 | 85.96% | 899 140.40 | 14.04% |

## 附表9　教育部直属高校产业与科技产业实现利润总额情况对照表

2003年12月31日　　　　单位:万元

| 序号 | 学校名称 | 利润总额 | 其中科技企业利润额 | 所占比例 | 其他企业利润额 | 所占比例 |
|---|---|---|---|---|---|---|
| 1 | 北京大学 | 71 641.60 | 72 991.40 | 101.88% | -1 349.80 | -1.88% |
| 2 | 清华大学 | 51 199.80 | 47 432.35 | 92.64% | 3 767.45 | 7.36% |
| 3 | 上海交通大学 | 24 343.60 | 20 369.00 | 83.67% | 3 974.60 | 16.33% |
| 4 | 复旦大学 | 19 670.60 | 12 027.10 | 61.14% | 7 643.50 | 38.86% |
| 5 | 北京外国语大学 | 17 966.30 | 3.70 | 0.02% | 17 962.60 | 99.98% |
| 6 | 浙江大学 | 17 851.80 | 12 915.40 | 72.35% | 4 936.40 | 27.65% |
| 7 | 西安交通大学 | 17 350.40 | 17 043.20 | 98.23% | 307.20 | 1.77% |
| 8 | 上海外国语大学 | 13 890.90 | 0.00 | 0.00% | 13 890.90 | 100.00% |
| 9 | 同济大学 | 12 069.60 | 10 100.90 | 83.69% | 1 968.70 | 16.31% |
| 10 | 东南大学 | 10 825.90 | 1 165.60 | 10.77% | 9 660.30 | 89.23% |
| 11 | 东北大学 | 10 377.00 | 9 906.40 | 95.46% | 470.60 | 4.54% |
| 12 | 武汉大学 | 9 333.80 | 9 343.70 | 100.11% | -9.90 | -0.11% |
| 13 | 华北电力大学 | 8 239.20 | 8 100.20 | 98.31% | 139.00 | 1.69% |
| 14 | 北京师范大学 | 8 112.60 | 107.80 | 1.33% | 8 004.80 | 98.67% |
| 15 | 华中科技大学 | 6 791.50 | 6 739.00 | 99.23% | 52.50 | 0.77% |
| 16 | 石油大学(华东) | 6 540.60 | 6 736.70 | 103.00% | -196.10 | -3.00% |
| 17 | 中国人民大学 | 6 199.50 | -105.70 | -1.70% | 6 305.20 | 101.70% |
| 18 | 中山大学 | 5 220.50 | 2 978.30 | 57.05% | 2 242.20 | 42.95% |
| 19 | 南京大学 | 5 216.50 | 4 235.80 | 81.20% | 980.70 | 18.80% |
| 20 | 中国地质大学 | 4 963.00 | 4 963.00 | 100.00% | 0.00 | 0.00% |
| 21 | 山东大学 | 4 722.70 | 4 519.60 | 95.70% | 203.10 | 4.30% |
| 22 | 重庆大学 | 4 567.50 | 2 293.30 | 50.21% | 2 274.20 | 49.79% |
| 23 | 北京科技大学 | 4 135.40 | 4 164.01 | 100.69% | -28.61 | -0.69% |
| 24 | 四川大学 | 3 792.20 | 3 018.20 | 79.59% | 774.00 | 20.41% |
| 25 | 华东师范大学 | 3 599.00 | 16.70 | 0.46% | 3 582.30 | 99.54% |
| 26 | 大连理工大学 | 3 258.20 | 858.50 | 26.35% | 2 399.70 | 73.65% |
| 27 | 吉林大学 | 2 684.70 | 1 505.40 | 56.07% | 1 179.30 | 43.93% |
| 28 | 华南理工大学 | 2 595.10 | 2 332.70 | 89.89% | 262.40 | 10.11% |
| 29 | 电子科技大学 | 2 408.90 | 2 172.00 | 90.17% | 236.90 | 9.83% |
| 30 | 厦门大学 | 2 121.30 | 15.40 | 0.73% | 2 105.90 | 99.27% |
| 31 | 陕西师范大学 | 1 705.70 | 6.90 | 0.40% | 1 698.80 | 99.60% |

**续附表 9**

| 序号 | 学校名称 | 利润总额 | 其中科技企业利润额 | 所占比例 | 其他企业利润额 | 所占比例 |
|---|---|---|---|---|---|---|
| 32 | 中国政法大学 | 1 693.20 | 0.00 | 0.00% | 1 693.20 | 100.00% |
| 33 | 华东理工大学 | 1 579.40 | 1 406.50 | 89.05% | 172.90 | 10.95% |
| 34 | 北京林业大学 | 1 492.70 | 1 449.70 | 97.12% | 43.00 | 2.88% |
| 35 | 西南师范大学 | 1 483.80 | 26.80 | 1.81% | 1 457.00 | 98.19% |
| 36 | 河海大学 | 1 264.20 | 78.60 | 6.22% | 1 185.60 | 93.78% |
| 37 | 西南交通大学 | 1 212.30 | 1 271.70 | 104.90% | －59.40 | －4.90% |
| 38 | 中南大学 | 1 188.00 | 1 166.24 | 98.17% | 21.76 | 1.83% |
| 39 | 北京语言大学 | 1 186.70 | 0.00 | 0.00% | 1 186.70 | 100.00% |
| 40 | 东华大学 | 1 032.40 | 761.60 | 73.77% | 270.80 | 26.23% |
| 41 | 东北林业大学 | 1 021.20 | 373.00 | 36.53% | 648.20 | 63.47% |
| 42 | 湖南大学 | 992.20 | 612.80 | 61.76% | 379.40 | 38.24% |
| 43 | 北京中医药大学 | 976.90 | 976.90 | 100.00% | 0.00 | 0.00% |
| 44 | 合肥工业大学 | 967.90 | 224.10 | 23.15% | 743.80 | 76.85% |
| 45 | 中国农业大学 | 966.60 | 931.60 | 96.38% | 35.00 | 3.62% |
| 46 | 南京农业大学 | 927.30 | 606.20 | 65.37% | 321.10 | 34.63% |
| 47 | 华中师范大学 | 813.20 | 609.70 | 74.98% | 203.50 | 25.02% |
| 48 | 西安电子科技大学 | 783.10 | 128.90 | 16.46% | 654.20 | 83.54% |
| 49 | 中国矿业大学 | 743.80 | 802.80 | 107.93% | －59.00 | －7.93% |
| 50 | 中国海洋大学 | 743.80 | 814.90 | 109.56% | －71.10 | －9.56% |
| 51 | 东北师范大学 | 673.20 | 5.10 | 0.76% | 668.10 | 99.24% |
| 52 | 上海财经大学 | 656.20 | －4.40 | －0.67% | 660.60 | 100.67% |
| 53 | 西北农林科技大学 | 464.80 | 298.60 | 64.24% | 166.20 | 35.76% |
| 54 | 北京广播学院 | 438.90 | －2.80 | －0.64% | 441.70 | 100.64% |
| 55 | 北京化工大学 | 371.50 | 320.50 | 86.27% | 51.00 | 13.73% |
| 56 | 武汉理工大学 | 363.00 | 222.20 | 61.21% | 140.80 | 38.79% |
| 57 | 江南大学 | 287.80 | 115.90 | 40.27% | 171.90 | 59.73% |
| 58 | 长安大学 | 259.10 | 162.20 | 62.60% | 96.90 | 37.40% |
| 59 | 西南财经大学 | 245.20 | 4.60 | 1.88% | 240.60 | 98.12% |
| 60 | 北京交通大学 | 224.40 | 448.70 | 199.96% | －224.30 | －99.96% |
| 61 | 兰州大学 | 215.50 | 233.90 | 108.54% | －18.40 | －8.54% |
| 62 | 中国地质大学(北京) | 193.90 | 18.70 | 9.64% | 175.20 | 90.36% |
| 63 | 华中农业大学 | 174.00 | 154.20 | 88.62% | 19.80 | 11.38% |

**续附表9**

| 序号 | 学校名称 | 利润总额 | 其中科技企业利润额 | 所占比例 | 其他企业利润额 | 所占比例 |
|---|---|---|---|---|---|---|
| 64 | 石油大学 | 144.90 | 62.50 | 43.13% | 82.40 | 56.87% |
| 65 | 中南财经政法大学 | 109.30 | 109.30 | 100.00% | 0.00 | 0.00% |
| 66 | 对外经济贸易大学 | 1.00 | 0.50 | 50.00% | 0.50 | 50.00% |
| 67 | 北京体育大学 | -0.40 | 0.00 | 0.00% | -0.40 | 100.00% |
| 68 | 中央戏剧学院 | -6.50 | 0.00 | 0.00% | -6.50 | 100.00% |
| 69 | 中国矿业大学(北京校区) | -12.40 | -18.80 | 151.61% | 6.40 | -51.61% |
| 70 | 中央音乐学院 | -65.60 | 0.00 | 0.00% | -65.60 | 100.00% |
| 71 | 中国药科大学 | -121.60 | 0.80 | -0.66% | -122.40 | 100.66% |
| 72 | 北京邮电大学 | -1 061.40 | -942.30 | 88.78% | -119.10 | 11.22% |
| 73 | 南开大学 | -24 438.00 | -24 816.80 | 101.55% | 378.80 | -1.55% |
| 74 | 天津大学 | -37 163.90 | -37 197.90 | 100.09% | 34.00 | -0.09% |
| 合计 | | 326 417.00 | 219 373.30 | 67.21% | 107 043.70 | 32.79% |

**附表10 教育部直属高校校办企业人员状况表**

2003年12月31日　　单位:个

| 序号 | 学校名称 | 年末职工人数 | 其中科技人员数 | 所占比例 | 高级职称人数 | 所占比例 | 中级职称人数 | 所占比例 |
|---|---|---|---|---|---|---|---|---|
| 1 | 清华大学 | 12 073 | 4 379 | 36.27% | 696 | 5.76% | 1 293 | 10.71% |
| 2 | 西安交通大学 | 10 532 | 2 356 | 22.37% | 417 | 3.96% | 957 | 9.09% |
| 3 | 北京大学 | 10 513 | 4 981 | 47.38% | 1 149 | 10.93% | 2 773 | 26.38% |
| 4 | 浙江大学 | 7 265 | 3 253 | 44.78% | 463 | 6.37% | 1 173 | 16.15% |
| 5 | 东北大学 | 7 171 | 3 615 | 50.41% | 304 | 4.24% | 734 | 10.24% |
| 6 | 复旦大学 | 5 937 | 2 101 | 35.39% | 345 | 5.81% | 1 200 | 20.21% |
| 7 | 上海交通大学 | 5 258 | 1 813 | 34.48% | 443 | 8.43% | 710 | 13.50% |
| 8 | 山东大学 | 3 845 | 1 720 | 44.73% | 307 | 7.98% | 609 | 15.84% |
| 9 | 同济大学 | 3 468 | 1 941 | 55.97% | 428 | 12.34% | 926 | 26.70% |
| 10 | 华中科技大学 | 3 049 | 1 034 | 33.91% | 258 | 8.46% | 532 | 17.45% |
| 11 | 厦门大学 | 2955 | 349 | 11.81% | 60 | 2.03% | 121 | 4.09% |
| 12 | 四川大学 | 2654 | 1193 | 44.95% | 416 | 15.67% | 486 | 18.31% |
| 13 | 南开大学 | 2 645 | 274 | 10.36% | 98 | 3.71% | 146 | 5.52% |
| 14 | 吉林大学 | 2 437 | 603 | 24.74% | 114 | 4.68% | 250 | 10.26% |

续附表 10

| 序号 | 学校名称 | 年末职工人数 | 其中科技人员数 | 所占比例 | 高级职称人数 | 所占比例 | 中级职称人数 | 所占比例 |
|---|---|---|---|---|---|---|---|---|
| 15 | 东南大学 | 2 253 | 1 937 | 85.97% | 323 | 14.34% | 615 | 27.30% |
| 16 | 天津大学 | 2 125 | 694 | 32.66% | 213 | 10.02% | 331 | 15.58% |
| 17 | 大连理工大学 | 1 912 | 1 087 | 56.85% | 327 | 17.10% | 460 | 24.06% |
| 18 | 华东师范大学 | 1 908 | 659 | 34.54% | 195 | 10.22% | 272 | 14.26% |
| 19 | 南京大学 | 1 868 | 995 | 53.27% | 171 | 9.15% | 176 | 9.42% |
| 20 | 中山大学 | 1 824 | 431 | 23.63% | 78 | 4.28% | 184 | 10.09% |
| 21 | 西南交通大学 | 1 800 | 495 | 27.50% | 158 | 8.78% | 259 | 14.39% |
| 22 | 重庆大学 | 1 741 | 835 | 47.96% | 313 | 17.98% | 432 | 24.81% |
| 23 | 中南大学 | 1 647 | 740 | 44.93% | 252 | 15.30% | 355 | 21.55% |
| 24 | 湖南大学 | 1 609 | 1 037 | 64.45% | 325 | 20.20% | 532 | 33.06% |
| 25 | 合肥工业大学 | 1 578 | 563 | 35.68% | 213 | 13.50% | 256 | 16.22% |
| 26 | 武汉大学 | 1571 | 963 | 61.30% | 328 | 20.88% | 425 | 27.05% |
| 27 | 石油大学(华东) | 1 506 | 390 | 25.90% | 84 | 5.58% | 205 | 13.61% |
| 28 | 武汉理工大学 | 1 455 | 375 | 25.77% | 104 | 7.15% | 216 | 14.85% |
| 29 | 中国农业大学 | 1 453 | 412 | 28.36% | 114 | 7.85% | 190 | 13.08% |
| 30 | 东北林业大学 | 1 276 | 587 | 46.00% | 225 | 17.63% | 311 | 24.37% |
| 31 | 华南理工大学 | 1 200 | 742 | 61.83% | 133 | 11.08% | 279 | 23.25% |
| 32 | 北京外国语大学 | 1 042 | 228 | 21.88% | 37 | 3.55% | 63 | 6.05% |
| 33 | 华东理工大学 | 1 020 | 420 | 41.18% | 149 | 14.61% | 217 | 21.27% |
| 34 | 东北师范大学 | 1 017 | 221 | 21.73% | 52 | 5.11% | 75 | 7.37% |
| 35 | 中国人民大学 | 987 | 326 | 33.03% | 78 | 7.90% | 138 | 13.98% |
| 36 | 河海大学 | 918 | 421 | 45.86% | 195 | 21.24% | 149 | 16.23% |
| 37 | 电子科技大学 | 897 | 438 | 48.83% | 3 | 0.33% | 12 | 1.34% |
| 38 | 西北农林科技大学 | 877 | 180 | 20.52% | 60 | 6.84% | 87 | 9.92% |
| 39 | 华北电力大学 | 872 | 483 | 55.39% | 109 | 12.50% | 174 | 19.95% |
| 40 | 长安大学 | 822 | 454 | 55.23% | 189 | 22.99% | 218 | 26.52% |
| 41 | 上海外国语大学 | 778 | 195 | 25.06% | 27 | 3.47% | 99 | 12.72% |
| 42 | 兰州大学 | 744 | 230 | 30.91% | 43 | 5.78% | 119 | 15.99% |
| 43 | 北京化工大学 | 724 | 134 | 18.51% | 57 | 7.87% | 61 | 8.43% |
| 44 | 北京师范大学 | 689 | 238 | 34.54% | 84 | 12.19% | 111 | 16.11% |
| 45 | 东华大学 | 680 | 248 | 36.47% | 81 | 11.91% | 78 | 11.47% |

续附表 10

| 序号 | 学校名称 | 年末职工人数 | 其中科技人员数 | 所占比例 | 高级职称人数 | 所占比例 | 中级职称人数 | 所占比例 |
|---|---|---|---|---|---|---|---|---|
| 46 | 陕西师范大学 | 675 | 203 | 30.07% | 55 | 8.15% | 115 | 17.04% |
| 47 | 中国矿业大学 | 665 | 220 | 33.08% | 46 | 6.92% | 115 | 17.29% |
| 48 | 北京邮电大学 | 661 | 423 | 63.99% | 64 | 9.68% | 80 | 12.10% |
| 49 | 北京交通大学 | 615 | 242 | 39.35% | 160 | 26.02% | 81 | 13.17% |
| 50 | 西安电子科技大学 | 596 | 197 | 33.05% | 35 | 5.87% | 39 | 6.54% |
| 51 | 江南大学 | 574 | 204 | 35.54% | 50 | 8.71% | 121 | 21.08% |
| 52 | 中国地质大学 | 572 | 259 | 45.28% | 71 | 12.41% | 93 | 16.26% |
| 53 | 中国药科大学 | 488 | 82 | 16.80% | 16 | 3.28% | 14 | 2.87% |
| 54 | 北京科技大学 | 451 | 285 | 63.19% | 75 | 16.63% | 107 | 23.73% |
| 55 | 北京林业大学 | 451 | 251 | 55.65% | 43 | 9.53% | 137 | 30.38% |
| 56 | 南京农业大学 | 413 | 86 | 20.82% | 17 | 4.12% | 45 | 10.90% |
| 57 | 石油大学 | 366 | 97 | 26.50% | 31 | 8.47% | 62 | 16.94% |
| 58 | 华中师范大学 | 360 | 173 | 48.06% | 32 | 8.89% | 97 | 26.94% |
| 59 | 西南师范大学 | 359 | 126 | 35.10% | 41 | 11.42% | 64 | 17.83% |
| 60 | 北京中医药大学 | 314 | 90 | 28.66% | 15 | 4.78% | 53 | 16.88% |
| 61 | 中国海洋大学 | 294 | 146 | 49.66% | 50 | 17.01% | 84 | 28.57% |
| 62 | 中国地质大学(北京) | 283 | 184 | 65.02% | 41 | 14.49% | 51 | 18.02% |
| 63 | 西南财经大学 | 115 | 85 | 73.91% | 41 | 35.65% | 28 | 24.35% |
| 64 | 中国矿业大学(北京校区) | 111 | 29 | 26.13% | 16 | 14.41% | 10 | 9.01% |
| 65 | 华中农业大学 | 105 | 41 | 39.05% | 18 | 17.14% | 19 | 18.10% |
| 66 | 上海财经大学 | 96 | 53 | 55.21% | 10 | 10.42% | 27 | 28.13% |
| 67 | 北京语言大学 | 86 | 38 | 4.19% | 8 | 9.30% | 25 | 29.07% |
| 68 | 中国政法大学 | 75 | 0 | 0.00% | 0 | 0.00% | 0 | 0.00% |
| 69 | 北京广播学院 | 65 | 17 | 26.15% | 4 | 6.15% | 13 | 20.00% |
| 70 | 对外经济贸易大学 | 52 | 7 | 13.46% | 3 | 5.77% | 0 | 0.00% |
| 71 | 中央音乐学院 | 34 | 14 | 41.18% | 4 | 11.76% | 10 | 29.41% |
| 72 | 中央戏剧学院 | 18 | 16 | 88.89% | 4 | 22.22% | 12 | 66.67% |
| 73 | 中南财经政法大学 | 6 | 1 | 16.67% | 0 | 0.00% | 1 | 16.67% |
| 74 | 北京体育大学 | 2 | 1 | 50.00% | 1 | 50.00% | 0 | 0.00% |
| 合计 | | 129 497 | 50 340 | 38.87% | 11 169 | 8.62% | 20 512 | 15.84% |

**附表 11 教育部直属高校校办产业人均销售额排名**

2003 年 12 月 31 日 单位:万元

| 序号 | 学校名称 | 教育部直属高校校办产业人均销售额 |
|---|---|---|
| 1 | 北京大学 | 157.74 |
| 2 | 清华大学 | 126.09 |
| 3 | 石油大学(华东) | 120.33 |
| 4 | 中国地质大学 | 74.48 |
| 5 | 同济大学 | 72.39 |
| 6 | 中国政法大学 | 63.40 |
| 7 | 北京科技大学 | 62.18 |
| 8 | 北京外国语大学 | 59.81 |
| 9 | 上海外国语大学 | 58.57 |
| 10 | 北京师范大学 | 56.54 |
| 11 | 南京大学 | 56.50 |
| 12 | 中山大学 | 55.84 |
| 13 | 浙江大学 | 53.32 |
| 14 | 武汉大学 | 47.57 |
| 15 | 中南财经政法大学 | 44.63 |
| 16 | 上海交通大学 | 41.56 |
| 17 | 东华大学 | 38.88 |
| 18 | 华北电力大学 | 36.75 |
| 19 | 中国药科大学 | 36.15 |
| 20 | 东北大学 | 34.56 |
| 21 | 石油大学 | 32.32 |
| 22 | 天津大学 | 32.08 |
| 23 | 华中师范大学 | 31.40 |
| 24 | 北京语言大学 | 29.67 |
| 25 | 复旦大学 | 28.01 |
| 26 | 北京林业大学 | 27.47 |
| 27 | 上海财经大学 | 27.84 |
| 28 | 中国地质大学(北京) | 26.43 |
| 29 | 华中科技大学 | 26.40 |
| 30 | 华南理工大学 | 26.22 |
| 31 | 西安交通大学 | 25.98 |
| 32 | 中国人民大学 | 25.12 |

**续附表 11**

| 序号 | 学 校 名 称 | 教育部直属高校校办产业人均销售额 |
|---|---|---|
| 33 | 北京广播学院 | 25.05 |
| 34 | 电子科技大学 | 24.22 |
| 35 | 北京交通大学 | 23.58 |
| 36 | 北京邮电大学 | 22.07 |
| 37 | 南京农业大学 | 21.87 |
| 38 | 东南大学 | 21.62 |
| 39 | 华东理工大学 | 21.46 |
| 40 | 西南交通大学 | 20.58 |
| 41 | 南开大学 | 20.08 |
| 42 | 西南师范大学 | 19.46 |
| 43 | 重庆大学 | 19.37 |
| 44 | 江南大学 | 19.36 |
| 45 | 北京化工大学 | 17.48 |
| 46 | 中央音乐学院 | 16.81 |
| 47 | 北京中医药大学 | 15.27 |
| 48 | 华东师范大学 | 14.92 |
| 49 | 四川大学 | 14.91 |
| 50 | 山东大学 | 14.83 |
| 51 | 中国海洋大学 | 14.01 |
| 52 | 陕西师范大学 | 13.74 |
| 53 | 西安电子科技大学 | 13.20 |
| 54 | 中南大学 | 12.98 |
| 55 | 厦门大学 | 12.76 |
| 56 | 中国农业大学 | 12.61 |
| 57 | 武汉理工大学 | 12.40 |
| 58 | 河海大学 | 12.30 |
| 59 | 中国矿业大学 | 12.25 |
| 60 | 大连理工大学 | 11.97 |
| 61 | 东北师范大学 | 11.36 |
| 62 | 北京体育大学 | 9.85 |
| 63 | 中央戏剧学院 | 9.69 |
| 64 | 西南财经大学 | 9.65 |
| 65 | 湖南大学 | 9.43 |

**续附表 11**

| 序号 | 学　校　名　称 | 教育部直属高校校办产业人均销售额 |
|---|---|---|
| 66 | 长安大学 | 9.00 |
| 67 | 兰州大学 | 8.56 |
| 68 | 吉林大学 | 8.31 |
| 69 | 华中农业大学 | 8.12 |
| 70 | 西北农林科技大学 | 6.74 |
| 71 | 合肥工业大学 | 6.72 |
| 72 | 对外经济贸易大学 | 5.74 |
| 73 | 东北林业大学 | 5.13 |
| 74 | 中国矿业大学(北京校区) | 4.32 |

**附表 12　教育部直属高校校办产业人均利润额排名**

2003 年 12 月 31 日　　　　单位:万元

| 序号 | 学　校　名　称 | 教育部直属高校校办产业人均利润额 |
|---|---|---|
| 1 | 中国政法大学 | 22.58 |
| 2 | 中南财经政法大学 | 18.18 |
| 3 | 上海外国语大学 | 17.78 |
| 4 | 北京外国语大学 | 17.22 |
| 5 | 北京语言大学 | 13.80 |
| 6 | 北京师范大学 | 11.57 |
| 7 | 华北电力大学 | 9.12 |
| 8 | 北京科技大学 | 7.94 |
| 9 | 中国地质大学 | 7.33 |
| 10 | 上海财经大学 | 6.84 |
| 11 | 北京广播学院 | 6.61 |
| 12 | 中国人民大学 | 6.26 |
| 13 | 武汉大学 | 4.85 |
| 14 | 东南大学 | 4.45 |
| 15 | 西南师范大学 | 4.02 |
| 16 | 上海交通大学 | 3.64 |
| 17 | 北京中医药大学 | 3.11 |
| 18 | 清华大学 | 3.01 |
| 19 | 石油大学(华东) | 2.91 |
| 20 | 复旦大学 | 2.83 |

**续附表 12**

| 序号 | 学 校 名 称 | 教育部直属高校校办产业人均利润额 |
| --- | --- | --- |
| 21 | 电子科技大学 | 2.50 |
| 22 | 南京大学 | 2.27 |
| 23 | 陕西师范大学 | 2.23 |
| 24 | 北京大学 | 2.23 |
| 25 | 同济大学 | 2.17 |
| 26 | 中山大学 | 2.15 |
| 27 | 华中科技大学 | 2.04 |
| 28 | 华南理工大学 | 2.03 |
| 29 | 华东师范大学 | 1.86 |
| 30 | 重庆大学 | 1.81 |
| 31 | 大连理工大学 | 1.62 |
| 32 | 西南财经大学 | 1.55 |
| 33 | 西安交通大学 | 1.54 |
| 34 | 北京林业大学 | 1.49 |
| 35 | 华中农业大学 | 1.47 |
| 36 | 中国海洋大学 | 1.37 |
| 37 | 四川大学 | 1.35 |
| 38 | 华东理工大学 | 1.32 |
| 39 | 南京农业大学 | 1.32 |
| 40 | 华中师范大学 | 1.26 |
| 41 | 河海大学 | 1.20 |
| 42 | 浙江大学 | 1.10 |
| 43 | 东北大学 | 1.06 |
| 44 | 吉林大学 | 0.98 |
| 45 | 西安电子科技大学 | 0.97 |
| 46 | 东北林业大学 | 0.79 |
| 47 | 东华大学 | 0.69 |
| 48 | 厦门大学 | 0.64 |
| 49 | 山东大学 | 0.58 |
| 50 | 西北农林科技大学 | 0.52 |
| 51 | 中国矿业大学 | 0.47 |
| 52 | 中南大学 | 0.44 |
| 53 | 中国地质大学(北京) | 0.43 |

**续附表 12**

| 序号 | 学　校　名　称 | 教育部直属高校校办产业人均利润额 |
|---|---|---|
| 54 | 中国农业大学 | 0.37 |
| 55 | 东北师范大学 | 0.32 |
| 56 | 合肥工业大学 | 0.31 |
| 57 | 江南大学 | 0.30 |
| 58 | 兰州大学 | 0.27 |
| 59 | 北京交通大学 | 0.27 |
| 60 | 石油大学 | 0.26 |
| 61 | 北京化工大学 | 0.26 |
| 62 | 湖南大学 | 0.23 |
| 63 | 武汉理工大学 | 0.07 |
| 64 | 对外经济贸易大学 | -0.04 |
| 65 | 西南交通大学 | -0.08 |
| 66 | 中国矿业大学(北京校区) | -0.14 |
| 67 | 北京体育大学 | -0.20 |
| 68 | 中央戏剧学院 | -0.37 |
| 69 | 中国药科大学 | -0.47 |
| 70 | 长安大学 | -1.08 |
| 71 | 北京邮电大学 | -1.66 |
| 72 | 中央音乐学院 | -1.93 |
| 73 | 南开大学 | -9.33 |
| 74 | 天津大学 | -17.58 |

**附表 13　教育部直属高校校办产业人均创税排名**

2003 年 12 月 31 日　　单位:万元

| 序号 | 学　校　名　称 | 教育部直属高校校办产业人均创税 |
|---|---|---|
| 1 | 北京语言大学 | 8.91 |
| 2 | 石油大学(华东) | 7.70 |
| 3 | 上海外国语大学 | 4.79 |
| 4 | 清华大学 | 4.45 |
| 5 | 同济大学 | 4.05 |
| 6 | 中国政法大学 | 3.95 |
| 7 | 北京大学 | 3.76 |
| 8 | 武汉大学 | 3.25 |

**续附表 13**

| 序号 | 学　校　名　称 | 教育部直属高校校办产业人均创税 |
|---|---|---|
| 9 | 北京外国语大学 | 3.25 |
| 10 | 北京邮电大学 | 2.86 |
| 11 | 北京科技大学 | 2.86 |
| 12 | 中国人民大学 | 2.82 |
| 13 | 西南师范大学 | 2.82 |
| 14 | 北京中医药大学 | 2.67 |
| 15 | 东北大学 | 2.67 |
| 16 | 南京大学 | 2.44 |
| 17 | 华南理工大学 | 2.32 |
| 18 | 华北电力大学 | 2.17 |
| 19 | 上海交通大学 | 2.06 |
| 20 | 东南大学 | 2.06 |
| 21 | 北京交通大学 | 2.03 |
| 22 | 中国药科大学 | 1.95 |
| 23 | 华中科技大学 | 1.93 |
| 24 | 中山大学 | 1.87 |
| 25 | 北京化工大学 | 1.80 |
| 26 | 北京师范大学 | 1.78 |
| 27 | 中央音乐学院 | 1.70 |
| 28 | 中国海洋大学 | 1.67 |
| 29 | 浙江大学 | 1.67 |
| 30 | 上海财经大学 | 1.63 |
| 31 | 华中师范大学 | 1.58 |
| 32 | 复旦大学 | 1.49 |
| 33 | 中国地质大学(北京) | 1.48 |
| 34 | 石油大学 | 1.46 |
| 35 | 长安大学 | 1.43 |
| 36 | 东北师范大学 | 1.41 |
| 37 | 山东大学 | 1.40 |
| 38 | 华东理工大学 | 1.32 |
| 39 | 重庆大学 | 1.31 |
| 40 | 西南交通大学 | 1.30 |
| 41 | 电子科技大学 | 1.28 |

**续附表 13**

| 序号 | 学　校　名　称 | 教育部直属高校校办产业人均创税 |
| --- | --- | --- |
| 42 | 兰州大学 | 1.23 |
| 43 | 四川大学 | 1.22 |
| 44 | 北京林业大学 | 1.16 |
| 45 | 江南大学 | 1.15 |
| 46 | 湖南大学 | 1.06 |
| 47 | 吉林大学 | 1.02 |
| 48 | 天津大学 | 0.90 |
| 49 | 华东师范大学 | 0.89 |
| 50 | 陕西师范大学 | 0.89 |
| 51 | 中南大学 | 0.87 |
| 52 | 西安电子科技大学 | 0.86 |
| 53 | 中国地质大学 | 0.84 |
| 54 | 中国农业大学 | 0.78 |
| 55 | 中国矿业大学 | 0.76 |
| 56 | 西安交通大学 | 0.74 |
| 57 | 武汉理工大学 | 0.73 |
| 58 | 河海大学 | 0.72 |
| 59 | 南开大学 | 0.65 |
| 60 | 西南财经大学 | 0.65 |
| 61 | 华中农业大学 | 0.64 |
| 62 | 北京广播学院 | 0.62 |
| 63 | 大连理工大学 | 0.59 |
| 64 | 东华大学 | 0.55 |
| 65 | 厦门大学 | 0.51 |
| 66 | 北京体育大学 | 0.40 |
| 67 | 合肥工业大学 | 0.37 |
| 68 | 对外经济贸易大学 | 0.30 |
| 69 | 中央戏剧学院 | 0.30 |
| 70 | 中国矿业大学(北京校区) | 0.26 |
| 71 | 东北林业大学 | 0.17 |
| 72 | 中南财经政法大学 | 0.10 |
| 73 | 南京农业大学 | 0.08 |
| 74 | 西北农林科技大学 | 0.03 |

## 附表14 教育部直属高校校办产业销售净利率排名

2003年12月31日 单位:万元

| 序号 | 学 校 名 称 | 教育部直属高校校办产业销售净利率 |
|---|---|---|
| 1 | 北京语言大学 | 46.51% |
| 2 | 中南财经政法大学 | 40.74% |
| 3 | 中国政法大学 | 35.61% |
| 4 | 上海外国语大学 | 30.35% |
| 5 | 北京外国语大学 | 28.79% |
| 6 | 北京广播学院 | 26.38% |
| 7 | 中国人民大学 | 24.90% |
| 8 | 华北电力大学 | 24.83% |
| 9 | 上海财经大学 | 24.56% |
| 10 | 西南师范大学 | 20.65% |
| 11 | 东南大学 | 20.61% |
| 12 | 北京师范大学 | 20.45% |
| 13 | 北京中医药大学 | 20.37% |
| 14 | 华中农业大学 | 18.09% |
| 15 | 陕西师范大学 | 16.26% |
| 16 | 西南财经大学 | 16.06% |
| 17 | 东北林业大学 | 15.44% |
| 18 | 大连理工大学 | 13.50% |
| 19 | 北京科技大学 | 12.77% |
| 20 | 华东师范大学 | 12.47% |
| 21 | 吉林大学 | 11.81% |
| 22 | 电子科技大学 | 10.32% |
| 23 | 武汉大学 | 10.20% |
| 24 | 复旦大学 | 10.12% |
| 25 | 中国地质大学 | 9.84% |
| 26 | 中国海洋大学 | 9.75% |
| 27 | 河海大学 | 9.73% |
| 28 | 重庆大学 | 9.32% |
| 29 | 四川大学 | 9.09% |
| 30 | 上海交通大学 | 8.76% |

**续附表 14**

| 序号 | 学 校 名 称 | 教育部直属高校校办产业销售净利率 |
| --- | --- | --- |
| 31 | 华南理工大学 | 7.75% |
| 32 | 华中科技大学 | 7.73% |
| 33 | 西北农林科技大学 | 7.73% |
| 34 | 西安电子科技大学 | 7.35% |
| 35 | 华东理工大学 | 6.15% |
| 36 | 南京农业大学 | 6.02% |
| 37 | 西安交通大学 | 5.92% |
| 38 | 北京林业大学 | 5.41% |
| 39 | 厦门大学 | 5.01% |
| 40 | 合肥工业大学 | 4.65% |
| 41 | 南京大学 | 4.01% |
| 42 | 华中师范大学 | 4.00% |
| 43 | 山东大学 | 3.92% |
| 44 | 中山大学 | 3.85% |
| 45 | 中国矿业大学 | 3.84% |
| 46 | 中南大学 | 3.40% |
| 47 | 兰州大学 | 3.17% |
| 48 | 东北大学 | 3.07% |
| 49 | 同济大学 | 3.00% |
| 50 | 中国农业大学 | 2.91% |
| 51 | 东北师范大学 | 2.83% |
| 52 | 湖南大学 | 2.45% |
| 53 | 石油大学(华东) | 2.42% |
| 54 | 清华大学 | 2.38% |
| 55 | 浙江大学 | 2.07% |
| 56 | 东华大学 | 1.76% |
| 57 | 中国地质大学(北京) | 1.61% |
| 58 | 江南大学 | 1.54% |
| 59 | 北京化工大学 | 1.47% |
| 60 | 北京大学 | 1.41% |
| 61 | 北京交通大学 | 1.13% |

**续附表 14**

| 序号 | 学 校 名 称 | 教育部直属高校校办产业销售净利率 |
| --- | --- | --- |
| 62 | 石油大学 | 0.81% |
| 63 | 武汉理工大学 | 0.54% |
| 64 | 西南交通大学 | -0.37% |
| 65 | 对外经济贸易大学 | -0.70% |
| 66 | 中国药科大学 | -1.30% |
| 67 | 北京体育大学 | -2.03% |
| 68 | 中国矿业大学(北京校区) | -3.32% |
| 69 | 中央戏剧学院 | -3.86% |
| 70 | 北京邮电大学 | -7.51% |
| 71 | 中央音乐学院 | -11.47% |
| 72 | 长安大学 | -12.05% |
| 73 | 南开大学 | -46.46% |
| 74 | 天津大学 | -54.79% |

**附表 15 教育部直属高校校办产业净资产收益率排名**

2003 年 12 月 31 日 单位:万元

| 序号 | 学 校 名 称 | 教育部直属高校校办产业净资产收益率 |
| --- | --- | --- |
| 1 | 北京外国语大学 | 42.15% |
| 2 | 华中农业大学 | 38.44% |
| 3 | 东南大学 | 37.62% |
| 4 | 上海外国语大学 | 29.71% |
| 5 | 北京广播学院 | 27.87% |
| 6 | 华北电力大学 | 27.31% |
| 7 | 西南师范大学 | 24.34% |
| 8 | 北京语言大学 | 24.16% |
| 9 | 北京科技大学 | 24.03% |
| 10 | 北京师范大学 | 21.49% |
| 11 | 中南财经政法大学 | 19.91% |
| 12 | 中国人民大学 | 19.44% |
| 13 | 中国政法大学 | 17.37% |
| 14 | 中山大学 | 17.10% |

续附表 15

| 序号 | 学 校 名 称 | 教育部直属高校校办产业净资产收益率 |
|---|---|---|
| 15 | 上海财经大学 | 17.03% |
| 16 | 石油大学(华东) | 16.22% |
| 17 | 中国海洋大学 | 15.17% |
| 18 | 河海大学 | 15.03% |
| 19 | 华东师范大学 | 14.94% |
| 20 | 大连理工大学 | 13.91% |
| 21 | 西安电子科技大学 | 13.75% |
| 22 | 中国地质大学 | 10.79% |
| 23 | 北京中医药大学 | 10.73% |
| 24 | 东北林业大学 | 10.70% |
| 25 | 同济大学 | 9.89% |
| 26 | 重庆大学 | 9.63% |
| 27 | 吉林大学 | 9.14% |
| 28 | 陕西师范大学 | 9.08% |
| 29 | 华南理工大学 | 8.40% |
| 30 | 武汉大学 | 7.97% |
| 31 | 电子科技大学 | 7.72% |
| 32 | 四川大学 | 7.40% |
| 33 | 复旦大学 | 6.67% |
| 34 | 厦门大学 | 6.62% |
| 35 | 华东理工大学 | 6.35% |
| 36 | 华中师范大学 | 6.31% |
| 37 | 西安交通大学 | 6.27% |
| 38 | 中国矿业大学 | 6.20% |
| 39 | 兰州大学 | 6.20% |
| 40 | 东华大学 | 5.62% |
| 41 | 合肥工业大学 | 5.42% |
| 42 | 南京大学 | 5.37% |
| 43 | 中国地质大学(北京) | 5.24% |
| 44 | 北京林业大学 | 5.17% |
| 45 | 上海交通大学 | 5.14% |

**续附表 15**

| 序号 | 学　校　名　称 | 教育部直属高校校办产业净资产收益率 |
| --- | --- | --- |
| 46 | 北京大学 | 4.48% |
| 47 | 南京农业大学 | 4.27% |
| 48 | 清华大学 | 3.83% |
| 49 | 西北农林科技大学 | 3.79% |
| 50 | 华中科技大学 | 3.70% |
| 51 | 东北师范大学 | 3.63% |
| 52 | 东北大学 | 3.43% |
| 53 | 浙江大学 | 3.22% |
| 54 | 西南财经大学 | 3.13% |
| 55 | 中国农业大学 | 2.43% |
| 56 | 中南大学 | 2.25% |
| 57 | 山东大学 | 2.14% |
| 58 | 北京交通大学 | 1.75% |
| 59 | 北京化工大学 | 1.57% |
| 60 | 石油大学 | 1.45% |
| 61 | 湖南大学 | 1.33% |
| 62 | 江南大学 | 1.05% |
| 63 | 武汉理工大学 | 0.36% |
| 64 | 对外经济贸易大学 | -0.08% |
| 65 | 北京体育大学 | -0.65% |
| 66 | 西南交通大学 | -1.89% |
| 67 | 北京邮电大学 | -3.03% |
| 68 | 中国矿业大学(北京校区) | -3.25% |
| 69 | 中国药科大学 | -3.33% |
| 70 | 南开大学 | -8.74% |
| 71 | 长安大学 | -17.57% |
| 72 | 中央戏剧学院 | -18.07% |
| 73 | 天津大学 | -38.76% |
| 74 | 中央音乐学院 | -57.75% |

# 三、2003 年度全国各类型高校校办产业统计分析

## 1. 全国高校校办产业概况

2003 年度参加全国高校校办产业统计工作的共有全国 32 个省、自治区、直辖市、新疆生产建设兵团，共计 609 所普通高校的 4 839 个企业。其中：综合类院校 69 家中共有企业 1 115 个，占全国高校上报企业数的 23.04%；工科类院校 197 家中共有企业 2 145 个，占全国高校上报企业数的 44.33%；农林类院校 41 家中共有企业 359 个，占全国高校上报企业数的 7.42%；医药类院校 60 家中共有企业 275 个，占全国高校上报企业数的 5.68%；师范类院校 87 家中共有企业 499 个，占全国高校上报企业数的 10.31%；其他类院校 155 家中共有企业 446 个，占全国高校上报企业数的 9.22%。如图 3－1 所示。

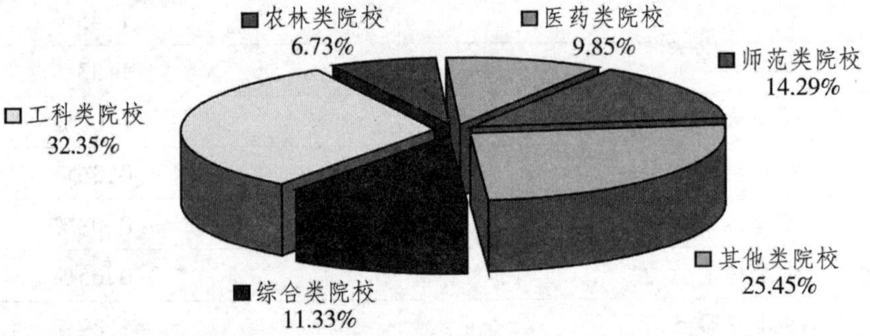


(a)

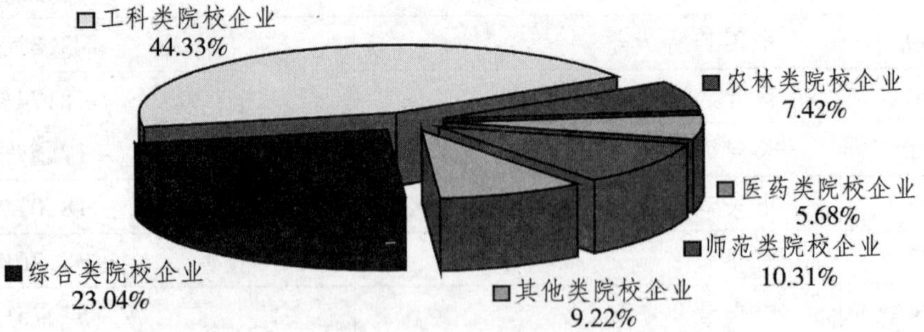


(b)

**图 3－1**

## 2. 经营状况

（1）收入总额情况

① 2003 年度综合类院校校办产业收入总额为 305.97 亿元；工科类院校校办产业收入总额为 418.50 亿元；农林类院校校办产业收入总额为 17.85 亿元；医药类院校校办产业收入总额为 28.51 亿元；师范类院校校办产业收入总额为 27.10 亿元；其他类院校校办产业收入总额为 28.74 亿元；分别占全国高校校办产业收入总额 826.67 亿元的 37.01%、50.62%、2.16%、3.45%、3.28%、3.48%。如图 3－2所示。

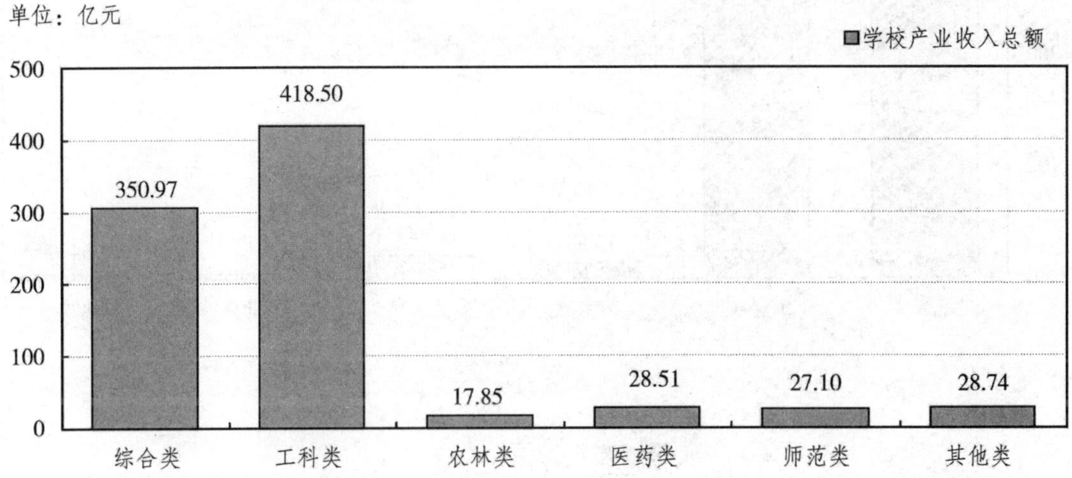


（a）

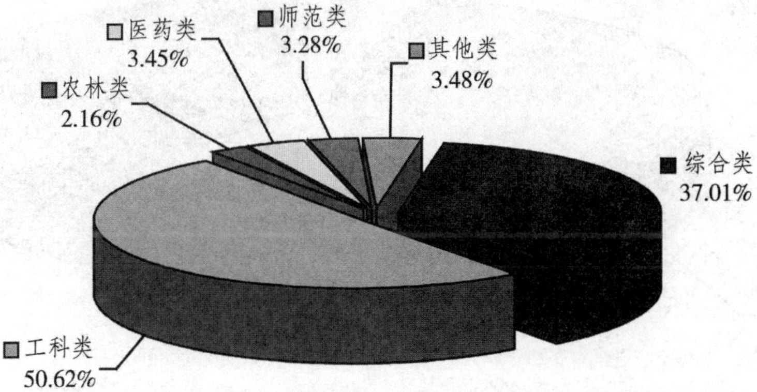


（b）

**图 3－2**

② 2003 年度综合类院校科技型企业收入总额为 261.99 亿元；工科类院校科技型企业收入总额为 362.49 亿元；农林类院校科技型企业收入总额为 13.58 亿

元;医药类院校科技型企业收入总额为 20.24 亿元;师范类院校科技型企业收入总额为 5.13 亿元;其他类院校科技型企业收入总额为 4.64 亿元,分别占全国高校科技型企业收入总额 668.07 亿元的 39.22%、54.26%、2.03%、3.03%、0.77%、0.69%。如图 3-3 所示。

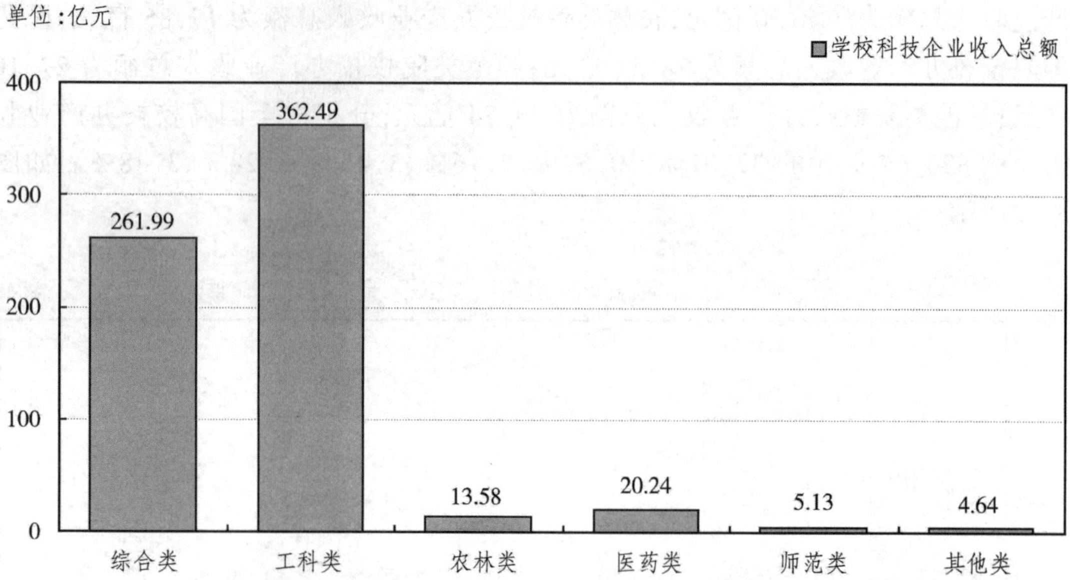


(a)

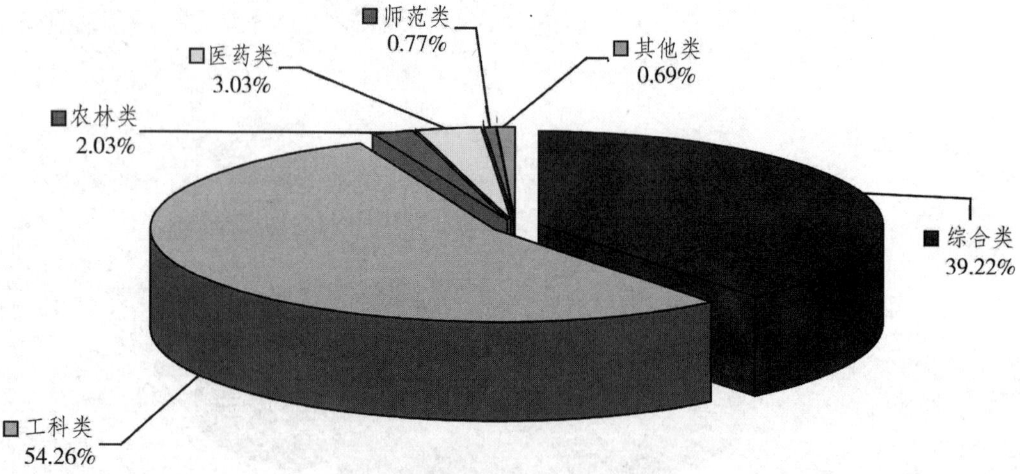


(b)

**图 3-3**

(2) 利润情况

① 2003 年度综合类院校校办产业实现利润总额为 11.58 亿元;工科类院校

校办产业实现利润总额为 19.60 亿元；农林类院校校办产业实现利润总额为 1.77 亿元；医药类院校校办产业实现利润总额为 1.76 亿元；师范类院校校办产业实现利润总额为 3.50 亿元；其他类院校校办产业实现利润总额为 4.77 亿元；分别占全国高校校办产业实现利润总额 42.98 亿元的 26.94%、45.60%、4.12%、4.09%、8.14%、11.10%。如图 3－4 所示。

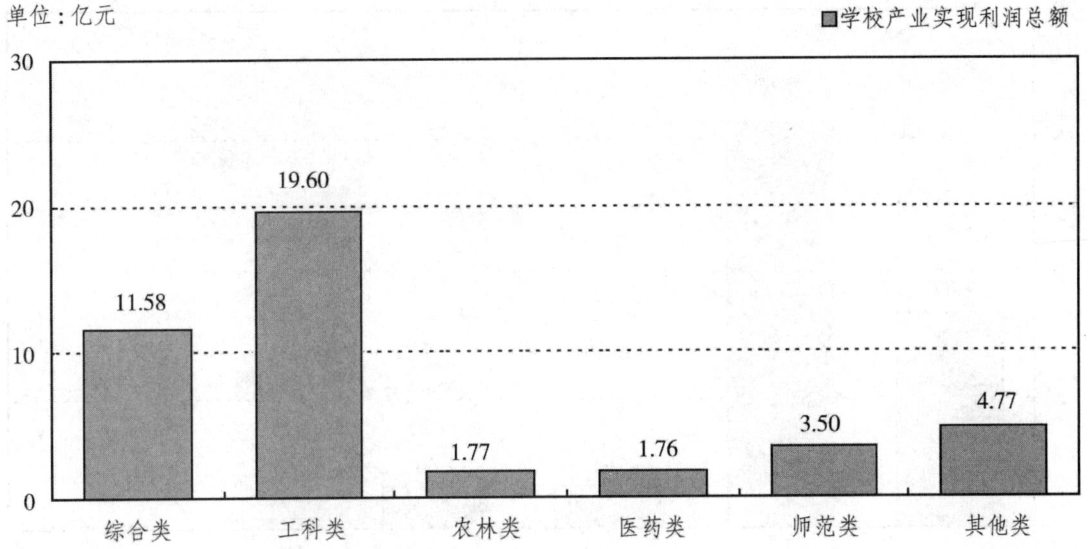


(a)

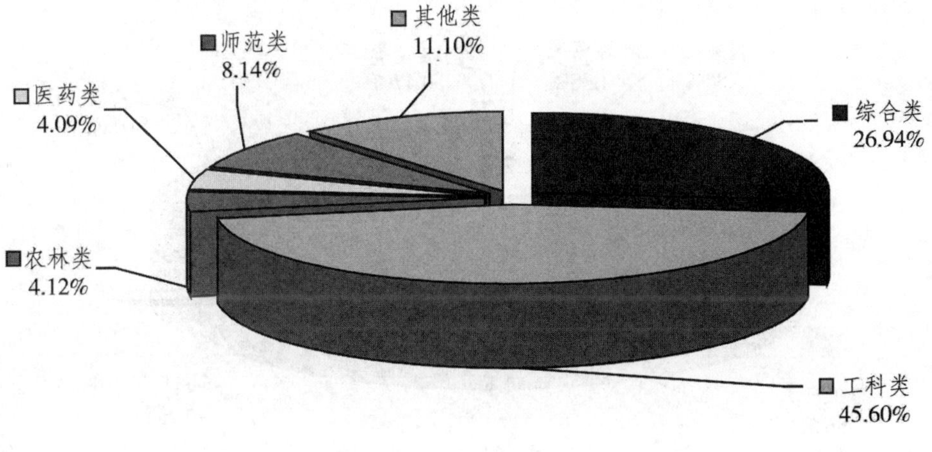


(b)

**图　3－4**

② 2003 年度综合类院校科技型企业实现利润总额为 8.27 亿元；工科类院校科技型企业实现利润总额为 15.62 亿元；农林类院校科技型企业实现利润总额为

1.61 亿元；医药类院校科技型企业实现利润总额为 1.60 亿元；师范类院校科技型企业实现利润总额为 0.38 亿元；其他类院校科技型企业实现利润总额为 0.13 亿元；分别占全国高校校办产业实现利润总额 27.61 亿元的 29.95%、56.57%、5.83%、5.80%、1.38%、0.47%。如图 3-5 所示。

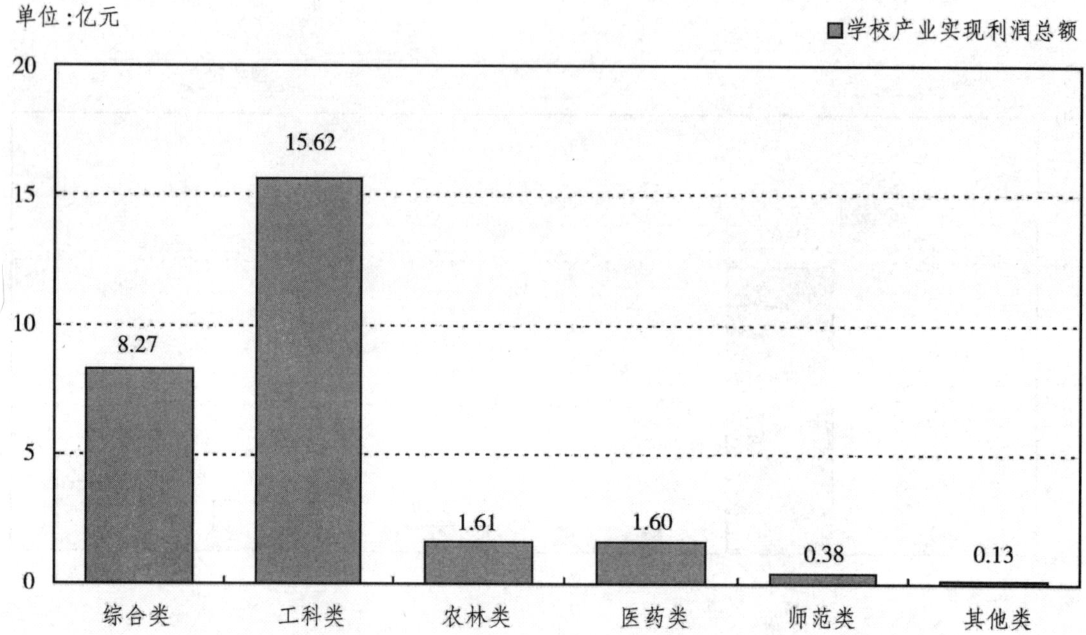


(a)

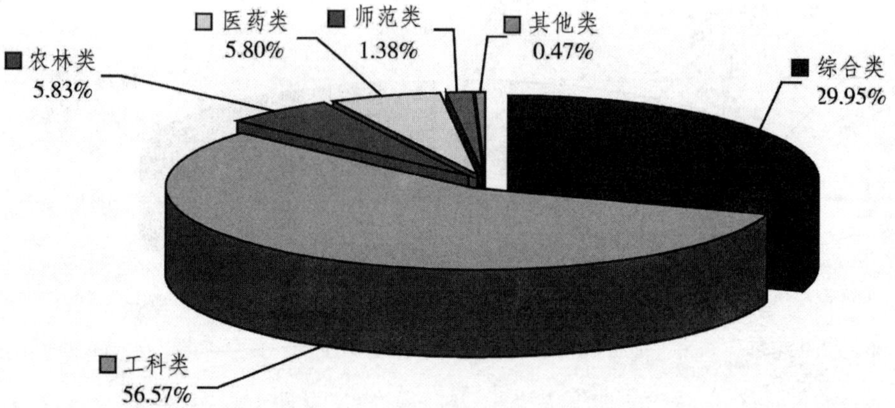


(b)

**图　3-5**

③ 2003 年度综合类院校校办产业实现净利润总额为 4.21 亿元；工科类院校校办产业实现净利润总额为 14.11 亿元；农林类院校校办产业实现净利润总额为

1.36 亿元；医药类院校校办产业实现净利润总额为 0.85 亿元；师范类院校校办产业实现净利润总额为 2.95 亿元；其他类院校校办产业实现净利润总额为 4.47 亿元；分别占全国高校校办产业实现净利润总额 27.95 亿元的 15.06%、50.48%、4.87%、3.04%、10.55%、16.00%。如图 3－6 所示。

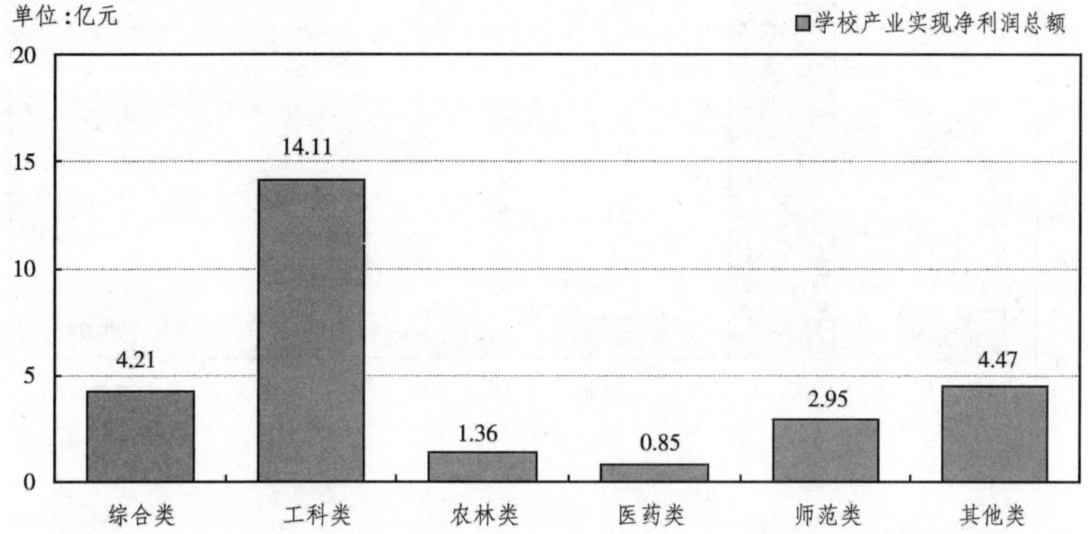


(a)

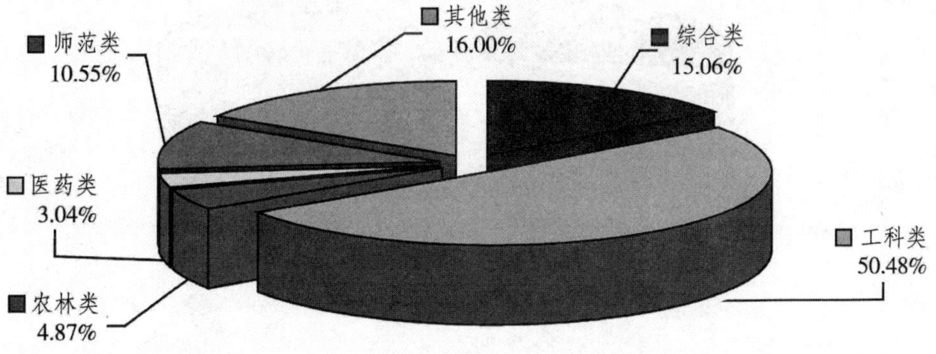


(b)

**图 3－6**

④ 2003 年度综合类院校科技型企业实现净利润总额为 1.52 亿元；工科类院校科技型企业实现净利润总额为 10.82 亿元；农林类院校科技型企业实现净利润总额为 1.32 亿元；医药类院校科技型企业实现净利润总额为 0.78 亿元；师范类院校科技型企业实现净利润总额为 0.25 亿元；其他类院校科技型企业实现净利润总额为 0.04 亿元；分别占全国高校科技型企业实现净利润总额 14.73 亿元的 10.31%、73.46%、8.96%、5.30%、1.70%、0.27%。如图 3－7 所示。

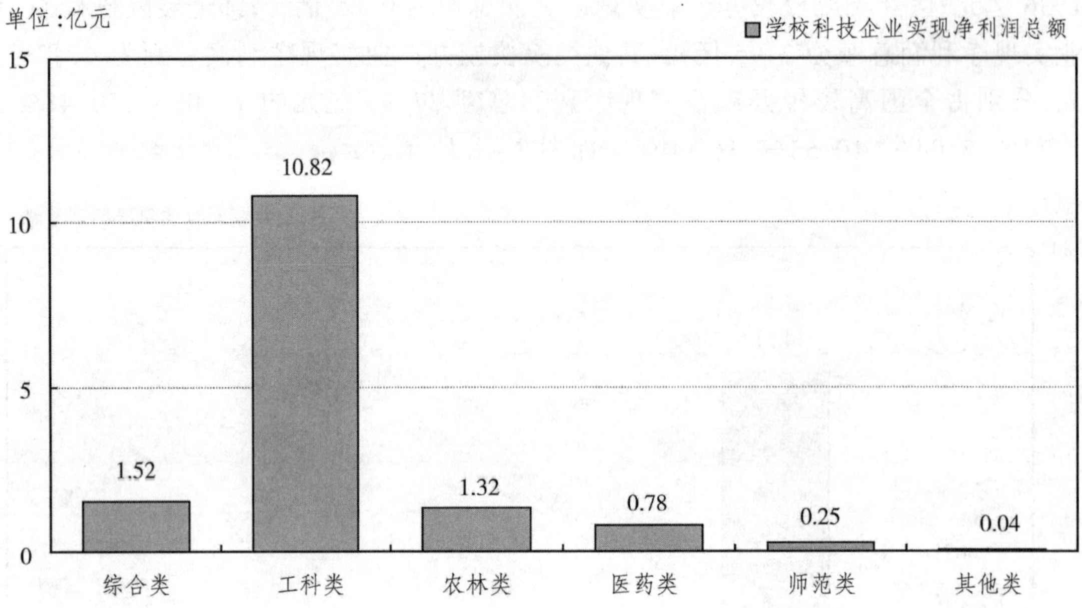


(a)

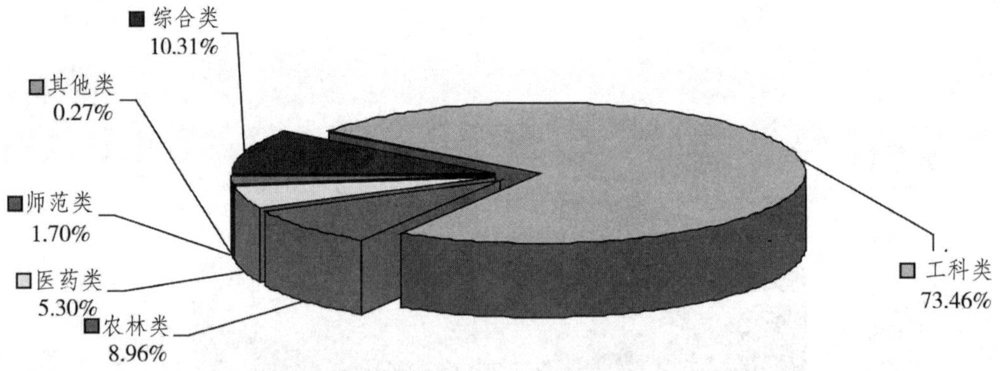


(b)

**图 3-7**

(3) 对学校的回报情况

① 2003 年度综合类院校校办产业对学校回报为 4.71 亿元;工科类院校校办产业对学校回报为 7.99 亿元;农林类院校校办产业对学校回报为 0.63 亿元;医药类院校校办产业对学校回报为 0.48 亿元;师范类院校校办产业对学校回报为 1.91 亿元;其他类院校校办产业对学校回报为 2.28 亿元;分别占全国高校校办产业对学校回报 18.00 亿元的 26.16%、44.39%、3.50%、2.67%、10.61%、12.67%。如图 3-8 所示。

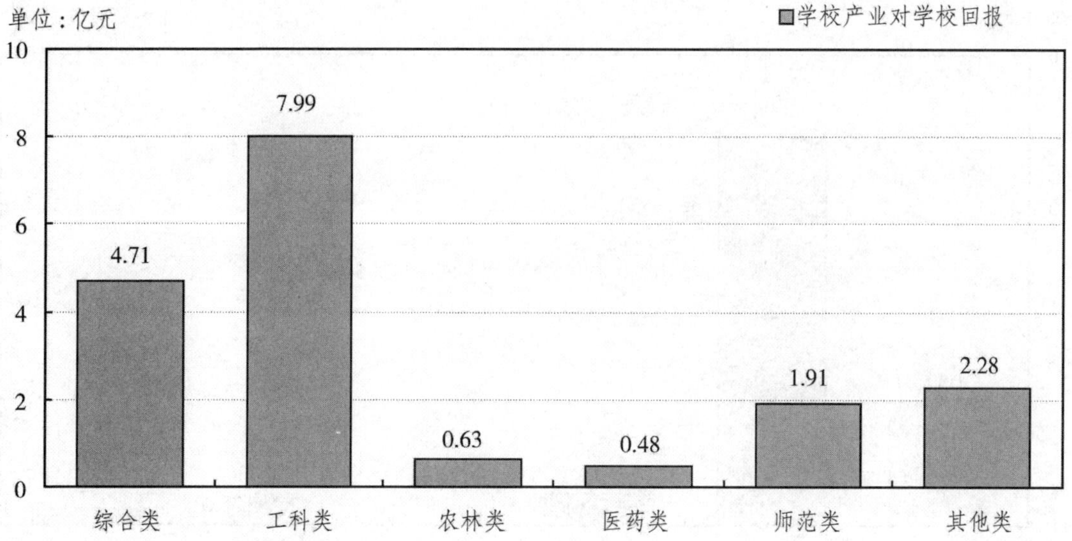


(a)

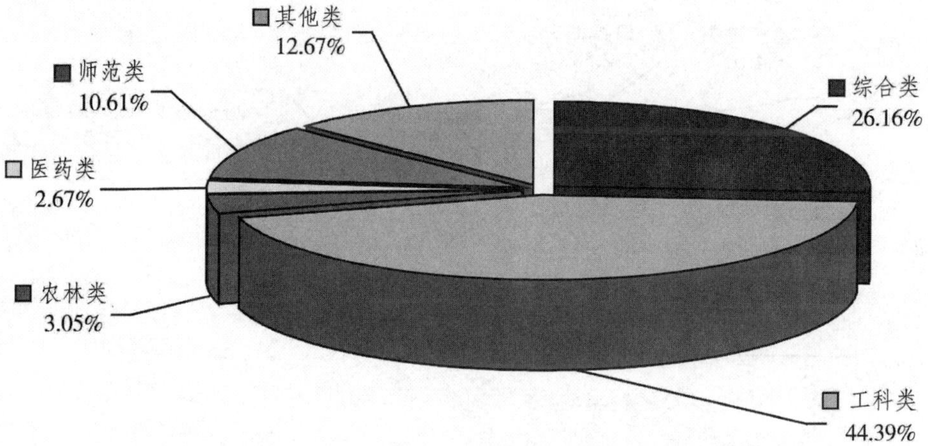


(b)

**图 3-8**

② 2003 年度综合类院校科技型企业对学校回报为 1.59 亿元；工科类院校科技型企业对学校回报为 4.96 亿元；农林类院校科技型企业对学校回报为 0.41 亿元；医药类院校科技型企业对学校回报为 0.25 亿元；师范类院校科技型企业对学校回报为 0.33 亿元；其他类院校科技型企业对学校回报为 0.20 亿元；分别占全国高校科技型企业对学校回报 7.74 亿元的 20.54%、64.09%、5.30%、3.23%、4.26%、2.58%。如图 3-9 所示。

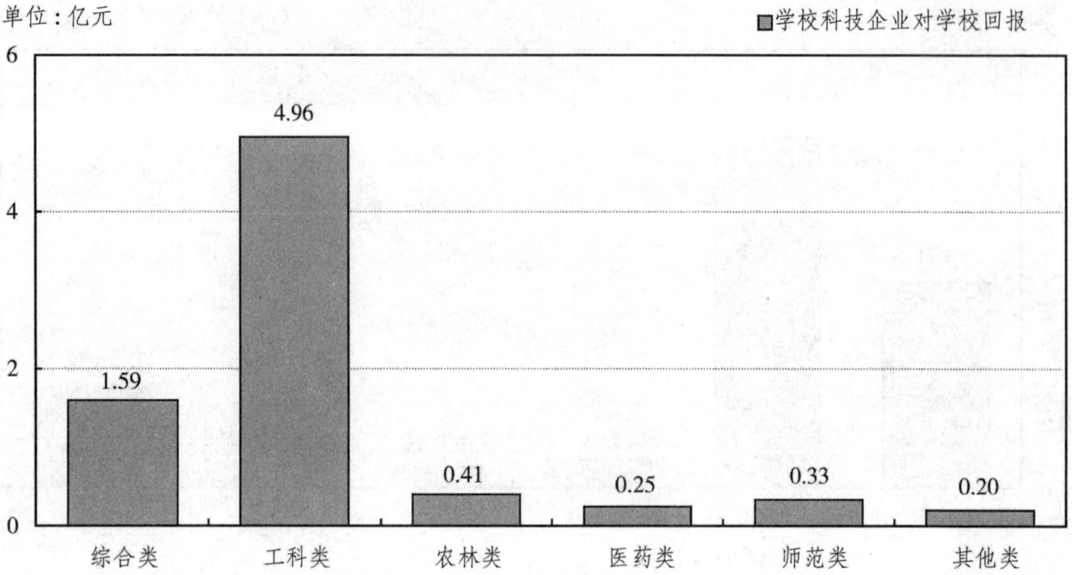


(a)

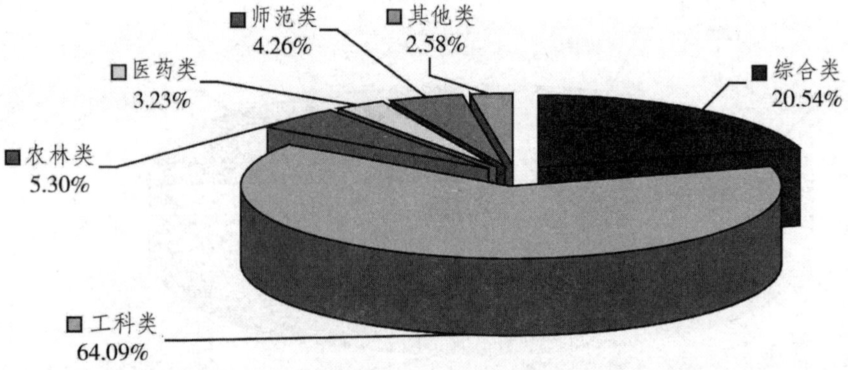


(b)

**图　3-9**

(4) 上交税金情况

① 2003年度综合类院校校办产业向国家交纳各种税金为11.01亿元；工科类院校校办产业向国家交纳各种税金为20.18亿元；农林类院校校办产业向国家交纳各种税金为0.77亿元；医药类院校校办产业向国家交纳各种税金为3.00亿元；师范类院校校办产业向国家交纳各种税金为2.00亿元；其他类院校校办产业向国家交纳各种税金为1.73亿元；分别占全国高校校办产业向国家交纳各种税金38.69亿元的28.46%、52.16%、1.99%、7.75%、5.17%、4.47%。如图3-10所示。

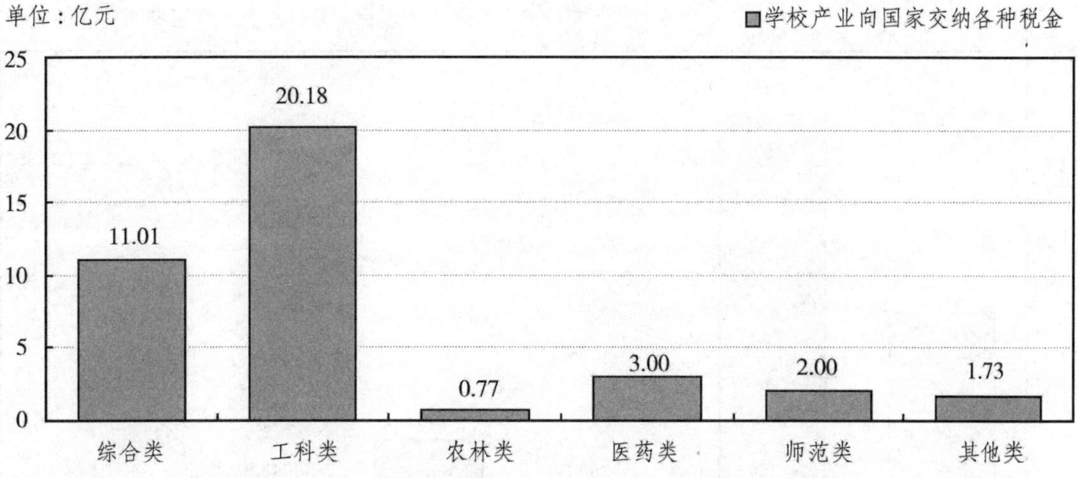


(a)

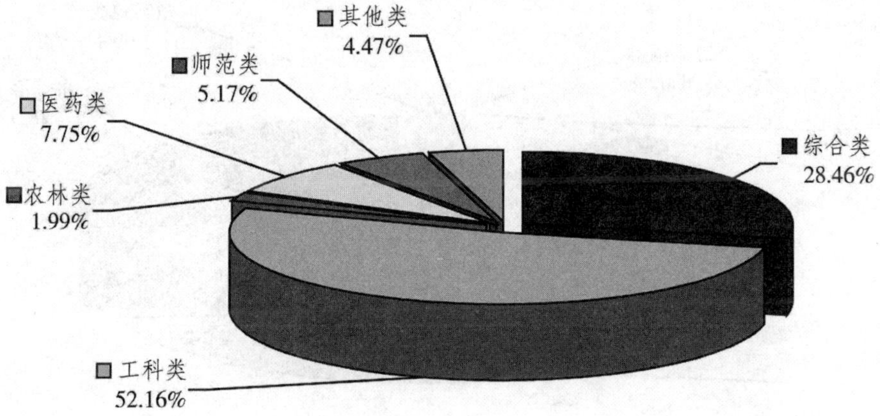


(b)

**图 3－10**

② 2003 年度综合类院校科技型企业向国家交纳各种税金为 8.40 亿元；工科类院校科技型企业向国家交纳各种税金为 17.15 亿元；农林类院校科技型企业向国家交纳各种税金为 0.54 亿元；医药类院校科技型企业向国家交纳各种税金为 2.69 亿元；师范类院校科技型企业向国家交纳各种税金为 0.30 亿元；其他类院校科技型企业向国家交纳各种税金为 0.32 亿元；分别占全国高校科技型企业向国家交纳各种税金 29.40 亿元的 28.57%、58.33%、1.84%、9.15%、1.02%、1.09%。如图 3－11 所示。

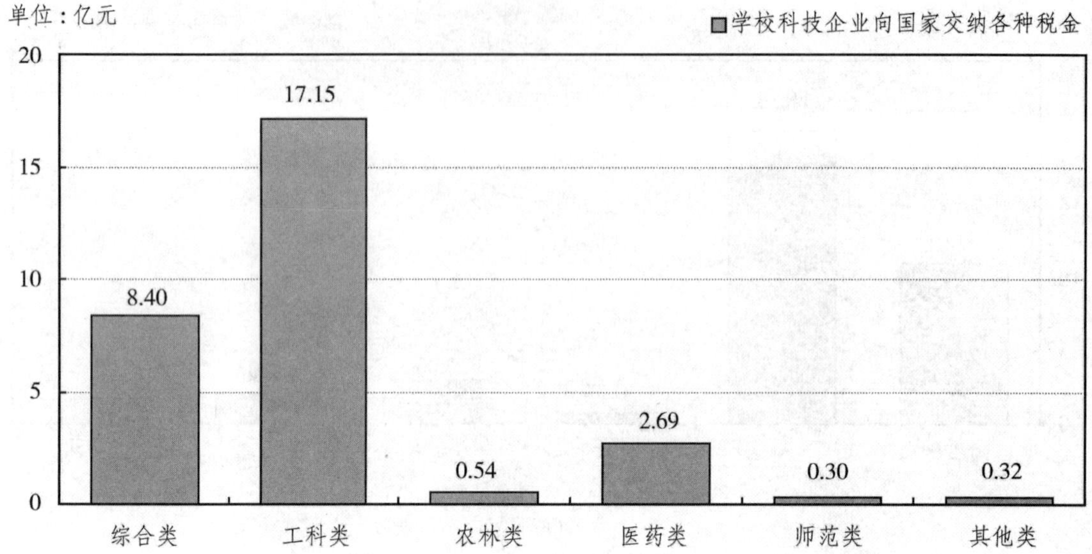


(a)

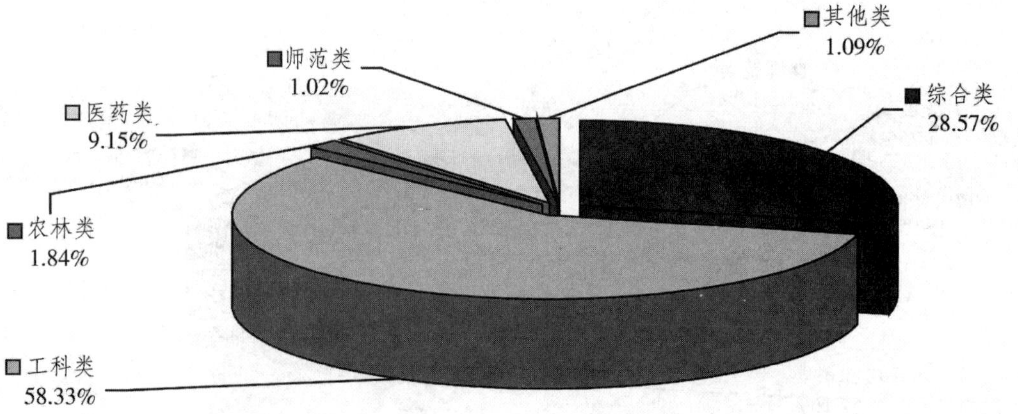


(b)

**图 3-11**

（5）对社会的回报情况

① 2003 年度综合类院校校办产业为社会创造的净利润和交纳的各种税费为 15.22 亿元；工科类院校校办产业为社会创造的净利润和交纳的各种税费为34.29 亿元；农林类院校校办产业为社会创造的净利润和交纳的各种税费为 2.13 亿元；医药类院校校办产业为社会创造的净利润和交纳的各种税费为 3.85 亿元；师范类院校校办产业为社会创造的净利润和交纳的各种税费为 4.95 亿元；其他类院校校办产业为社会创造的净利润和交纳的各种税费为 6.20 亿元；分别占全国高校校办产业为社会创造的净利润和交纳的各种税费 66.64 亿元的 22.83%、51.46%、3.20%、5.78%、7.43%、9.30%。如图 3-12 所示。

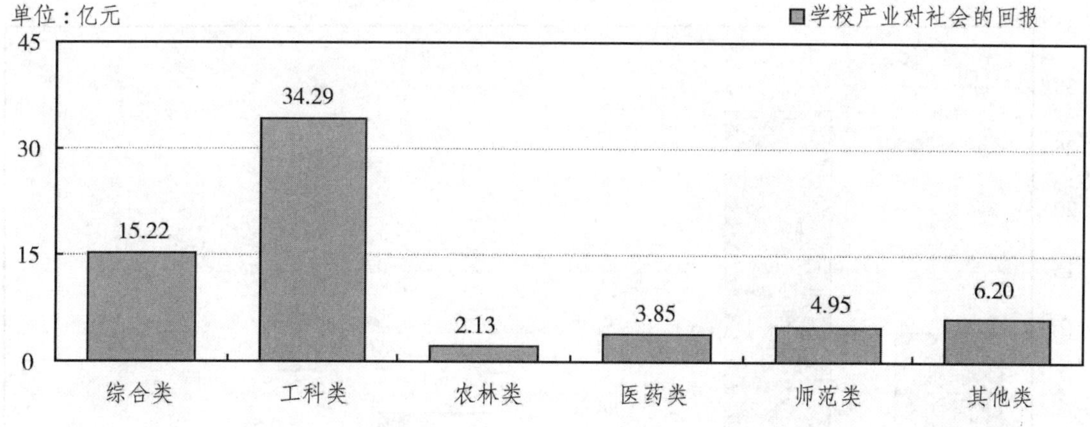


(a)

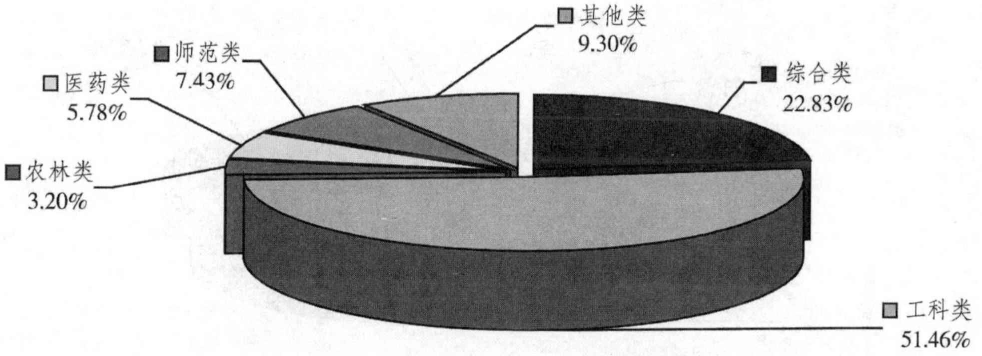


(b)

**图 3-12**

② 2003年度综合类院校科技型企业为社会创造的净利润和交纳的各种税费为9.92亿元；工科类院校科技型企业为社会创造的净利润和交纳的各种税费为27.97亿元；农林类院校科技型企业为社会创造的净利润和交纳的各种税费为1.86亿元；医药类院校科技型企业为社会创造的净利润和交纳的各种税费为3.47亿元；师范类院校科技型企业为社会创造的净利润和交纳的各种税费为0.55亿元；其他类院校科技型企业为社会创造的净利润和交纳的各种税费为0.36亿元；分别占全国高校科技型企业为社会创造的净利润和交纳的各种税费44.13亿元的22.48%、63.38%、4.21%、7.86%、1.25%、0.82%。如图3-13所示。

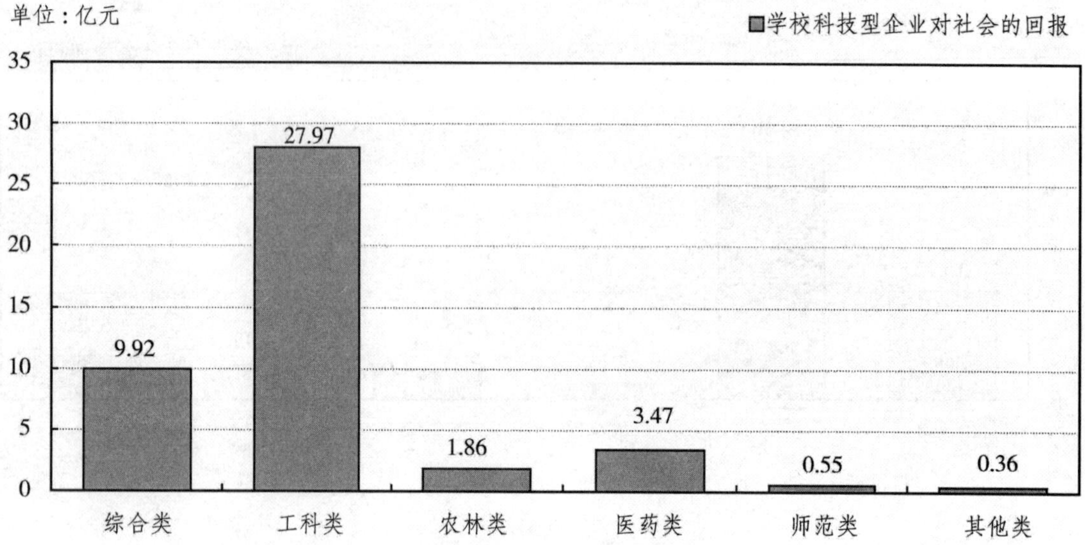


（a）

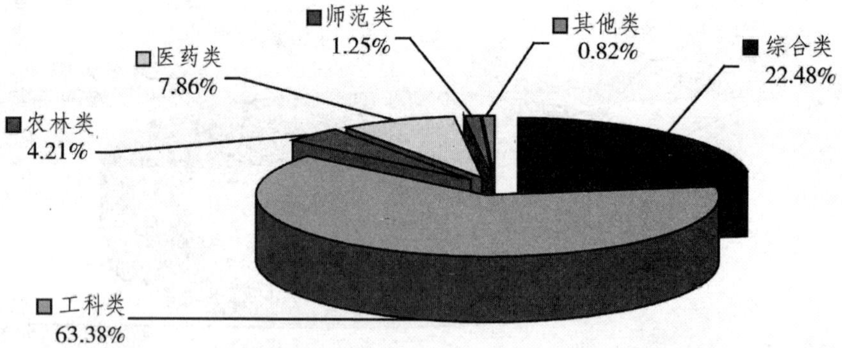


（b）

**图　3-13**

## 3．人员状况

① 2003年末综合类院校校办产业在册职工人数共计为6.75万人，其中有科技人员2.44万人（其中具有高级职称的人数为5 329人、具有中级职称的人数为11 111人）。接纳学生实习人数达8.59万人次，累计工时227.34万小时。参与培养博士生262名、硕士生1 043名；

② 2003年末工科类院校校办产业在册职工人数共计为12.85万人，其中有科技人员4.85万人（其中具有高级职称的人数为12 162人、具有中级职称的人数为19 457人）。接纳学生实习人数达25.08万人次，累计工时1 508.78万小时。

参与培养博士生 993 名、硕士生 3 402 名；

③ 2003 年末农林类院校校办产业在册职工人数共计为 1.28 万人，其中有科技人员 0.38 万人（其中具有高级职称的人数为 1 068 人、具有中级职称的人数为 1 922人）。接纳学生实习人数达 13.11 万人次，累计工时 164.39 万小时。参与培养博士生 46 名、硕士生 312 名；

④ 2003 年末医药类院校校办产业在册职工人数共计为 1.59 万人，其中有科技人员 0.50 万人（其中具有高级职称的人数为 921 人、具有中级职称的人数为 1 641人）。接纳学生实习人数达 0.35 万人次，累计工时 21.49 万小时。参与培养博士生 19 名、硕士生 86 名；

⑤ 2003 年末师范类院校校办产业在册职工人数共计为 2.03 万人，其中有科技人员 0.51 万人（其中具有高级职称的人数为 1 308 人、具有中级职称的人数为 2 388人）。接纳学生实习人数达 1.26 万人次，累计工时 81.11 万小时。参与培养博士生 66 名、硕士生 169 名；

⑥ 2003 年末其他类院校校办产业在册职工人数共计为 1.72 万人，其中有科技人员 0.47 万人（其中具有高级职称的人数为 1 078 人、具有中级职称的人数为 2 117人）。接纳学生实习人数达 15.70 万人次，累计工时 572.60 万小时。参与培养博士生 6 名、硕士生 104 名。

### 4. 资产状况

全国高校校办产业（按类别分）资产状况如下：

① 2003 年末综合类院校校办产业的注册资金总额为 94.96 亿元，资产总额 617.89 亿元，负债 410.18 亿元，所有者权益 207.71 亿元，平均资产负债率为 66.38%；

② 2003 年末工科类院校校办产业的注册资金总额为 198.56 亿元，资产总额 688.48 亿元，负债 350.02 亿元，所有者权益 338.46 亿元，平均资产负债率为 50.84%；

③ 2003 年末农林类院校校办产业的注册资金总额为 11.59 亿元，资产总额 29.67 亿元，负债 13.93 亿元，所有者权益 15.74 亿元，平均资产负债率为 46.95%；

④ 2003 年末医药类院校校办产业的注册资金总额为 10.68 亿元，资产总额 50.90 亿元，负债 35.30 亿元，所有者权益 15.60 亿元，平均资产负债率为 69.35%；

⑤ 2003 年末师范类院校校办产业的注册资金总额为 9.81 亿元，资产总额 35.88亿元，负债 15.15 亿元，所有者权益 20.73 亿元，平均资产负债率为 42.22%；

⑥ 2003 年末其他类院校校办产业的注册资金总额为 8.86 亿元，资产总额

40.95亿元,负债18.24亿元,所有者权益22.71亿元,平均资产负债率为44.54%。以上资产状况如图3-14所示。

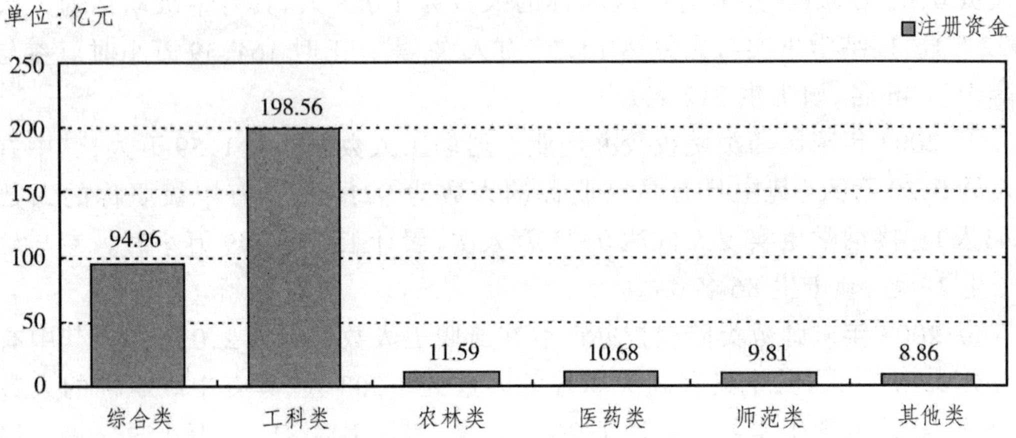


(a)

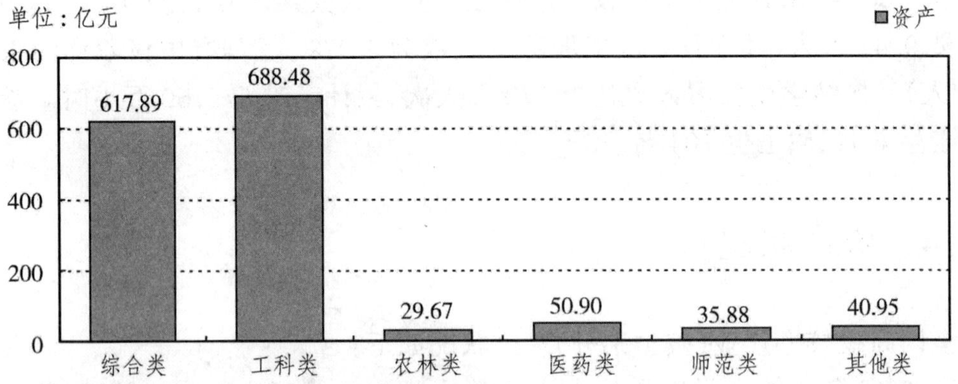


(b)

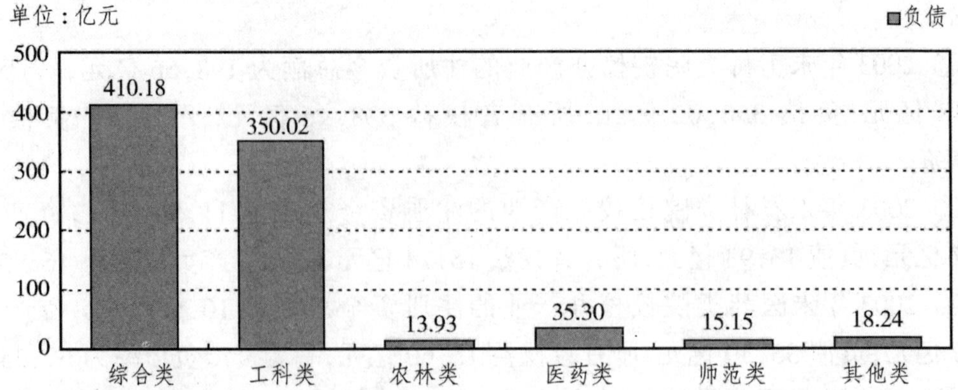


(c)

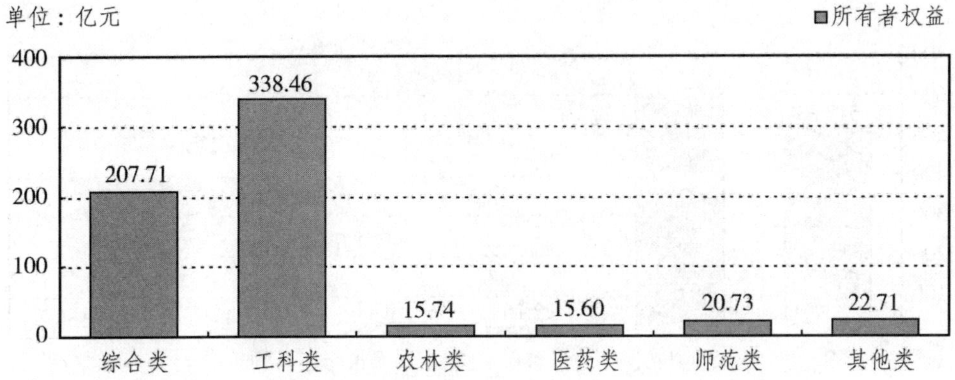


(d)

**图 3-14**

(2) 全国高校校办科技企业(按类别分)资产状况如下：

①2003年末综合类院校校办科技企业的注册资金总额为76.65亿元,资产总额518.83亿元,负债345.39亿元,所有者权益173.44亿元,资产负债率为66.57%;

②2003年末工科类院校校办科技企业的注册资金总额为168.24亿元,资产总额612.65亿元,负债313.86亿元,所有者权益298.79亿元,平均资产负债率为51.23%;

③2003年末农林类院校校办科技企业的注册资金总额为8.33亿元,资产总额22.16亿元,负债9.91亿元,所有者权益12.25亿元,平均资产负债率为44.72%;

④2003年末医药类院校校办科技企业的注册资金总额为7.03亿元,资产总额36.91亿元,负债25.62亿元,所有者权益11.29亿元,平均资产负债率为69.41%;

⑤2003年末师范类院校校办科技企业的注册资金总额为2.82亿元,资产总额7.45亿元,负债3.96亿元,所有者权益3.49亿元,平均资产负债率为53.15%;

⑥2003年末其他类院校校办科技企业的注册资金总额为1.89亿元,资产总额7.15亿元,负债4.89亿元,所有者权益2.26亿元,平均资产负债率为68.39%。

以上资产状况如3-15所示。

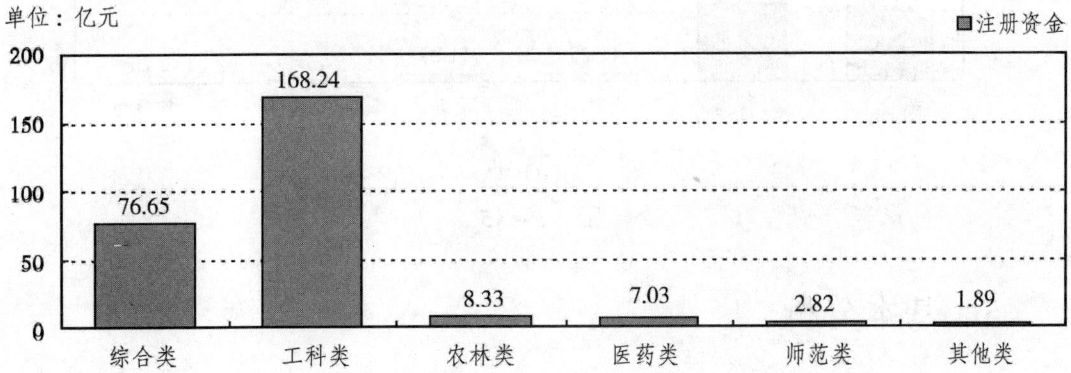


(a)

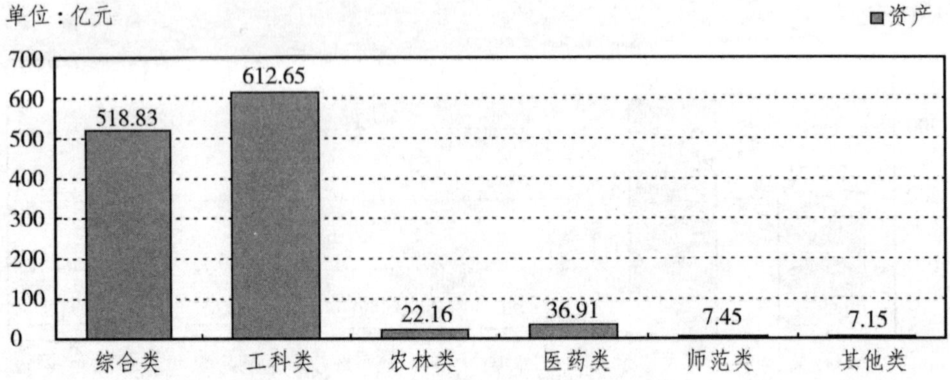


（b）

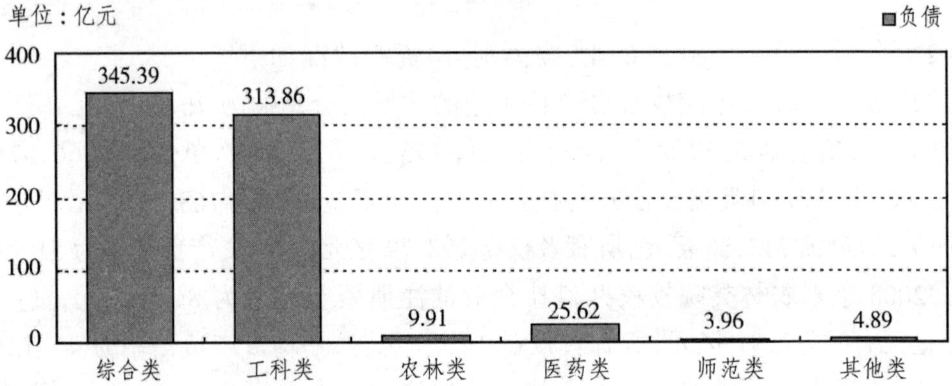


（c）

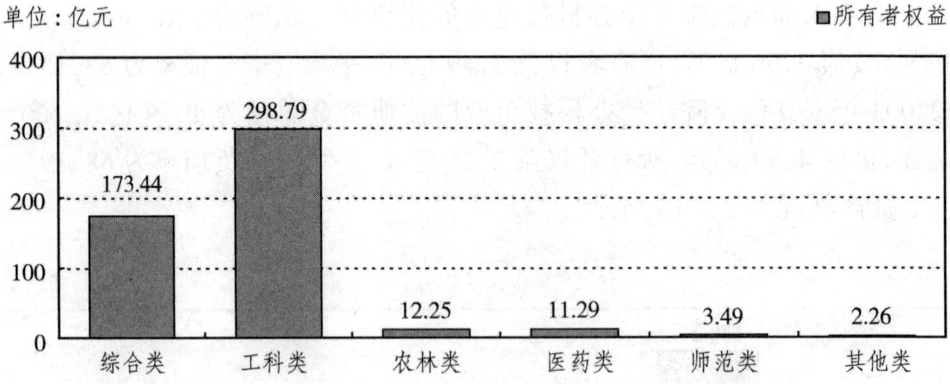


（d）

**图 3－15**

## 5．基本分析

### （1）人均销售额

① 2003年度综合类院校校办产业人均销售额为45.33万元;工科类院校校办产业人均销售额为32.57万元;农林类院校校办产业人均销售额为13.95万元;医药类院校校办产业人均销售额为17.93万元;师范类院校校办产业人均销售额为13.35万元;其他类院校校办产业人均销售额为16.71万元。2003年度全国高校校办产业人均销售额为31.53万元。如图3-16所示。

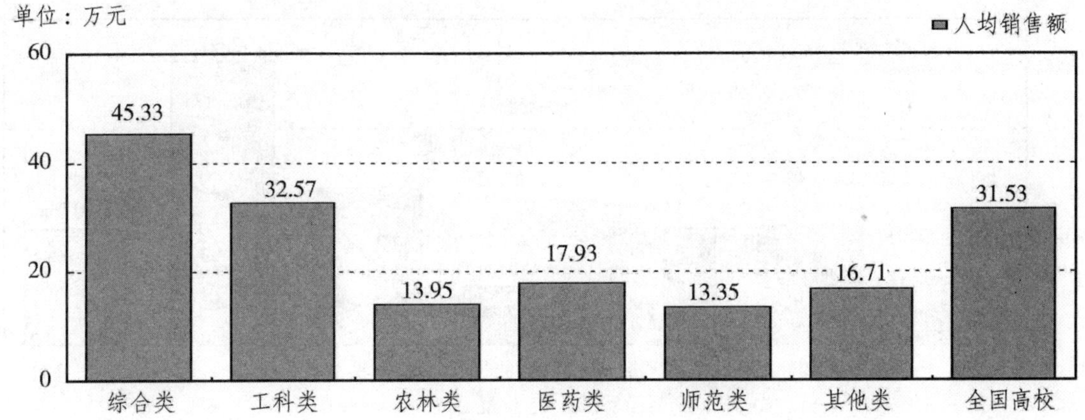


**图 3-16**

② 2003年度综合类院校校办科技企业人均销售额为63.13万元;工科类院校校办科技企业人均销售额为43.52万元;农林类院校校办科技企业人均销售额为21.22万元;医药类院校校办科技企业人均销售额为21.31万元;师范类院校校办科技企业人均销售额为13.15万元;其他类院校校办科技企业人均销售额为10.09万元。2003年度全国高校校办科技企业人均销售额为44.78万元。如图3-17所示。

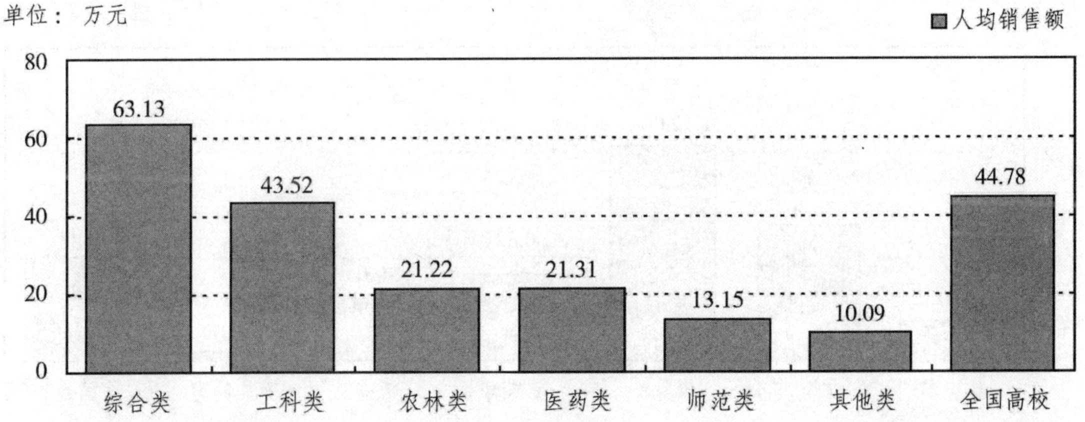


**图 3-17**

(2) 人均利润额

① 2003年度综合类院校校办产业人均利润额为0.62万元;工科类院校校办

产业人均利润额为1.10万元;农林类院校校办产业人均利润额为1.06万元;医药类院校校办产业人均利润额为0.53万元;师范类院校校办产业人均利润额为1.45万元;其他类院校校办产业人均利润额为2.60万元。2003年度全国高校校办产业人均利润额为1.07万元。如图3-18所示。

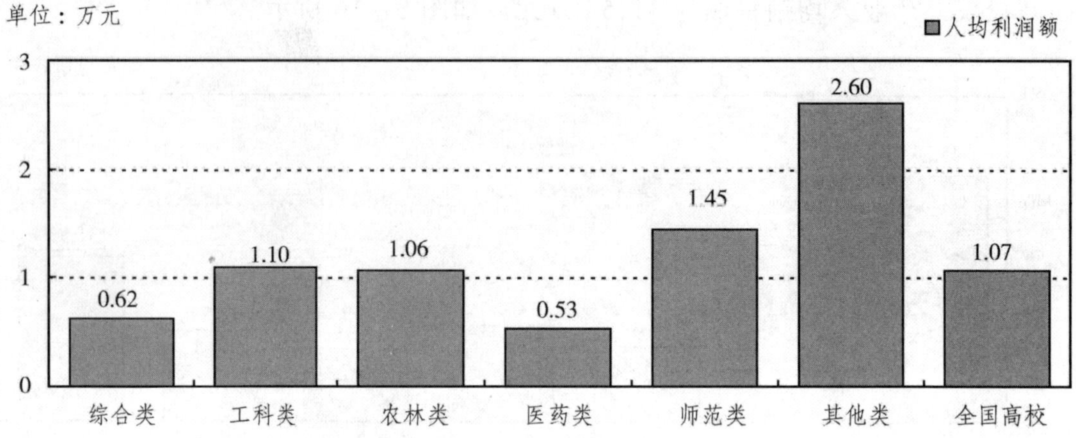


**图 3-18**

② 2003年度综合类院校校办科技企业人均利润额为0.37万元;工科类院校校办科技企业人均利润额为1.30万元;农林类院校校办科技企业人均利润额为2.06万元;医药类院校校办科技企业人均利润额为0.82万元;师范类院校校办科技企业人均利润额为0.64万元;其他类院校校办科技企业人均利润额为0.09万元。2003年度全国高校校办科技企业人均利润额为0.99万元。如图3-19所示。

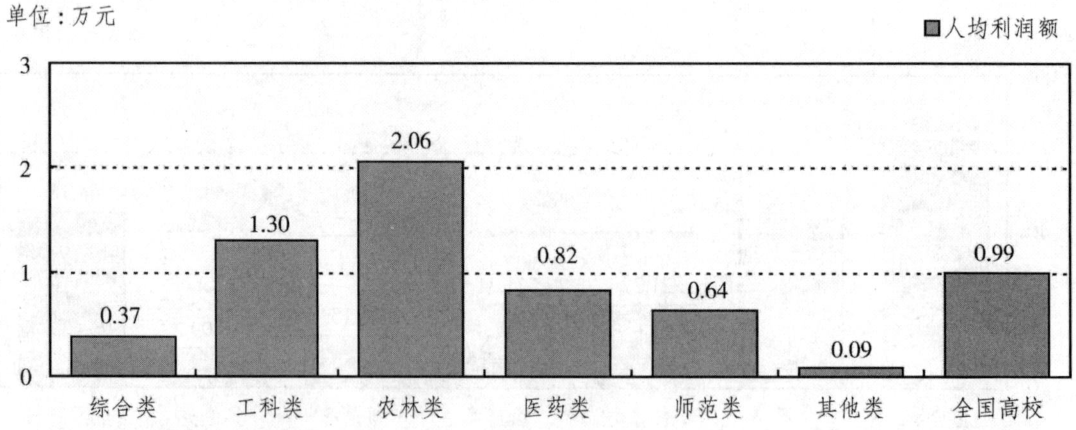


**图 3-19**

(3) 人均创税

① 2003年度综合类院校校办产业人均创税为1.63万元;工科类院校校办产

业人均创税为 1.57 万元；农林类院校校办产业人均创税为 0.60 万元；医药类院校校办产业人均创税为 1.89 万元；师范类院校校办产业人均创税为 0.99 万元；其他类院校校办产业人均创税为 1.01 万元。2003 年度全国高校校办产业人均创税为 1.48 万元。如图 3－20 所示。

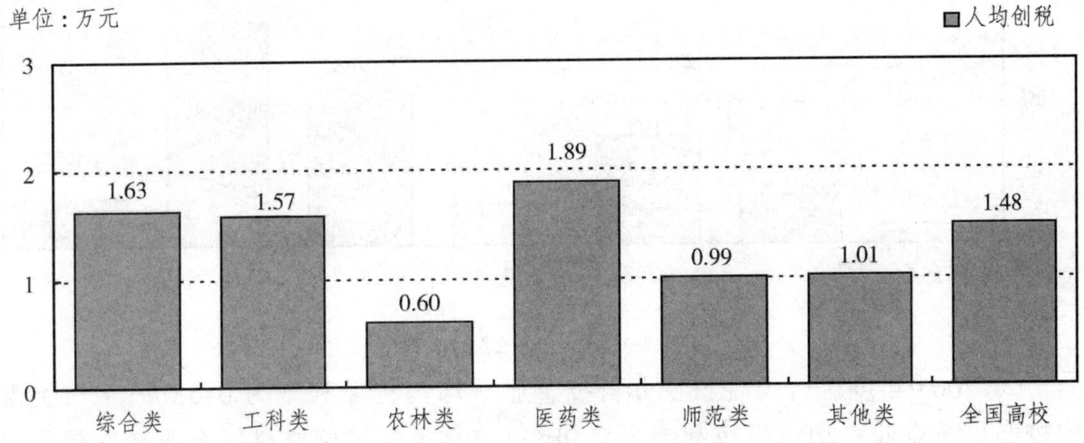


**图 3－20**

② 2003 年度综合类院校校办科技企业人均创税为 2.02 万元；工科类院校校办科技企业人均创税为 2.06 万元；农林类院校校办科技企业人均创税为 0.84 万元；医药类院校校办科技企业人均创税为 2.83 万元；师范类院校校办科技企业人均创税为 0.77 万元；其他类院校校办科技企业人均创税为 0.70 万元。2003 年度全国高校校办科技企业人均创税为 1.97 万元。如图 3－21 所示。

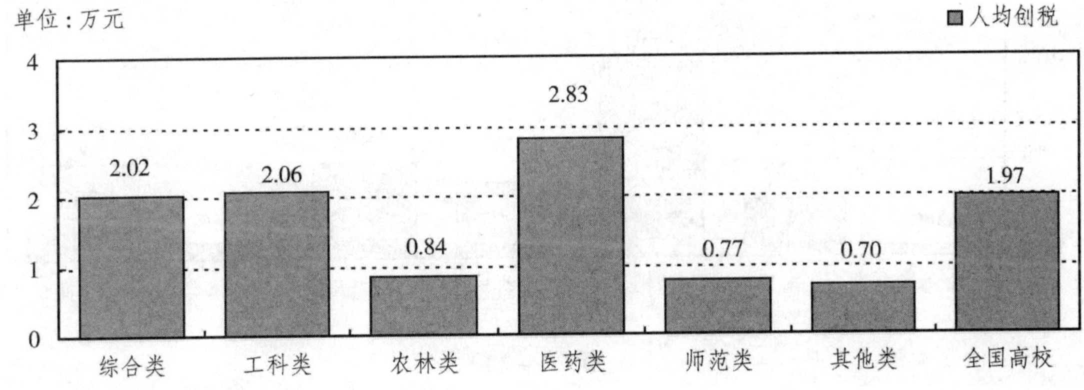


**图 3－21**

（4）销售净利率

① 2003 年度综合类院校校办产业平均销售净利率为 1.38%；工科类院校校办产业平均销售净利率为 3.37%；农林类院校校办产业平均销售净利率为 7.62%；医药类院校校办产业平均销售净利率为 2.98%；师范类院校校办产业平

均销售净利率为 10.89%；其他类院校校办产业平均销售净利率为 15.55%。2003 年度全国高校校办产业平均销售净利率为 3.38%。如图 3－22 所示。

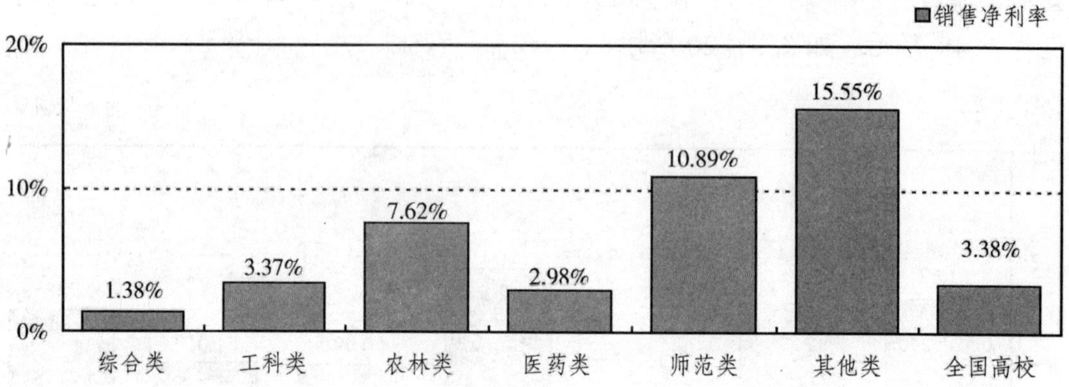


**图 3－22**

② 2003 年度综合类院校校办科技企业平均销售净利率为 0.58%；工科类院校校办科技企业平均销售净利率为 2.98%；农林类院校校办科技企业平均销售净利率为 9.72%；医药类院校校办科技企业平均销售净利率为 3.85%；师范类院校校办科技企业平均销售净利率为 4.87%；其他类院校校办科技企业平均销售净利率为 0.86%。2003 年度全国高校校办科技企业平均销售净利率为 2.20%。如图 3－23 所示。

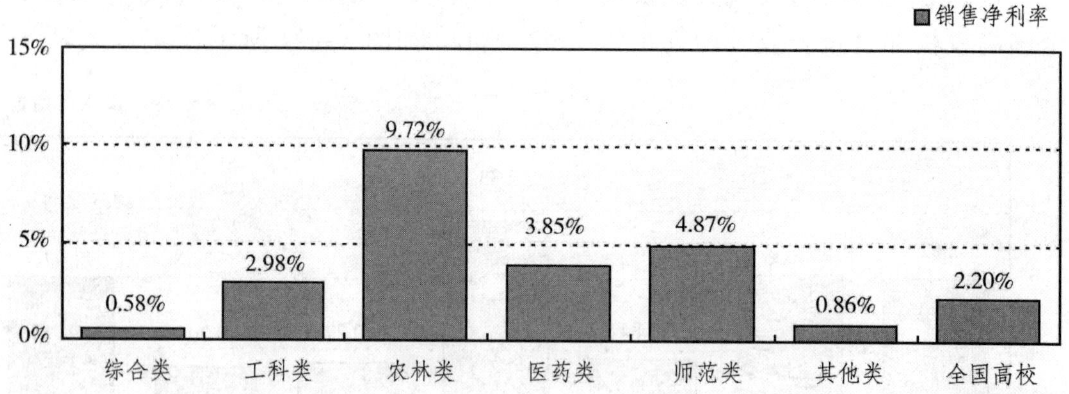


**图 3－23**

（5）净资产收益率

① 2003 年度综合类院校校办产业平均净资产收益率为 2.03%；工科类院校校办产业平均净资产收益率为 4.17%；农林类院校校办产业平均净资产收益率为 8.64%；医药类院校校办产业平均净资产收益率为 5.45%；师范类院校校办产业平均净资产收益率为 14.23%；其他类院校校办产业平均净资产收益率为

19.68%。2003年度全国高校校办产业平均净资产收益率为4.50%。如图3-24所示。

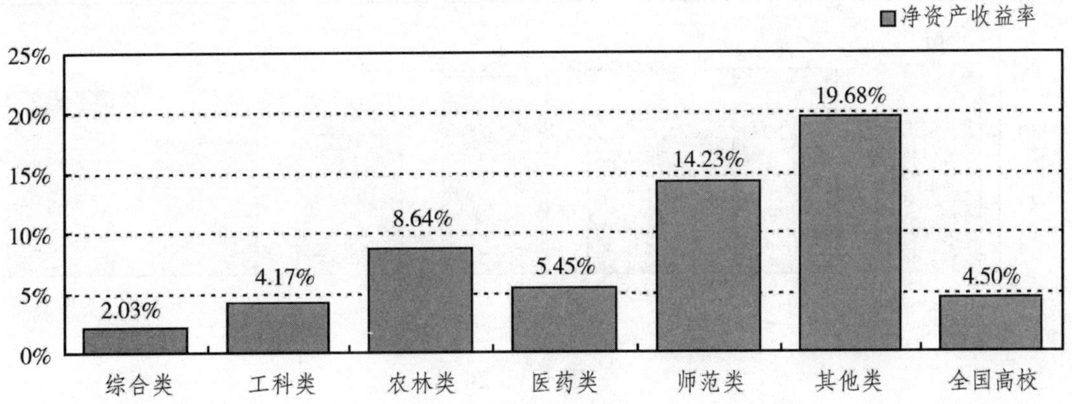


**图 3-24**

② 2003年度综合类院校校办科技企业平均净资产收益率为0.88%;工科类院校校办科技企业平均净资产收益率为3.62%;农林类院校校办科技企业平均净资产收益率为10.78%;医药类院校校办科技企业平均净资产收益率为6.91%;师范类院校校办科技企业平均净资产收益率为7.16%;其他类院校校办科技企业平均净资产收益率为1.77%。2003年度全国高校校办科技企业平均净资产收益率为2.94%。如图3-25所示。

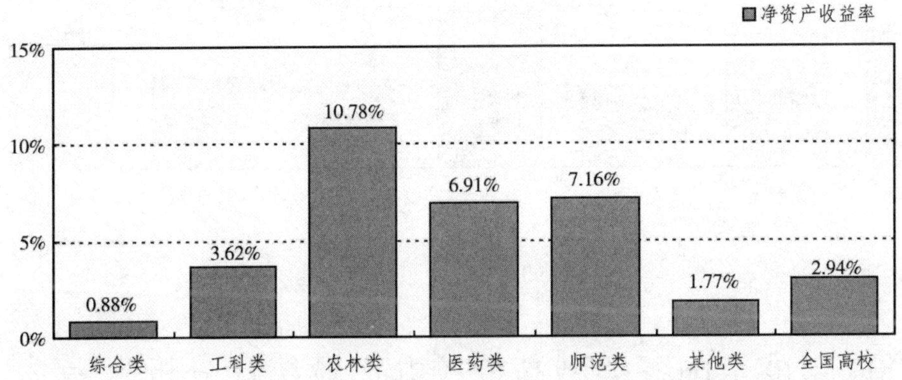


**图 3-25**

(6) 企业平均人数

① 2003年度综合类院校校办企业平均人数为61人;工科类院校校办企业平均人数为60人;农林类院校校办企业平均人数为36人;医药类院校校办企业平均人数为58人;师范类院校校办企业平均人数为41人;其他类院校校办企业平均人数为39人。2003年度全国高校校办企业企业平均人数为54人。如图3-26

所示。

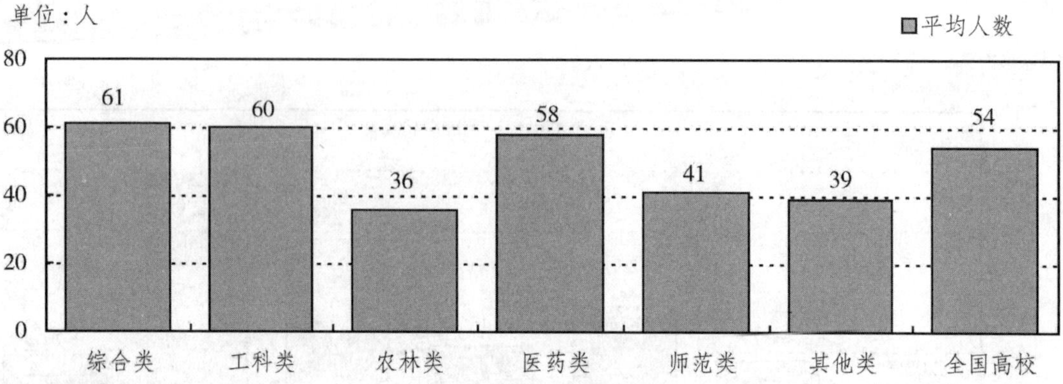


图 3－26

② 2003年度综合类院校校办科技企业平均人数为69人；工科类院校校办科技企业平均人数为65人；农林类院校校办科技企业平均人数为34人；医药类院校校办科技企业平均人数为77人；师范类院校校办科技企业平均人数为26人；其他类院校校办科技企业平均人数为45人。2003年度全国高校校办科技企业平均人数为61人。如图3－27所示。

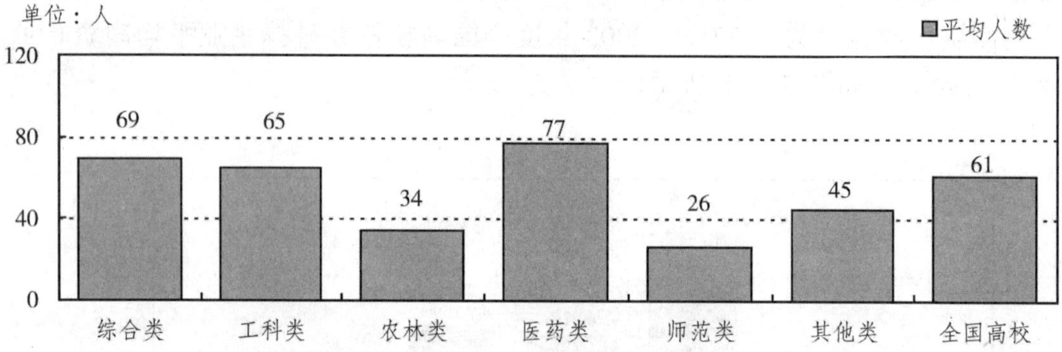


图 3－27

# 6．2003年度全国各类型高校校办产业统计分析附表

**附表1 全国综合类院校按收入总额情况排名前50强**

2003年12月31日　　单位：万元

| 序号 | 学校名称 | 校办产业收入总额 |
|---|---|---|
| 1 | 北京大学 | 1 658 352.30 |
| 2 | 浙江大学 | 387 339.40 |

**续附表 1**

| 序号 | 学 校 名 称 | 校办产业收入总额 |
|---|---|---|
| 3 | 复旦大学 | 166 284.40 |
| 4 | 南京大学 | 105 538.20 |
| 5 | 中山大学 | 101 858.50 |
| 6 | 武汉大学 | 74 729.60 |
| 7 | 山东大学 | 57 002.70 |
| 8 | 南开大学 | 53 098.60 |
| 9 | 郑州大学 | 44 356.70 |
| 10 | 四川大学 | 39 559.80 |
| 11 | 厦门大学 | 37 703.60 |
| 12 | 上海大学 | 35 346.40 |
| 13 | 苏州大学 | 32 106.30 |
| 14 | 中国人民大学 | 24 794.40 |
| 15 | 江苏大学 | 23 384.10 |
| 16 | 扬州大学 | 20 302.80 |
| 17 | 吉林大学 | 20 249.80 |
| 18 | 黑龙江大学 | 17 066.50 |
| 19 | 广西大学 | 13 107.30 |
| 20 | 河北大学 | 11 175.20 |
| 21 | 江南大学 | 11 111.30 |
| 22 | 吉首大学 | 9 681.60 |
| 23 | 青岛大学 | 9 142.30 |
| 24 | 暨南大学 | 8 889.90 |
| 25 | 深圳大学 | 8 777.10 |
| 26 | 孝感学院 | 8 147.80 |
| 27 | 兰州大学 | 6 372.10 |
| 28 | 安徽大学 | 6 277.80 |
| 29 | 云南大学 | 6 018.40 |
| 30 | 延边大学 | 5 985.70 |
| 31 | 宁波大学 | 5 449.20 |
| 32 | 南昌大学 | 4 794.40 |
| 33 | 辽宁大学 | 4 787.70 |
| 34 | 上海电视大学 | 4 492.40 |
| 35 | 广州大学 | 3 353.80 |

**续附表 1**

| 序号 | 学　校　名　称 | 校办产业收入总额 |
|---|---|---|
| 36 | 集美大学 | 3 097.20 |
| 37 | 西北大学 | 3 068.70 |
| 38 | 青岛科技大学 | 2 909.30 |
| 39 | 新疆大学 | 2 107.50 |
| 40 | 佛山科学技术学院 | 2 082.30 |
| 41 | 北京联合大学 | 2 020.00 |
| 42 | 茂名学院 | 1 636.00 |
| 43 | 沈阳大学 | 1 619.70 |
| 44 | 内蒙古大学 | 1 576.70 |
| 45 | 襄樊学院 | 1 533.80 |
| 46 | 石河子大学 | 1 420.60 |
| 47 | 三峡大学 | 1 152.70 |
| 48 | 河南大学 | 973.50 |
| 49 | 济南大学 | 835.40 |
| 50 | 佳木斯大学 | 780.10 |

**附表 2　全国工科类院校按收入总额情况排名前百强**

2003 年 12 月 31 日　　　　单位:万元

| 序号 | 学　校　名　称 | 校办产业收入总额 |
|---|---|---|
| 1 | 清华大学 | 1 522 322.90 |
| 2 | 西安交通大学 | 273 648.30 |
| 3 | 同济大学 | 251 052.60 |
| 4 | 东北大学 | 247 800.70 |
| 5 | 上海交通大学 | 218 518.90 |
| 6 | 石油大学(华东) | 181 214.70 |
| 7 | 哈尔滨工业大学 | 164 726.70 |
| 8 | 华中科技大学 | 80 483.90 |
| 9 | 天津大学 | 68 173.90 |
| 10 | 东南大学 | 48 702.20 |
| 11 | 中国地质大学 | 42 600.00 |
| 12 | 太原理工大学 | 39 248.30 |
| 13 | 湖南理工学院 | 38 535.70 |
| 14 | 西南交通大学 | 37 050.30 |

**续附表 2**

| 序号 | 学 校 名 称 | 校办产业收入总额 |
|---|---|---|
| 15 | 北京理工大学 | 36 332.80 |
| 16 | 中国科学技术大学 | 34 578.60 |
| 17 | 重庆大学 | 33 719.60 |
| 18 | 华北电力大学 | 32 045.40 |
| 19 | 哈尔滨工程大学 | 31 750.70 |
| 20 | 华南理工大学 | 31 460.10 |
| 21 | 北京科技大学 | 28 045.00 |
| 22 | 东华大学 | 26 439.90 |
| 23 | 南京理工大学 | 24 970.80 |
| 24 | 大连理工大学 | 22 893.80 |
| 25 | 南京航空航天大学 | 22 711.40 |
| 26 | 华东理工大学 | 21 889.60 |
| 27 | 电子科技大学 | 21 725.70 |
| 28 | 中南大学 | 21 374.00 |
| 29 | 南京工程学院 | 18 186.80 |
| 30 | 武汉理工大学 | 18 039.30 |
| 31 | 燕山大学 | 16 589.80 |
| 32 | 南京工业大学 | 16 455.40 |
| 33 | 华东船舶工业学院 | 16 038.90 |
| 34 | 北京工业大学 | 15 177.20 |
| 35 | 湖南大学 | 15 173.90 |
| 36 | 北京邮电大学 | 14 590.50 |
| 37 | 北京交通大学 | 14 504.40 |
| 38 | 天津理工学院 | 13 684.70 |
| 39 | 北京化工大学 | 12 658.20 |
| 40 | 安徽工业大学 | 12 109.80 |
| 41 | 石油大学 | 11 828.70 |
| 42 | 北京建筑工程学院 | 11 630.20 |
| 43 | 河海大学 | 11 291.70 |
| 44 | 西南石油学院 | 10 848.30 |
| 45 | 合肥工业大学 | 10 605.50 |
| 46 | 上海海运学院 | 10 596.20 |
| 47 | 内蒙古科技大学 | 10 458.00 |

**续附表 2**

| 序号 | 学校名称 | 校办产业收入总额 |
| --- | --- | --- |
| 48 | 沈阳工业大学 | 10 004.00 |
| 49 | 西北工业大学 | 8 183.40 |
| 50 | 中国矿业大学 | 8 148.60 |
| 51 | 西安电子科技大学 | 7 865.90 |
| 52 | 西安建筑科技大学 | 7 677.50 |
| 53 | 中国地质大学(北京) | 7 479.20 |
| 54 | 长安大学 | 7 396.80 |
| 55 | 大连海事大学 | 7 083.40 |
| 56 | 山东建筑工程学院 | 7 040.30 |
| 57 | 鞍山科技大学 | 6 878.70 |
| 58 | 上海理工大学 | 6 719.20 |
| 59 | 常州工学院 | 6 391.70 |
| 60 | 兰州铁道学院 | 5 962.60 |
| 61 | 山东交通学院 | 5 786.60 |
| 62 | 天津工业大学 | 5 516.90 |
| 63 | 武汉科技大学 | 5 297.30 |
| 64 | 大连铁道学院 | 5 196.20 |
| 65 | 成都理工大学 | 5 040.00 |
| 66 | 长沙理工大学 | 4 770.70 |
| 67 | 福建工程学院 | 4 764.90 |
| 68 | 重庆邮电学院 | 4 742.70 |
| 69 | 长春工程学院 | 4 644.30 |
| 70 | 河北工业大学 | 4 616.90 |
| 71 | 沈阳航空工业学院 | 4 588.60 |
| 72 | 甘肃工业大学 | 4 288.50 |
| 73 | 大庆石油学院 | 4 196.70 |
| 74 | 中国海洋大学 | 4 119.60 |
| 75 | 西安理工大学 | 4 002.70 |
| 76 | 北京航空航天大学 | 3 863.70 |
| 77 | 山东科技大学 | 3 832.70 |
| 78 | 西安石油学院 | 3 822.70 |
| 79 | 上海电力学院 | 3 780.60 |
| 80 | 北京信息工程学院 | 3 774.60 |

**续附表 2**

| 序号 | 学校名称 | 校办产业收入总额 |
|---|---|---|
| 81 | 重庆石油高等专科学校 | 3 615.20 |
| 82 | 中国民用航空飞行学院 | 3 441.50 |
| 83 | 昆明理工大学 | 3 354.50 |
| 84 | 焦作工学院 | 3 321.10 |
| 85 | 成都信息工程学院 | 3 316.70 |
| 86 | 福州大学 | 3 306.60 |
| 87 | 河北建筑科技学院 | 3 250.60 |
| 88 | 河南科技大学 | 3 229.40 |
| 89 | 上海应用技术学院 | 3 139.50 |
| 90 | 苏州科技学院 | 3 113.70 |
| 91 | 西南科技大学 | 3 104.60 |
| 92 | 青岛建筑工程学院 | 3 084.70 |
| 93 | 南京邮电学院 | 3 002.80 |
| 94 | 西安邮电学院 | 2 877.60 |
| 95 | 华侨大学 | 2 838.10 |
| 96 | 浙江工业大学 | 2 544.80 |
| 97 | 广东工业大学 | 2 388.80 |
| 98 | 天津城市建设学院 | 2 253.90 |
| 99 | 西安科技学院 | 2 251.10 |
| 100 | 河北理工学院 | 2 236.00 |

**附表 3　全国农林类院校按收入总额情况排名**

2003 年 12 月 31 日　　　　单位:万元

| 序号 | 学校名称 | 校办产业收入总额 |
|---|---|---|
| 1 | 沈阳农业大学 | 28 242.60 |
| 2 | 中国农业大学 | 18 317.00 |
| 3 | 湖南农业大学 | 14 711.60 |
| 4 | 郑州牧业工程高等专科学校 | 13 884.10 |
| 5 | 华南农业大学 | 13 700.60 |
| 6 | 北京林业大学 | 12 388.70 |
| 7 | 四川农业大学 | 9 640.40 |
| 8 | 南京农业大学 | 9 032.10 |
| 9 | 西南农业大学 | 6 633.80 |

**续附表 3**

| 序号 | 学校名称 | 校办产业收入总额 |
|---|---|---|
| 10 | 东北林业大学 | 6 544.60 |
| 11 | 西北农林科技大学 | 5 912.70 |
| 12 | 华南热带农业大学 | 5 383.30 |
| 13 | 山东农业大学 | 4 940.00 |
| 14 | 东北农业大学 | 3 462.40 |
| 15 | 河南农业大学 | 3 222.60 |
| 16 | 南京林业大学 | 3 043.50 |
| 17 | 新疆农业大学 | 2 130.30 |
| 18 | 中南林学院 | 1 985.20 |
| 19 | 甘肃农业大学 | 1 815.40 |
| 20 | 湛江海洋大学 | 1 647.80 |
| 21 | 安徽农业大学 | 1 463.20 |
| 22 | 江西农业大学 | 1 257.00 |
| 23 | 河北农业大学 | 1 007.20 |
| 24 | 黑龙江八一农垦大学 | 903.80 |
| 25 | 华中农业大学 | 852.40 |
| 26 | 福建农林大学 | 815.20 |
| 27 | 广西农业学校 | 730.00 |
| 28 | 山西农业大学 | 636.50 |
| 29 | 广西林业学校 | 571.80 |
| 30 | 浙江海洋学院 | 566.50 |
| 31 | 内蒙古农业大学 | 466.10 |
| 32 | 北京农学院 | 416.60 |
| 33 | 吉林农业大学 | 402.80 |
| 34 | 云南农业大学 | 387.70 |
| 35 | 塔里木农垦大学 | 302.80 |
| 36 | 西昌农业高等专科学校 | 297.00 |
| 37 | 吉林特产高等专科学校 | 260.80 |
| 38 | 上海水产大学 | 230.30 |
| 39 | 大连水产学院 | 140.60 |
| 40 | 仲恺农业技术学院 | 89.70 |

### 附表4　全国医药类院校按收入总额情况排名

2003年12月31日　　　　单位:万元

| 序号 | 学校名称 | 校办产业收入总额 |
|---|---|---|
| 1 | 江西中医学院 | 114 148.80 |
| 2 | 中国协和医科大学 | 30 735.40 |
| 3 | 中国药科大学 | 17 642.50 |
| 4 | 海南医学院 | 11 608.80 |
| 5 | 重庆医科大学 | 11 219.40 |
| 6 | 南京中医药大学 | 10 389.30 |
| 7 | 安徽中医学院 | 9 696.90 |
| 8 | 哈尔滨医科大学 | 6 257.80 |
| 9 | 成都中医药大学 | 6 183.80 |
| 10 | 锦州医学院 | 6 125.60 |
| 11 | 中国医科大学 | 5 027.20 |
| 12 | 北京中医药大学 | 4 796.00 |
| 13 | 广西中医学院 | 4 578.40 |
| 14 | 河北医科大学 | 4 330.30 |
| 15 | 浙江中医学院 | 4 022.10 |
| 16 | 安徽医科大学 | 3 487.90 |
| 17 | 大连医科大学 | 2 882.60 |
| 18 | 上海第二医科大学 | 2 624.70 |
| 19 | 广州医学院 | 2 557.20 |
| 20 | 陕西中医学院 | 2 460.30 |
| 21 | 长春中医学院 | 2 316.90 |
| 22 | 天津中医学院 | 2 131.70 |
| 23 | 首都医科大学 | 2 102.40 |
| 24 | 南京医科大学 | 1 559.20 |
| 25 | 山东中医药大学 | 1 442.10 |
| 26 | 广州中医药大学 | 1 394.30 |
| 27 | 广西医科大学 | 1 273.30 |
| 28 | 郧阳医学院 | 1 187.10 |
| 29 | 山西医科大学 | 939.80 |
| 30 | 西藏藏医学院 | 917.30 |
| 31 | 川北医学院 | 916.30 |
| 32 | 天津医科大学 | 808.70 |

**续附表 4**

| 序号 | 学　校　名　称 | 校办产业收入总额 |
|---|---|---|
| 33 | 湖南中医学院 | 726.10 |
| 34 | 辽宁中医学院 | 705.40 |
| 35 | 福建中医学院 | 650.40 |
| 36 | 沈阳药科大学 | 634.60 |
| 37 | 华北煤炭医学院 | 599.40 |
| 38 | 云南中医学院 | 555.80 |
| 39 | 上海中医药大学 | 551.80 |
| 40 | 福建医科大学 | 520.90 |
| 41 | 新疆医科大学 | 318.70 |
| 42 | 贵阳中医学院 | 303.70 |
| 43 | 新疆维吾尔医学专科学校 | 252.70 |
| 44 | 济宁医学院 | 247.10 |
| 45 | 广东医学院 | 236.90 |
| 46 | 右江民族医学院 | 215.60 |
| 47 | 徐州医学院 | 129.10 |
| 48 | 泸州医学院 | 96.50 |
| 49 | 兰州医学院 | 91.80 |
| 50 | 江西医学院上饶分院 | 87.30 |
| 51 | 齐齐哈尔医学院 | 73.90 |
| 52 | 蚌埠医学院 | 70.10 |
| 53 | 承德医学院 | 60.70 |
| 54 | 泰山医学院 | 59.00 |
| 55 | 滨州医学院 | 51.00 |
| 56 | 广东药学院 | 41.00 |
| 57 | 潍坊医学院 | 35.00 |
| 58 | 河南中医学院 | 23.30 |
| 59 | 昆明医学院 | 11.50 |
| 60 | 长治医学院 | 8.10 |

**附表 5　全国师范类院校按收入总额情况排名前 80 强**

2003 年 12 月 31 日　　单位:万元

| 序号 | 学　校　名　称 | 校办产业收入总额 |
|---|---|---|
| 1 | 北京师范大学 | 38 959.10 |

**续附表 5**

| 序号 | 学 校 名 称 | 校办产业收入总额 |
|---|---|---|
| 2 | 华东师范大学 | 28 461.40 |
| 3 | 广西师范大学 | 26 510.70 |
| 4 | 南京师范大学 | 24 442.80 |
| 5 | 山西师范大学 | 17 486.50 |
| 6 | 上海师范大学 | 13 889.10 |
| 7 | 东北师范大学 | 11 551.30 |
| 8 | 华中师范大学 | 11 304.50 |
| 9 | 陕西师范大学 | 9 276.00 |
| 10 | 天津师范大学 | 7 409.90 |
| 11 | 西南师范大学 | 6 984.40 |
| 12 | 华南师范大学 | 6 860.20 |
| 13 | 辽宁师范大学 | 6 393.20 |
| 14 | 首都师范大学 | 4 763.90 |
| 15 | 四川师范学院 | 4 078.10 |
| 16 | 烟台师范学院 | 3 762.90 |
| 17 | 徐州师范大学 | 3 391.00 |
| 18 | 湖南师范大学 | 3 308.70 |
| 19 | 贵州师范大学 | 2 750.10 |
| 20 | 西北师范大学 | 2 720.90 |
| 21 | 天津职业技术师范学院 | 2 506.60 |
| 22 | 四川师范大学 | 1 948.80 |
| 23 | 河北师范大学 | 1 706.70 |
| 24 | 河南师范大学 | 1 694.10 |
| 25 | 滨州师范专科学校 | 1 572.50 |
| 26 | 黄冈师范学院 | 1 508.60 |
| 27 | 乐山师范学院 | 1 402.50 |
| 28 | 绵阳师范学院 | 1 389.80 |
| 29 | 云南师范大学 | 1 335.00 |
| 30 | 盐城师范学院 | 1 272.70 |
| 31 | 湛江师范学院 | 1 124.20 |
| 32 | 福建师范大学 | 1 080.10 |
| 33 | 杭州师范学院 | 1 042.80 |
| 34 | 枣庄师范专科学校 | 964.10 |

**续附表 5**

| 序号 | 学 校 名 称 | 校办产业收入总额 |
| --- | --- | --- |
| 35 | 渭南师范学院 | 897.40 |
| 36 | 绍兴文理学院 | 870.90 |
| 37 | 山东师范大学 | 838.10 |
| 38 | 温州师范学院 | 813.60 |
| 39 | 首都体育学院 | 787.90 |
| 40 | 陕西航空职工大学 | 778.90 |
| 41 | 达县师范高等专科学校 | 667.20 |
| 42 | 新疆师范大学 | 658.40 |
| 43 | 台州学院 | 569.40 |
| 44 | 淮阴师范学院 | 564.50 |
| 45 | 自贡师范高等专科学校 | 544.10 |
| 46 | 皖西学院 | 543.70 |
| 47 | 西昌师范高等专科学校 | 535.80 |
| 48 | 海南师范学院 | 475.70 |
| 49 | 南通师范学院 | 458.90 |
| 50 | 吉林师范大学 | 453.70 |
| 51 | 榆林学院 | 430.10 |
| 52 | 安徽师范大学 | 428.40 |
| 53 | 重庆师范学院 | 417.10 |
| 54 | 太原师范学院 | 395.30 |
| 55 | 伊犁师范学院 | 382.40 |
| 56 | 曲阜师范大学 | 369.40 |
| 57 | 泉州师范学院 | 287.80 |
| 58 | 铁岭师范高等专科学校 | 286.50 |
| 59 | 安康师范专科学校 | 255.50 |
| 60 | 鞍山师范学院 | 249.90 |
| 61 | 赣南师范学院 | 249.80 |
| 62 | 康定民族师范高等专科学校 | 227.60 |
| 63 | 衡阳师范学院 | 220.70 |
| 64 | 四川教育学院 | 199.30 |
| 65 | 哈尔滨师范大学 | 158.00 |
| 66 | 宝鸡文理学院 | 149.20 |
| 67 | 长春师范学院 | 142.30 |

**续附表 5**

| 序号 | 学　校　名　称 | 校办产业收入总额 |
| --- | --- | --- |
| 68 | 黔东南民族师范高等专科学校 | 114.30 |
| 69 | 锦州师范学院 | 110.20 |
| 70 | 唐山师范学院 | 110.20 |
| 71 | 淮北煤炭师范学院 | 76.90 |
| 72 | 吕梁高等专科学校 | 62.20 |
| 73 | 广西师范学院 | 60.50 |
| 74 | 安阳师范学院 | 59.60 |
| 75 | 运城学院 | 57.30 |
| 76 | 庆阳师范高等专科学校 | 49.00 |
| 77 | 天水师范学院 | 48.40 |
| 78 | 常州技术师范学院 | 46.90 |
| 79 | 毕节师范高等专科学校 | 33.10 |
| 80 | 重庆教育学院(大专班) | 22.10 |

**附表 6　全国其他类院校按收入总额情况排名前百强**

2003 年 12 月 31 日　　　　单位:万元

| 序号 | 学　校　名　称 | 校办产业收入总额 |
| --- | --- | --- |
| 1 | 北京外国语大学 | 62 321.90 |
| 2 | 上海外国语大学 | 45 568.90 |
| 3 | 广州美术学院 | 17 391.70 |
| 4 | 中国美术学院 | 8 345.80 |
| 5 | 湖南铁道职业技术学院 | 6 825.20 |
| 6 | 东北财经大学 | 6 658.00 |
| 7 | 山东畜牧兽医职业学院 | 6 090.10 |
| 8 | 南京化工职业技术学院 | 5 452.50 |
| 9 | 鲁迅美术学院 | 5 440.70 |
| 10 | 北京第二外国语学院 | 5 269.00 |
| 11 | 北京艺术设计学院 | 5 225.20 |
| 12 | 中国政法大学 | 4 754.90 |
| 13 | 上海第二工业大学 | 4 576.20 |
| 14 | 新疆农业职业技术学院 | 4 389.00 |
| 15 | 深圳职业技术学院 | 4 142.10 |

续附表 6

| 序号 | 学　校　名　称 | 校办产业收入总额 |
| --- | --- | --- |
| 16 | 中国人民公安大学 | 4 121.40 |
| 17 | 南京工业职业技术学院 | 3 504.50 |
| 18 | 泰州职业技术学院 | 3 468.60 |
| 19 | 立信会计高等专科学校 | 3 352.60 |
| 20 | 首都经济贸易大学 | 3 258.20 |
| 21 | 广东建设职业技术学院 | 2 888.20 |
| 22 | 上海财经大学 | 2 672.20 |
| 23 | 北京语言大学 | 2 551.70 |
| 24 | 四川音乐学院 | 2 381.30 |
| 25 | 连云港职业技术学院 | 2 307.10 |
| 26 | 天津商学院 | 2 136.40 |
| 27 | 绵阳职业技术学院 | 2 091.00 |
| 28 | 武汉船舶职业技术学院 | 2 018.20 |
| 29 | 陕西工业职业技术学院 | 2 005.60 |
| 30 | 西安外国语学院 | 1 900.80 |
| 31 | 南通纺织职业技术学院 | 1 823.80 |
| 32 | 北京广播学院 | 1 628.30 |
| 33 | 克拉玛依职业技术学院 | 1 583.30 |
| 34 | 永州职业技术学院 | 1 462.20 |
| 35 | 徐州建筑职业技术学院 | 1 451.20 |
| 36 | 山东纺织职业学院 | 1 334.50 |
| 37 | 苏州农业职业技术学院 | 1 293.10 |
| 38 | 上海体育学院 | 1 250.80 |
| 39 | 南京交通职业技术学院 | 1 158.70 |
| 40 | 西京职业学院 | 1 143.90 |
| 41 | 西南财经大学 | 1 110.20 |
| 42 | 成都体育学院 | 1 105.50 |
| 43 | 贵州航天职业技术学院 | 1 098.00 |
| 44 | 北京青年政治学院 | 1 094.50 |
| 45 | 广东外语外贸大学 | 1 093.80 |
| 46 | 南京艺术学院 | 1 087.20 |
| 47 | 西南民族学院 | 1 086.00 |

**续附表 6**

| 序号 | 学　校　名　称 | 校办产业收入总额 |
|---|---|---|
| 48 | 北京工业职业技术学院 | 1 070.30 |
| 49 | 四川交通职业技术学院 | 1 055.50 |
| 50 | 四川机电职业技术学院 | 1 049.90 |
| 51 | 无锡职业技术学院 | 1 029.80 |
| 52 | 大连外国语学院 | 987.50 |
| 53 | 湖北职业技术学院 | 934.30 |
| 54 | 西北民族学院 | 916.30 |
| 55 | 江苏农林职业技术学院 | 900.00 |
| 56 | 重庆商学院 | 867.60 |
| 57 | 江西财经大学 | 865.00 |
| 58 | 天津外国语学院 | 854.90 |
| 59 | 西安航空职业技术学院 | 780.00 |
| 60 | 上海音乐学院 | 757.80 |
| 61 | 四川建筑职业技术学院 | 745.50 |
| 62 | 成都航空职业技术学院 | 664.80 |
| 63 | 天津现代职业技术学院 | 637.90 |
| 64 | 邢台职业技术学院 | 637.60 |
| 65 | 中央音乐学院 | 571.70 |
| 66 | 江苏畜牧兽医职业技术学院 | 563.20 |
| 67 | 四川美术学院 | 562.70 |
| 68 | 包头职业技术学院 | 561.50 |
| 69 | 北京电影学院 | 560.30 |
| 70 | 西安音乐学院 | 537.10 |
| 71 | 兰州石化职业技术学院 | 524.40 |
| 72 | 天津音乐学院 | 496.10 |
| 73 | 沈阳体育学院 | 482.50 |
| 74 | 重庆工业职业技术学院 | 480.20 |
| 75 | 云南财贸学院 | 471.90 |
| 76 | 武汉职业技术学院 | 445.10 |
| 77 | 广东交通职业技术学院 | 441.60 |
| 78 | 新疆交通学校 | 433.30 |
| 79 | 贵州商业高等专科学校 | 418.00 |

**续附表 6**

| 序号 | 学 校 名 称 | 校办产业收入总额 |
|---|---|---|
| 80 | 江西现代职业技术学院 | 410.50 |
| 81 | 四川外语学院 | 388.80 |
| 82 | 辽宁财政高等专科学校 | 361.70 |
| 83 | 南通航运职业技术学院 | 349.30 |
| 84 | 江西环境工程职业学院 | 302.20 |
| 85 | 北京轻工职业技术学院 | 299.30 |
| 86 | 对外经济贸易大学 | 298.60 |
| 87 | 西北政法学院 | 292.00 |
| 88 | 重庆电子职业技术学院 | 273.00 |
| 89 | 广东轻工职业技术学院 | 268.30 |
| 90 | 中南财经政法大学 | 267.80 |
| 91 | 天津渤海职业技术学院 | 260.90 |
| 92 | 新疆巴音郭楞职业技术学院 | 259.30 |
| 93 | 四川电力职业技术学院 | 239.60 |
| 94 | 湖南商学院 | 234.60 |
| 95 | 广东公安高等专科学校 | 233.00 |
| 96 | 四川工程职业技术学院 | 227.00 |
| 97 | 陕西交通职业技术学院 | 217.50 |
| 98 | 四川职业技术学院 | 210.70 |
| 99 | 山东体育学院 | 210.30 |
| 100 | 辽宁警官高等专科学校 | 204.70 |

**附表 7 全国综合类院校按实现利润总额情况排名前 40 强**

2003 年 12 月 31 日 单位:万元

| 序号 | 学 校 名 称 | 校办产业利润总额 |
|---|---|---|
| 1 | 北京大学 | 71 641.60 |
| 2 | 复旦大学 | 19 670.60 |
| 3 | 浙江大学 | 17 851.80 |
| 4 | 武汉大学 | 9 333.80 |
| 5 | 中国人民大学 | 6 199.50 |
| 6 | 中山大学 | 5 220.50 |
| 7 | 南京大学 | 5 216.50 |

**续附表 7**

| 序号 | 学校名称 | 校办产业利润总额 |
|---|---|---|
| 8 | 郑州大学 | 4 910.60 |
| 9 | 山东大学 | 4 722.70 |
| 10 | 四川大学 | 3 792.20 |
| 11 | 扬州大学 | 2 899.10 |
| 12 | 吉林大学 | 2 684.70 |
| 13 | 上海大学 | 2 528.40 |
| 14 | 苏州大学 | 2 303.10 |
| 15 | 厦门大学 | 2 121.30 |
| 16 | 黑龙江大学 | 1 420.40 |
| 17 | 河北大学 | 742.10 |
| 18 | 孝感学院 | 699.00 |
| 19 | 广西大学 | 652.60 |
| 20 | 上海电视大学 | 589.70 |
| 21 | 辽宁大学 | 565.30 |
| 22 | 集美大学 | 534.20 |
| 23 | 江苏大学 | 386.30 |
| 24 | 广州大学 | 382.40 |
| 25 | 新疆大学 | 358.00 |
| 26 | 暨南大学 | 355.60 |
| 27 | 宁波大学 | 333.40 |
| 28 | 安徽大学 | 291.90 |
| 29 | 江南大学 | 287.80 |
| 30 | 延边大学 | 270.90 |
| 31 | 兰州大学 | 215.50 |
| 32 | 潍坊学院 | 142.50 |
| 33 | 攀枝花学院 | 126.00 |
| 34 | 茂名学院 | 86.10 |
| 35 | 山西大学 | 83.10 |
| 36 | 海南大学 | 70.00 |
| 37 | 佳木斯大学 | 67.20 |
| 38 | 湘潭大学 | 45.90 |
| 39 | 贵州大学 | 33.70 |
| 40 | 河西学院 | 32.90 |

**附表 8　全国工科类院校按实现利润总额情况排名前百强**

2003 年 12 月 31 日　　　　单位:万元

| 序号 | 学校名称 | 校办产业利润总额 |
|---|---|---|
| 1 | 清华大学 | 51 199.90 |
| 2 | 上海交通大学 | 24 343.60 |
| 3 | 西安交通大学 | 17 350.40 |
| 4 | 同济大学 | 12 069.60 |
| 5 | 东南大学 | 10 825.90 |
| 6 | 东北大学 | 10 377.00 |
| 7 | 哈尔滨工业大学 | 9 517.60 |
| 8 | 华北电力大学 | 8 239.20 |
| 9 | 华中科技大学 | 6 791.50 |
| 10 | 石油大学(华东) | 6 540.60 |
| 11 | 中国地质大学 | 4 963.00 |
| 12 | 重庆大学 | 4 567.50 |
| 13 | 北京理工大学 | 4 361.60 |
| 14 | 北京科技大学 | 4 135.40 |
| 15 | 太原理工大学 | 3 286.50 |
| 16 | 南京理工大学 | 3 272.90 |
| 17 | 大连理工大学 | 3 258.20 |
| 18 | 南京航空航天大学 | 3 024.10 |
| 19 | 华南理工大学 | 2 595.10 |
| 20 | 湖南理工学院 | 2 433.00 |
| 21 | 电子科技大学 | 2 408.90 |
| 22 | 上海海运学院 | 2 352.80 |
| 23 | 南京工业大学 | 2 255.90 |
| 24 | 南京工程学院 | 2 136.00 |
| 25 | 华东理工大学 | 1 579.40 |
| 26 | 燕山大学 | 1 413.60 |
| 27 | 大连海事大学 | 1 364.40 |
| 28 | 河海大学 | 1 264.20 |
| 29 | 西南交通大学 | 1 212.30 |
| 30 | 中南大学 | 1 188.00 |
| 31 | 北京建筑工程学院 | 1 120.70 |
| 32 | 东华大学 | 1 032.40 |

**续附表 8**

| 序号 | 学 校 名 称 | 校办产业利润总额 |
| --- | --- | --- |
| 33 | 湖南大学 | 992.20 |
| 34 | 合肥工业大学 | 967.90 |
| 35 | 西安建筑科技大学 | 855.20 |
| 36 | 天津工业大学 | 849.80 |
| 37 | 天津理工学院 | 839.70 |
| 38 | 中国科学技术大学 | 784.60 |
| 39 | 西安电子科技大学 | 783.10 |
| 40 | 西安邮电学院 | 757.20 |
| 41 | 中国海洋大学 | 743.80 |
| 42 | 中国矿业大学 | 743.80 |
| 43 | 安徽工业大学 | 734.00 |
| 44 | 沈阳航空工业学院 | 704.50 |
| 45 | 成都理工大学 | 625.10 |
| 46 | 北京工业大学 | 594.70 |
| 47 | 武汉科技大学 | 487.80 |
| 48 | 福州大学 | 454.30 |
| 49 | 东莞理工学院 | 449.80 |
| 50 | 华侨大学 | 415.90 |
| 51 | 北京信息工程学院 | 407.90 |
| 52 | 鞍山科技大学 | 395.90 |
| 53 | 常州工学院 | 386.70 |
| 54 | 大庆石油学院 | 384.20 |
| 55 | 西北工业大学 | 380.60 |
| 56 | 福建工程学院 | 380.30 |
| 57 | 南京邮电学院 | 373.00 |
| 58 | 北京化工大学 | 371.50 |
| 59 | 武汉理工大学 | 363.00 |
| 60 | 西南石油学院 | 357.00 |
| 61 | 零陵学院 | 352.00 |
| 62 | 上海理工大学 | 348.00 |
| 63 | 西安理工大学 | 296.20 |
| 64 | 华东船舶工业学院 | 271.20 |
| 65 | 华北工学院 | 269.50 |
| 66 | 重庆邮电学院 | 267.30 |

**续附表 8**

| 序号 | 学校名称 | 校办产业利润总额 |
|---|---|---|
| 67 | 长安大学 | 259.10 |
| 68 | 兰州铁道学院 | 252.90 |
| 69 | 河北理工学院 | 247.60 |
| 70 | 成都信息工程学院 | 246.00 |
| 71 | 北京航空航天大学 | 234.10 |
| 72 | 北京交通大学 | 224.40 |
| 73 | 焦作工学院 | 220.90 |
| 74 | 重庆石油高等专科学校 | 219.30 |
| 75 | 甘肃工业大学 | 216.00 |
| 76 | 上海工程技术大学 | 214.10 |
| 77 | 山东科技大学 | 209.50 |
| 78 | 辽宁工学院 | 206.60 |
| 79 | 中国地质大学(北京) | 193.90 |
| 80 | 安徽理工大学 | 180.50 |
| 81 | 山东交通学院 | 175.50 |
| 82 | 昆明理工大学 | 174.40 |
| 83 | 武汉工业学院 | 166.90 |
| 84 | 哈尔滨工程大学 | 145.90 |
| 85 | 石油大学 | 144.90 |
| 86 | 南通职业大学 | 127.90 |
| 87 | 河南科技大学 | 117.60 |
| 88 | 浙江工业大学 | 116.60 |
| 89 | 南华大学 | 113.30 |
| 90 | 吉林建筑工程学院 | 110.70 |
| 91 | 武汉化工学院 | 107.10 |
| 92 | 北京机械工业学院 | 103.30 |
| 93 | 吉林化工学院 | 98.00 |
| 94 | 四川烹饪高等专科学校 | 98.00 |
| 95 | 沈阳建筑工程学院 | 97.60 |
| 96 | 西南科技大学 | 86.10 |
| 97 | 本溪冶金高等专科学校 | 85.60 |
| 98 | 大连铁道学院 | 84.90 |
| 99 | 辽宁工程技术大学 | 81.90 |
| 100 | 湖北汽车工业学院 | 81.60 |

**附表9　全国农林类院校按实现利润总额情况排名前25强**

2003年12月31日　　　　单位：万元

| 序号 | 学 校 名 称 | 校办产业利润总额 |
|---|---|---|
| 1 | 沈阳农业大学 | 8 868.40 |
| 2 | 北京林业大学 | 1 492.70 |
| 3 | 华南农业大学 | 1 065.80 |
| 4 | 东北林业大学 | 1 021.20 |
| 5 | 中国农业大学 | 966.60 |
| 6 | 南京农业大学 | 927.30 |
| 7 | 四川农业大学 | 835.40 |
| 8 | 华南热带农业大学 | 668.10 |
| 9 | 广西农业学校 | 571.20 |
| 10 | 西北农林科技大学 | 464.80 |
| 11 | 湖南农业大学 | 460.50 |
| 12 | 山东农业大学 | 248.70 |
| 13 | 湛江海洋大学 | 248.50 |
| 14 | 华中农业大学 | 174.00 |
| 15 | 甘肃农业大学 | 164.60 |
| 16 | 西昌农业高等专科学校 | 149.60 |
| 17 | 河北农业大学 | 129.60 |
| 18 | 西南农业大学 | 120.10 |
| 19 | 安徽农业大学 | 88.00 |
| 20 | 南京林业大学 | 66.60 |
| 21 | 黑龙江八一农垦大学 | 65.40 |
| 22 | 内蒙古农业大学 | 61.90 |
| 23 | 郑州牧业工程高等专科学校 | 40.00 |
| 24 | 新疆农业大学 | 34.20 |
| 25 | 广西林业学校 | 31.10 |

**附表10　全国医药类院校按实现利润总额情况排名前40强**

2003年12月31日　　　　单位：万元

| 序号 | 学 校 名 称 | 校办产业利润总额 |
|---|---|---|
| 1 | 江西中医学院 | 7 004.80 |
| 2 | 中国协和医科大学 | 5 203.60 |
| 3 | 北京中医药大学 | 976.90 |

**续附表 10**

| 序号 | 学 校 名 称 | 校办产业利润总额 |
|---|---|---|
| 4 | 锦州医学院 | 870.50 |
| 5 | 广西中医学院 | 523.50 |
| 6 | 重庆医科大学 | 521.30 |
| 7 | 上海第二医科大学 | 516.20 |
| 8 | 哈尔滨医科大学 | 514.90 |
| 9 | 西藏藏医学院 | 497.10 |
| 10 | 中国医科大学 | 477.70 |
| 11 | 河北医科大学 | 419.70 |
| 12 | 南京医科大学 | 336.90 |
| 13 | 山西医科大学 | 304.10 |
| 14 | 成都中医药大学 | 287.00 |
| 15 | 陕西中医学院 | 279.30 |
| 16 | 广州医学院 | 242.10 |
| 17 | 川北医学院 | 229.60 |
| 18 | 安徽中医学院 | 172.30 |
| 19 | 海南医学院 | 119.40 |
| 20 | 广西医科大学 | 117.70 |
| 21 | 浙江中医学院 | 102.60 |
| 22 | 新疆维吾尔医学专科学校 | 99.60 |
| 23 | 大连医科大学 | 82.20 |
| 24 | 泸州医学院 | 75.00 |
| 25 | 蚌埠医学院 | 52.20 |
| 26 | 滨州医学院 | 47.00 |
| 27 | 长春中医学院 | 45.90 |
| 28 | 济宁医学院 | 34.40 |
| 29 | 福建医科大学 | 33.30 |
| 30 | 云南中医学院 | 29.00 |
| 31 | 上海中医药大学 | 28.60 |
| 32 | 右江民族医学院 | 27.30 |
| 33 | 徐州医学院 | 5.60 |
| 34 | 潍坊医学院 | 5.50 |
| 35 | 昆明医学院 | 4.70 |
| 36 | 齐齐哈尔医学院 | 3.80 |

续附表 10

| 序号 | 学　校　名　称 | 校办产业利润总额 |
|---|---|---|
| 37 | 江西医学院上饶分院 | 3.60 |
| 38 | 郧阳医学院 | 2.80 |
| 39 | 长治医学院 | 0.60 |
| 40 | 广东药学院 | 0.60 |

**附表 11　全国师范类院校按实现利润总额情况排名前 50 强**

2003 年 12 月 31 日　　　　单位:万元

| 序号 | 学　校　名　称 | 校办产业利润总额 |
|---|---|---|
| 1 | 北京师范大学 | 8 112.60 |
| 2 | 山西师范大学 | 4 462.20 |
| 3 | 广西师范大学 | 4 185.50 |
| 4 | 华东师范大学 | 3 599.00 |
| 5 | 南京师范大学 | 1 764.00 |
| 6 | 陕西师范大学 | 1 705.70 |
| 7 | 西南师范大学 | 1 483.80 |
| 8 | 湖南师范大学 | 964.00 |
| 9 | 上海师范大学 | 835.40 |
| 10 | 华中师范大学 | 813.20 |
| 11 | 辽宁师范大学 | 764.50 |
| 12 | 四川师范学院 | 759.00 |
| 13 | 四川师范大学 | 693.50 |
| 14 | 东北师范大学 | 673.20 |
| 15 | 西北师范大学 | 550.90 |
| 16 | 天津师范大学 | 499.00 |
| 17 | 华南师范大学 | 378.40 |
| 18 | 乐山师范学院 | 315.30 |
| 19 | 河北师范大学 | 282.80 |
| 20 | 首都师范大学 | 278.30 |
| 21 | 太原师范学院 | 239.50 |
| 22 | 盐城师范学院 | 188.20 |
| 23 | 黄冈师范学院 | 171.10 |
| 24 | 福建师范大学 | 132.90 |
| 25 | 天津职业技术师范学院 | 125.70 |

**续附表 11**

| 序号 | 学 校 名 称 | 校办产业利润总额 |
|---|---|---|
| 26 | 渭南师范学院 | 112.90 |
| 27 | 四川教育学院 | 106.80 |
| 28 | 绵阳师范学院 | 106.00 |
| 29 | 枣庄师范专科学校 | 105.00 |
| 30 | 滨州师范专科学校 | 92.30 |
| 31 | 达县师范高等专科学校 | 91.50 |
| 32 | 自贡师范高等专科学校 | 89.40 |
| 33 | 云南师范大学 | 71.90 |
| 34 | 唐山师范学院 | 55.00 |
| 35 | 榆林学院 | 52.30 |
| 36 | 泉州师范学院 | 51.80 |
| 37 | 贵州师范大学 | 48.70 |
| 38 | 湛江师范学院 | 47.40 |
| 39 | 安徽师范大学 | 46.00 |
| 40 | 台州学院 | 41.00 |
| 41 | 皖西学院 | 40.10 |
| 42 | 南通师范学院 | 35.60 |
| 43 | 康定民族师范高等专科学校 | 32.40 |
| 44 | 温州师范学院 | 25.90 |
| 45 | 杭州师范学院 | 25.10 |
| 46 | 毕节师范高等专科学校 | 23.50 |
| 47 | 陕西航空职工大学 | 22.10 |
| 48 | 赣南师范学院 | 21.20 |
| 49 | 首都体育学院 | 18.50 |
| 50 | 吉林师范大学 | 15.80 |

**附表 12　全国其他类院校按实现利润总额情况排名前百强**

2003 年 12 月 31 日　　　　单位:万元

| 序号 | 学 校 名 称 | 校办产业利润总额 |
|---|---|---|
| 1 | 北京外国语大学 | 17 966.30 |
| 2 | 上海外国语大学 | 13 890.90 |
| 3 | 鲁迅美术学院 | 4 002.30 |
| 4 | 中国政法大学 | 1 693.20 |

续附表 12

| 序号 | 学 校 名 称 | 校办产业利润总额 |
| --- | --- | --- |
| 5 | 东北财经大学 | 1 258.10 |
| 6 | 北京语言大学 | 1 186.70 |
| 7 | 立信会计高等专科学校 | 860.30 |
| 8 | 深圳职业技术学院 | 747.90 |
| 9 | 上海财经大学 | 656.20 |
| 10 | 湖南铁道职业技术学院 | 644.90 |
| 11 | 西南民族学院 | 448.20 |
| 12 | 北京广播学院 | 438.90 |
| 13 | 南京交通职业技术学院 | 368.70 |
| 14 | 大连外国语学院 | 321.20 |
| 15 | 南京工业职业技术学院 | 301.80 |
| 16 | 首都经济贸易大学 | 297.90 |
| 17 | 绵阳职业技术学院 | 254.00 |
| 18 | 西南财经大学 | 245.20 |
| 19 | 新疆农业职业技术学院 | 239.90 |
| 20 | 山东畜牧兽医职业学院 | 229.10 |
| 21 | 连云港职业技术学院 | 220.00 |
| 22 | 苏州农业职业技术学院 | 181.20 |
| 23 | 上海体育学院 | 177.20 |
| 24 | 泰州职业技术学院 | 173.90 |
| 25 | 成都体育学院 | 162.40 |
| 26 | 北京轻工职业技术学院 | 157.70 |
| 27 | 四川音乐学院 | 155.90 |
| 28 | 四川交通职业技术学院 | 141.00 |
| 29 | 邢台职业技术学院 | 138.30 |
| 30 | 新疆交通学校 | 0134.20 |
| 31 | 中国人民公安大学 | 122.10 |
| 32 | 南京化工职业技术学院 | 120.40 |
| 33 | 西安外国语学院 | 118.10 |
| 34 | 山东纺织职业学院 | 113.00 |
| 35 | 江苏农林职业技术学院 | 110.00 |
| 36 | 四川职业技术学院 | 109.40 |
| 37 | 中南财经政法大学 | 109.30 |

**续附表 12**

| 序号 | 学 校 名 称 | 校办产业利润总额 |
| --- | --- | --- |
| 38 | 西北民族学院 | 104.50 |
| 39 | 四川机电职业技术学院 | 104.50 |
| 40 | 北京工业职业技术学院 | 99.40 |
| 41 | 克拉玛依职业技术学院 | 98.20 |
| 42 | 聊城职业技术学院 | 88.50 |
| 43 | 北京第二外国语学院 | 79.80 |
| 44 | 西京职业学院 | 62.20 |
| 45 | 四川建筑职业技术学院 | 60.30 |
| 46 | 青海政法高等专科学校 | 60.00 |
| 47 | 青海警官职业学院 | 60.00 |
| 48 | 贵州商业高等专科学校 | 56.00 |
| 49 | 成都航空职业技术学院 | 45.40 |
| 50 | 北京青年政治学院 | 42.30 |
| 51 | 重庆电子职业技术学院 | 36.90 |
| 52 | 邯郸职业技术学院 | 35.40 |
| 53 | 广西民族学院 | 34.80 |
| 54 | 辽源职业技术学院 | 32.00 |
| 55 | 天津商学院 | 31.60 |
| 56 | 新疆财经学院 | 31.60 |
| 57 | 西财经大学 | 27.00 |
| 58 | 四川工程职业技术学院 | 27.00 |
| 59 | 上海戏剧学院 | 26.70 |
| 60 | 西安音乐学院 | 23.30 |
| 61 | 江西现代职业技术学院 | 22.90 |
| 62 | 无锡职业技术学院 | 20.00 |
| 63 | 杨凌职业技术学院 | 20.00 |
| 64 | 中国美术学院 | 17.50 |
| 65 | 四川外语学院 | 16.40 |
| 66 | 兰州石化职业技术学院 | 16.40 |
| 67 | 重庆职业技术学院 | 15.60 |
| 68 | 天津渤海职业技术学院 | 14.80 |
| 69 | 青海交通职业技术学院 | 14.40 |
| 70 | 江苏畜牧兽医职业技术学院 | 14.10 |

**续附表 12**

| 序号 | 学 校 名 称 | 校办产业利润总额 |
|---|---|---|
| 71 | 包头职业技术学院 | 12.10 |
| 72 | 海口经济职业技术学院 | 11.80 |
| 73 | 徐州建筑职业技术学院 | 10.80 |
| 74 | 重庆工程职业技术学院 | 10.70 |
| 75 | 广东轻工职业技术学院 | 8.60 |
| 76 | 四川电力职业技术学院 | 8.60 |
| 77 | 新疆巴音郭楞职业技术学院 | 7.80 |
| 78 | 昌吉职业技术学院 | 7.70 |
| 79 | 陕西交通职业技术学院 | 6.60 |
| 80 | 湖南环境生物职业技术学院 | 6.30 |
| 81 | 吉林电子信息职业技术学院 | 6.10 |
| 82 | 江西信息应用职业技术学院 | 6.10 |
| 83 | 永州职业技术学院 | 5.70 |
| 84 | 青海畜牧兽医职业技术学院 | 4.90 |
| 85 | 山东艺术学院 | 4.80 |
| 86 | 上海音乐学院 | 4.60 |
| 87 | 十堰职业技术学院 | 4.00 |
| 88 | 西安航空职业技术学院 | 4.00 |
| 89 | 陕西工业职业技术学院 | 3.80 |
| 90 | 西藏民族学院 | 3.60 |
| 91 | 湖北职业技术学院 | 2.90 |
| 92 | 天津工程职业技术学院 | 2.80 |
| 93 | 营口职业技术学院 | 2.50 |
| 94 | 广东建设职业技术学院 | 2.40 |
| 95 | 江西电力职业技术学院 | 2.30 |
| 96 | 达州职业技术学院 | 2.20 |
| 97 | 上海第二工业大学 | 1.80 |
| 98 | 抚顺职业技术学院 | 1.60 |
| 99 | 四川美术学院 | 1.40 |
| 100 | 对外经济贸易大学 | 1.00 |

**附表 13　全国综合类院校科技企业按收入总额情况排名前 50 强**

2003 年 12 月 31 日　　　　单位:万元

| 序号 | 学校名称 | 校办科技企业收入总额 |
|---|---|---|
| 1 | 北京大学 | 1 636 331.10 |
| 2 | 浙江大学 | 338 951.40 |
| 3 | 复旦大学 | 136 612.20 |
| 4 | 南京大学 | 96 524.40 |
| 5 | 武汉大学 | 69 440.00 |
| 6 | 山东大学 | 52 951.30 |
| 7 | 南开大学 | 41 427.20 |
| 8 | 郑州大学 | 41 390.30 |
| 9 | 四川大学 | 32 841.50 |
| 10 | 上海大学 | 24 132.50 |
| 11 | 扬州大学 | 18 504.70 |
| 12 | 中山大学 | 18 051.60 |
| 13 | 苏州大学 | 17 135.20 |
| 14 | 吉林大学 | 13 918.20 |
| 15 | 黑龙江大学 | 11 052.50 |
| 16 | 深圳大学 | 7 436.00 |
| 17 | 河北大学 | 6 993.40 |
| 18 | 江南大学 | 5 373.00 |
| 19 | 广西大学 | 5 217.20 |
| 20 | 江苏大学 | 4 779.60 |
| 21 | 南昌大学 | 4 765.80 |
| 22 | 云南大学 | 4 306.10 |
| 23 | 暨南大学 | 3 589.60 |
| 24 | 安徽大学 | 3 552.10 |
| 25 | 兰州大学 | 3 229.40 |
| 26 | 青岛大学 | 2 953.30 |
| 27 | 青岛科技大学 | 2 203.80 |
| 28 | 上海电视大学 | 1 823.90 |
| 29 | 宁波大学 | 1 509.70 |
| 30 | 石河子大学 | 1 321.50 |
| 31 | 新疆大学 | 1 158.80 |
| 32 | 中国人民大学 | 1 154.10 |

**续附表 13**

| 序号 | 学　校　名　称 | 校办科技企业收入总额 |
|---|---|---|
| 33 | 广州大学 | 1 007.20 |
| 34 | 吉首大学 | 996.20 |
| 35 | 河南大学 | 859.50 |
| 36 | 三峡大学 | 768.90 |
| 37 | 佳木斯大学 | 742.30 |
| 38 | 贵州大学 | 565.60 |
| 39 | 辽宁大学 | 562.30 |
| 40 | 大连大学 | 514.50 |
| 41 | 沈阳大学 | 428.90 |
| 42 | 山西大学 | 424.80 |
| 43 | 烟台大学 | 376.00 |
| 44 | 厦门大学 | 372.30 |
| 45 | 湘潭大学 | 360.10 |
| 46 | 内蒙古大学 | 299.10 |
| 47 | 湖北大学 | 275.30 |
| 48 | 济南大学 | 177.40 |
| 49 | 北京联合大学 | 169.30 |
| 50 | 西北大学 | 142.30 |

**附表 14　全国工科类院校科技企业按收入总额情况排名前百强**

2003 年 12 月 31 日　　　　单位:万元

| 序号 | 学　校　名　称 | 校办科技企业收入总额 |
|---|---|---|
| 1 | 清华大学 | 1 446 168.80 |
| 2 | 西安交通大学 | 257 037.90 |
| 3 | 东北大学 | 240 688.60 |
| 4 | 同济大学 | 223 489.20 |
| 5 | 上海交通大学 | 190 247.60 |
| 6 | 哈尔滨工业大学 | 153 695.10 |
| 7 | 石油大学(华东) | 139 934.40 |
| 8 | 华中科技大学 | 75 465.90 |
| 9 | 天津大学 | 66 337.60 |
| 10 | 中国地质大学 | 42 600.00 |
| 11 | 太原理工大学 | 38 560.30 |

**续附表 14**

| 序号 | 学 校 名 称 | 校办科技企业收入总额 |
| --- | --- | --- |
| 12 | 湖南理工学院 | 38 535.70 |
| 13 | 西南交通大学 | 35 146.50 |
| 14 | 中国科学技术大学 | 32 801.10 |
| 15 | 华北电力大学 | 31 654.40 |
| 16 | 哈尔滨工程大学 | 30 561.50 |
| 17 | 北京理工大学 | 29 951.00 |
| 18 | 北京科技大学 | 27 439.70 |
| 19 | 重庆大学 | 22 885.30 |
| 20 | 东华大学 | 22 456.90 |
| 21 | 东南大学 | 21 571.10 |
| 22 | 电子科技大学 | 20 431.80 |
| 23 | 南京航空航天大学 | 20 033.70 |
| 24 | 华南理工大学 | 19 938.20 |
| 25 | 华东理工大学 | 19 585.80 |
| 26 | 燕山大学 | 16 589.80 |
| 27 | 中南大学 | 16 439.50 |
| 28 | 南京工业大学 | 15 922.40 |
| 29 | 南京理工大学 | 14 618.30 |
| 30 | 南京工程学院 | 14 331.40 |
| 31 | 北京邮电大学 | 12 892.80 |
| 32 | 天津理工学院 | 12 529.00 |
| 33 | 北京工业大学 | 11 856.70 |
| 34 | 北京交通大学 | 11 382.00 |
| 35 | 安徽工业大学 | 11 219.00 |
| 36 | 北京化工大学 | 10 171.40 |
| 37 | 湖南大学 | 9 275.00 |
| 38 | 大连理工大学 | 7 444.50 |
| 39 | 中国矿业大学 | 6 824.20 |
| 40 | 沈阳工业大学 | 6 557.00 |
| 41 | 西安建筑科技大学 | 6 444.40 |
| 42 | 山东建筑工程学院 | 5 984.30 |
| 43 | 常州工学院 | 5 828.80 |
| 44 | 鞍山科技大学 | 5 741.20 |

续附表 14

| 序号 | 学 校 名 称 | 校办科技企业收入总额 |
|---|---|---|
| 45 | 合肥工业大学 | 5 622.20 |
| 46 | 武汉理工大学 | 5 391.80 |
| 47 | 大连海事大学 | 5 253.50 |
| 48 | 西北工业大学 | 5 205.20 |
| 49 | 武汉科技大学 | 5 198.90 |
| 50 | 上海理工大学 | 5 055.50 |
| 51 | 成都理工大学 | 5 040.00 |
| 52 | 西南石油学院 | 4 781.00 |
| 53 | 天津工业大学 | 4 506.70 |
| 54 | 沈阳航空工业学院 | 4 414.00 |
| 55 | 河北工业大学 | 4 369.40 |
| 56 | 长沙理工大学 | 4 268.10 |
| 57 | 长春工程学院 | 4 226.20 |
| 58 | 石油大学 | 4 061.50 |
| 59 | 甘肃工业大学 | 3 982.80 |
| 60 | 大庆石油学院 | 3 898.50 |
| 61 | 西安理工大学 | 3 787.50 |
| 62 | 西安石油学院 | 3 413.10 |
| 63 | 兰州铁道学院 | 3 305.20 |
| 64 | 山东科技大学 | 3 276.50 |
| 65 | 河海大学 | 3 215.40 |
| 66 | 河南科技大学 | 3 150.30 |
| 67 | 苏州科技学院 | 3 113.70 |
| 68 | 福州大学 | 2 935.40 |
| 69 | 西安邮电学院 | 2 877.60 |
| 70 | 焦作工学院 | 2 739.10 |
| 71 | 北京信息工程学院 | 2 589.30 |
| 72 | 大连铁道学院 | 2 540.40 |
| 73 | 中国海洋大学 | 2 335.30 |
| 74 | 河北理工学院 | 2 169.10 |
| 75 | 武汉化工学院 | 1 883.60 |
| 76 | 陕西科技大学 | 1 781.40 |
| 77 | 南华大学 | 1 777.50 |

**续附表 14**

| 序号 | 学 校 名 称 | 校办科技企业收入总额 |
|---|---|---|
| 78 | 上海工程技术大学 | 1 763.90 |
| 79 | 北京航空航天大学 | 1 617.40 |
| 80 | 长安大学 | 1 593.00 |
| 81 | 重庆邮电学院 | 1 541.50 |
| 82 | 辽宁工学院 | 1 540.40 |
| 83 | 昆明理工大学 | 1 490.50 |
| 84 | 上海应用技术学院 | 1 450.20 |
| 85 | 吉林化工学院 | 1 434.60 |
| 86 | 华东船舶工业学院 | 1 426.50 |
| 87 | 沈阳工业学院 | 1 421.40 |
| 88 | 南通工学院 | 1 412.00 |
| 89 | 上海电力学院 | 1 357.60 |
| 90 | 沈阳电力高等专科学校 | 1 354.60 |
| 91 | 南京邮电学院 | 1 354.30 |
| 92 | 北方工业大学 | 1 312.40 |
| 93 | 天津城市建设学院 | 1 240.30 |
| 94 | 成都电子机械高等专科学校 | 1 206.00 |
| 95 | 福建工程学院 | 1 141.70 |
| 96 | 长春工业大学 | 1 050.90 |
| 97 | 西安科技学院 | 1 001.00 |
| 98 | 中国地质大学(北京) | 991.70 |
| 99 | 上海海运学院 | 978.40 |
| 100 | 东北电力学院 | 955.70 |

**附表 15　全国农林类院校科技企业按收入总额情况排名前 30 强**

2003 年 12 月 31 日　　单位:万元

| 序号 | 学 校 名 称 | 校办科技企业收入总额 |
|---|---|---|
| 1 | 沈阳农业大学 | 25 747.10 |
| 2 | 湖南农业大学 | 14 505.80 |
| 3 | 郑州牧业工程高等专科学校 | 13 884.10 |
| 4 | 中国农业大学 | 12 691.90 |
| 5 | 北京林业大学 | 9 601.30 |
| 6 | 华南农业大学 | 9 094.60 |

**续附表 15**

| 序号 | 学　校　名　称 | 校办科技企业收入总额 |
|---|---|---|
| 7 | 四川农业大学 | 8 803.20 |
| 8 | 南京农业大学 | 7 341.00 |
| 9 | 山东农业大学 | 4 896.70 |
| 10 | 西北农林科技大学 | 4 736.00 |
| 11 | 西南农业大学 | 4 368.90 |
| 12 | 东北农业大学 | 3 129.70 |
| 13 | 华南热带农业大学 | 3 030.80 |
| 14 | 东北林业大学 | 2 146.50 |
| 15 | 南京林业大学 | 2 117.40 |
| 16 | 甘肃农业大学 | 1 815.40 |
| 17 | 河南农业大学 | 1 146.90 |
| 18 | 安徽农业大学 | 1 044.70 |
| 19 | 黑龙江八一农垦大学 | 763.70 |
| 20 | 广西农业学校 | 730.00 |
| 21 | 华中农业大学 | 715.70 |
| 22 | 浙江海洋学院 | 566.50 |
| 23 | 山西农业大学 | 533.50 |
| 24 | 河北农业大学 | 459.90 |
| 25 | 福建农林大学 | 392.60 |
| 26 | 云南农业大学 | 368.40 |
| 27 | 塔里木农垦大学 | 302.80 |
| 28 | 吉林农业大学 | 287.90 |
| 29 | 新疆农业大学 | 150.30 |
| 30 | 内蒙古农业大学 | 131.30 |

**附表 16　全国医药类院校科技企业按收入总额情况排名前 30 强**

2003 年 12 月 31 日　　　　单位:万元

| 序号 | 学　校　名　称 | 校办科技企业收入总额 |
|---|---|---|
| 1 | 江西中医学院 | 114 148.80 |
| 2 | 中国协和医科大学 | 28 710.90 |
| 3 | 重庆医科大学 | 11 219.40 |
| 4 | 南京中医药大学 | 6 589.20 |
| 5 | 锦州医学院 | 4 848.30 |

**续附表 16**

| 序号 | 学 校 名 称 | 校办科技企业收入总额 |
|---|---|---|
| 6 | 广西中医学院 | 4 578.40 |
| 7 | 北京中医药大学 | 4 575.60 |
| 8 | 成都中医药大学 | 3 994.90 |
| 9 | 河北医科大学 | 3 532.10 |
| 10 | 哈尔滨医科大学 | 2 646.00 |
| 11 | 陕西中医学院 | 2 460.30 |
| 12 | 中国医科大学 | 2 179.20 |
| 13 | 首都医科大学 | 1 833.20 |
| 14 | 山东中医药大学 | 1 442.10 |
| 15 | 广州医学院 | 1 089.40 |
| 16 | 山西医科大学 | 833.20 |
| 17 | 南京医科大学 | 784.70 |
| 18 | 湖南中医学院 | 726.10 |
| 19 | 天津医科大学 | 711.50 |
| 20 | 长春中医学院 | 672.00 |
| 21 | 华北煤炭医学院 | 599.40 |
| 22 | 上海中医药大学 | 548.60 |
| 23 | 大连医科大学 | 494.60 |
| 24 | 沈阳药科大学 | 460.20 |
| 25 | 福建中医学院 | 401.50 |
| 26 | 新疆医科大学 | 318.70 |
| 27 | 新疆维吾尔医学专科学校 | 252.70 |
| 28 | 广东医学院 | 236.90 |
| 29 | 济宁医学院 | 223.10 |
| 30 | 中国药科大学 | 172.50 |

**附表 17 全国师范类院校科技企业按收入总额情况排名前 30 强**

2003 年 12 月 31 日　　单位:万元

| 序号 | 学 校 名 称 | 校办科技企业收入总额 |
|---|---|---|
| 1 | 上海师范大学 | 11 418.10 |
| 2 | 华中师范大学 | 7 620.50 |
| 3 | 天津师范大学 | 6 677.50 |
| 4 | 南京师范大学 | 2 560.90 |

续附表 17

| 序号 | 学 校 名 称 | 校办科技企业收入总额 |
| --- | --- | --- |
| 5 | 华南师范大学 | 2 441.20 |
| 6 | 华东师范大学 | 2 413.80 |
| 7 | 天津职业技术师范学院 | 2 362.50 |
| 8 | 西北师范大学 | 2 057.70 |
| 9 | 四川师范大学 | 1 252.00 |
| 10 | 北京师范大学 | 1 215.90 |
| 11 | 广西师范大学 | 1 118.60 |
| 12 | 杭州师范学院 | 1 041.60 |
| 13 | 枣庄师范专科学校 | 964.10 |
| 14 | 绍兴文理学院 | 829.30 |
| 15 | 陕西航空职工大学 | 778.90 |
| 16 | 辽宁师范大学 | 778.30 |
| 17 | 东北师范大学 | 694.80 |
| 18 | 徐州师范大学 | 486.70 |
| 19 | 山东师范大学 | 425.10 |
| 20 | 盐城师范学院 | 419.60 |
| 21 | 首都体育学院 | 417.50 |
| 22 | 西南师范大学 | 338.30 |
| 23 | 太原师范学院 | 295.30 |
| 24 | 渭南师范学院 | 294.40 |
| 25 | 湖南师范大学 | 280.20 |
| 26 | 云南师范大学 | 269.00 |
| 27 | 安康师范专科学校 | 255.50 |
| 28 | 新疆师范大学 | 228.80 |
| 29 | 赣南师范学院 | 225.90 |
| 30 | 曲阜师范大学 | 187.20 |

**附表 18 全国其他类院校科技企业按收入总额情况排名前 50 强**

2003 年 12 月 31 日 单位:万元

| 序号 | 学 校 名 称 | 校办科技企业收入总额 |
| --- | --- | --- |
| 1 | 湖南铁道职业技术学院 | 6 825.20 |
| 2 | 中国美术学院 | 5 895.90 |
| 3 | 新疆农业职业技术学院 | 4 389.00 |

**续附表 18**

| 序号 | 学 校 名 称 | 校办科技企业收入总额 |
|---|---|---|
| 4 | 泰州职业技术学院 | 3 468.60 |
| 5 | 广东建设职业技术学院 | 2 888.20 |
| 6 | 武汉船舶职业技术学院 | 2 018.20 |
| 7 | 陕西工业职业技术学院 | 2 005.60 |
| 8 | 连云港职业技术学院 | 1 779.60 |
| 9 | 永州职业技术学院 | 1 462.20 |
| 10 | 徐州建筑职业技术学院 | 1 337.90 |
| 11 | 北京工业职业技术学院 | 1 070.30 |
| 12 | 西北民族学院 | 916.30 |
| 13 | 江苏农林职业技术学院 | 900.00 |
| 14 | 上海第二工业大学 | 888.00 |
| 15 | 重庆商学院 | 783.00 |
| 16 | 西安航空职业技术学院 | 780.00 |
| 17 | 苏州农业职业技术学院 | 764.60 |
| 18 | 北京外国语大学 | 718.00 |
| 19 | 四川建筑职业技术学院 | 709.80 |
| 20 | 天津现代职业技术学院 | 637.90 |
| 21 | 绵阳职业技术学院 | 616.00 |
| 22 | 天津音乐学院 | 485.50 |
| 23 | 西安音乐学院 | 451.70 |
| 24 | 新疆交通学校 | 433.30 |
| 25 | 山东畜牧兽医职业学院 | 398.50 |
| 26 | 湖北职业技术学院 | 333.10 |
| 27 | 南京化工职业技术学院 | 298.10 |
| 28 | 中南财经政法大学 | 267.80 |
| 29 | 深圳职业技术学院 | 254.80 |
| 30 | 江西环境工程职业学院 | 250.60 |
| 31 | 广东公安高等专科学校 | 233.00 |
| 32 | 上海财经大学 | 221.50 |
| 33 | 青海政法高等专科学校 | 203.00 |
| 34 | 昌吉职业技术学院 | 159.90 |
| 35 | 北京青年政治学院 | 138.10 |
| 36 | 陕西交通职业技术学院 | 136.70 |

续附表 18

| 序号 | 学 校 名 称 | 校办科技企业收入总额 |
|---|---|---|
| 37 | 四川工商职业技术学院 | 119.90 |
| 38 | 广西民族学院 | 118.30 |
| 39 | 山东纺织职业学院 | 117.70 |
| 40 | 兰州石化职业技术学院 | 102.40 |
| 41 | 首都经济贸易大学 | 101.50 |
| 42 | 立信会计高等专科学校 | 94.80 |
| 43 | 上海旅游高等专科学校 | 88.70 |
| 44 | 西南财经大学 | 76.30 |
| 45 | 中国人民公安大学 | 59.60 |
| 46 | 西藏民族学院 | 40.20 |
| 47 | 沈阳音乐学院 | 40.00 |
| 48 | 对外经济贸易大学 | 38.00 |
| 49 | 西南民族学院 | 37.10 |
| 50 | 天津电子信息职业技术学院 | 35.80 |

**附表 19　全国综合类院校科技企业按实现利润总额情况排名前 30 强**

2003 年 12 月 31 日　　单位:万元

| 序号 | 学 校 名 称 | 校办科技企业利润总额 |
|---|---|---|
| 1 | 北京大学 | 72 991.40 |
| 2 | 浙江大学 | 12 915.40 |
| 3 | 复旦大学 | 12 027.10 |
| 4 | 武汉大学 | 9 343.70 |
| 5 | 郑州大学 | 4 541.10 |
| 6 | 山东大学 | 4 519.60 |
| 7 | 南京大学 | 4 235.80 |
| 8 | 四川大学 | 3 018.20 |
| 9 | 中山大学 | 2 978.30 |
| 10 | 扬州大学 | 2 887.70 |
| 11 | 上海大学 | 1 857.60 |
| 12 | 吉林大学 | 1 505.40 |
| 13 | 黑龙江大学 | 1 018.40 |
| 14 | 苏州大学 | 821.90 |
| 15 | 江苏大学 | 543.70 |

**续附表 19**

| 序号 | 学 校 名 称 | 校办科技企业利润总额 |
|---|---|---|
| 16 | 上海电视大学 | 374.20 |
| 17 | 辽宁大学 | 363.90 |
| 18 | 广西大学 | 307.80 |
| 19 | 兰州大学 | 233.90 |
| 20 | 新疆大学 | 180.50 |
| 21 | 宁波大学 | 124.70 |
| 22 | 江南大学 | 115.90 |
| 23 | 山西大学 | 81.10 |
| 24 | 佳木斯大学 | 64.20 |
| 25 | 河北大学 | 58.50 |
| 26 | 石河子大学 | 42.20 |
| 27 | 河西学院 | 33.90 |
| 28 | 贵州大学 | 22.40 |
| 29 | 湘潭大学 | 17.40 |
| 30 | 厦门大学 | 15.40 |

**附表 20 全国工科类院校科技企业按实现利润总额情况排名前百强**

2003 年 12 月 31 日　　　　单位:万元

| 序号 | 学 校 名 称 | 校办科技企业利润总额 |
|---|---|---|
| 1 | 清华大学 | 47 432.40 |
| 2 | 上海交通大学 | 20 369.00 |
| 3 | 西安交通大学 | 17 043.20 |
| 4 | 同济大学 | 10 100.90 |
| 5 | 东北大学 | 9 906.40 |
| 6 | 哈尔滨工业大学 | 9 435.10 |
| 7 | 华北电力大学 | 8 100.20 |
| 8 | 华中科技大学 | 6 739.00 |
| 9 | 石油大学(华东) | 6 736.70 |
| 10 | 中国地质大学 | 4 963.00 |
| 11 | 北京科技大学 | 4 164.00 |
| 12 | 太原理工大学 | 3 315.90 |
| 13 | 南京航空航天大学 | 2 803.00 |
| 14 | 南京理工大学 | 2 531.50 |

**续附表 20**

| 序号 | 学　校　名　称 | 校办科技企业利润总额 |
|---|---|---|
| 15 | 湖南理工学院 | 2 433.00 |
| 16 | 华南理工大学 | 2 332.70 |
| 17 | 重庆大学 | 2 293.30 |
| 18 | 南京工业大学 | 2 230.00 |
| 19 | 电子科技大学 | 2 172.00 |
| 20 | 南京工程学院 | 1 985.00 |
| 21 | 北京理工大学 | 1 653.20 |
| 22 | 燕山大学 | 1 413.60 |
| 23 | 华东理工大学 | 1 406.50 |
| 24 | 西南交通大学 | 1 271.70 |
| 25 | 中南大学 | 1 166.20 |
| 26 | 东南大学 | 1 165.60 |
| 27 | 天津理工学院 | 872.20 |
| 28 | 大连理工大学 | 858.50 |
| 29 | 中国科学技术大学 | 821.40 |
| 30 | 中国海洋大学 | 814.90 |
| 31 | 中国矿业大学 | 802.80 |
| 32 | 西安建筑科技大学 | 798.30 |
| 33 | 东华大学 | 761.60 |
| 34 | 天津工业大学 | 761.10 |
| 35 | 西安邮电学院 | 757.20 |
| 36 | 沈阳航空工业学院 | 739.90 |
| 37 | 安徽工业大学 | 737.10 |
| 38 | 成都理工大学 | 625.10 |
| 39 | 湖南大学 | 612.80 |
| 40 | 大连海事大学 | 593,50 |
| 41 | 武汉科技大学 | 509.20 |
| 42 | 北京工业大学 | 497.10 |
| 43 | 北京交通大学 | 448.70 |
| 44 | 北京信息工程学院 | 407.10 |
| 45 | 福州大学 | 397.30 |
| 46 | 大庆石油学院 | 396.90 |
| 47 | 常州工学院 | 393.50 |

续附表 20

| 序号 | 学 校 名 称 | 校办科技企业利润总额 |
|---|---|---|
| 48 | 西安理工大学 | 338.70 |
| 49 | 上海理工大学 | 329.40 |
| 50 | 北京化工大学 | 320.50 |
| 51 | 南京邮电学院 | 310.10 |
| 52 | 哈尔滨工程大学 | 265.50 |
| 53 | 西北工业大学 | 255.00 |
| 54 | 焦作工学院 | 251.80 |
| 55 | 河北理工学院 | 244.90 |
| 56 | 华侨大学 | 233.20 |
| 57 | 成都信息工程学院 | 231.20 |
| 58 | 合肥工业大学 | 224.10 |
| 59 | 武汉理工大学 | 222.20 |
| 60 | 鞍山科技大学 | 219.90 |
| 61 | 上海工程技术大学 | 217.90 |
| 62 | 甘肃工业大学 | 212.20 |
| 63 | 山东科技大学 | 206.10 |
| 64 | 山东交通学院 | 172.00 |
| 65 | 长安大学 | 162.20 |
| 66 | 华北工学院 | 156.20 |
| 67 | 东莞理工学院 | 155.20 |
| 68 | 华东交通大学 | 141.50 |
| 69 | 辽宁工学院 | 131.40 |
| 70 | 西安电子科技大学 | 128.90 |
| 71 | 天津城市建设学院 | 127.10 |
| 72 | 河南科技大学 | 118.10 |
| 73 | 吉林化工学院 | 108.60 |
| 74 | 武汉化工学院 | 107.10 |
| 75 | 北京机械工业学院 | 103.30 |
| 76 | 福建工程学院 | 93.70 |
| 77 | 辽宁工程技术大学 | 91.50 |
| 78 | 南华大学 | 88.10 |
| 79 | 重庆邮电学院 | 82.50 |

**续附表 20**

| 序号 | 学 校 名 称 | 校办科技企业利润总额 |
| --- | --- | --- |
| 80 | 河海大学 | 78.60 |
| 81 | 桂林工学院 | 72.40 |
| 82 | 长春汽车工业高等专科学校 | 72.10 |
| 83 | 长春工程学院 | 65.20 |
| 84 | 石油大学 | 62.50 |
| 85 | 西安工程科技学院 | 62.00 |
| 86 | 长春工业大学 | 60.40 |
| 87 | 上海电力学院 | 59.40 |
| 88 | 大连铁道学院 | 59.10 |
| 89 | 长沙理工大学 | 54.30 |
| 90 | 安徽理工大学 | 49.70 |
| 91 | 南通职业大学 | 49.30 |
| 92 | 河北工业大学 | 47.40 |
| 93 | 长春理工大学 | 39.10 |
| 94 | 零陵学院 | 38.00 |
| 95 | 华东船舶工业学院 | 37.70 |
| 96 | 上海应用技术学院 | 36.60 |
| 97 | 西南石油学院 | 35.10 |
| 98 | 北方工业大学 | 35.00 |
| 99 | 陕西科技大学 | 32.80 |
| 100 | 南方冶金学院 | 32.60 |

**附表 21 全国农林类院校科技企业按实现利润总额情况排名前 20 强**

2003 年 12 月 31 日　　　　单位:万元

| 序号 | 学 校 名 称 | 校办科技企业利润总额 |
| --- | --- | --- |
| 1 | 沈阳农业大学 | 8 845.70 |
| 2 | 北京林业大学 | 1 449.70 |
| 3 | 中国农业大学 | 931.60 |
| 4 | 四川农业大学 | 792.30 |
| 5 | 南京农业大学 | 606.20 |
| 6 | 广西农业学校 | 571.20 |
| 7 | 华南农业大学 | 523.50 |

续附表 21

| 序号 | 学 校 名 称 | 校办科技企业利润总额 |
|---|---|---|
| 8 | 湖南农业大学 | 440.50 |
| 9 | 东北林业大学 | 373.00 |
| 10 | 华南热带农业大学 | 305.40 |
| 11 | 西北农林科技大学 | 298.60 |
| 12 | 山东农业大学 | 238.20 |
| 13 | 甘肃农业大学 | 164.60 |
| 14 | 华中农业大学 | 154.20 |
| 15 | 西南农业大学 | 140.00 |
| 16 | 河北农业大学 | 134.20 |
| 17 | 安徽农业大学 | 105.80 |
| 18 | 南京林业大学 | 96.50 |
| 19 | 黑龙江八一农垦大学 | 65.40 |
| 20 | 郑州牧业工程高等专科学校 | 40.00 |

**附表 22 全国医药类院校科技企业按实现利润总额情况排名前 20 强**

2003 年 12 月 31 日　　单位:万元

| 序号 | 学 校 名 称 | 校办科技企业利润总额 |
|---|---|---|
| 1 | 江西中医学院 | 7 004.80 |
| 2 | 中国协和医科大学 | 5 040.20 |
| 3 | 北京中医药大学 | 976.90 |
| 4 | 锦州医学院 | 838.00 |
| 5 | 广西中医学院 | 523.50 |
| 6 | 重庆医科大学 | 521.30 |
| 7 | 河北医科大学 | 419.70 |
| 8 | 山西医科大学 | 315.10 |
| 9 | 成都中医药大学 | 312.90 |
| 10 | 中国医科大学 | 296.40 |
| 11 | 陕西中医学院 | 279.30 |
| 12 | 南京医科大学 | 157.40 |
| 13 | 广州医学院 | 132.30 |
| 14 | 新疆维吾尔医学专科学校 | 99.60 |
| 15 | 福建医科大学 | 50.00 |

**续附表 22**

| 序号 | 学 校 名 称 | 校办科技企业利润总额 |
|---|---|---|
| 16 | 蚌埠医学院 | 45.70 |
| 17 | 济宁医学院 | 41.70 |
| 18 | 上海中医药大学 | 28.60 |
| 19 | 大连医科大学 | 23.90 |
| 20 | 齐齐哈尔医学院 | 3.80 |

**附表 23 全国师范类院校科技企业按实现利润总额情况排名前 20 强**

2003 年 12 月 31 日 单位:万元

| 序号 | 学 校 名 称 | 校办科技企业利润总额 |
|---|---|---|
| 1 | 上海师范大学 | 786.60 |
| 2 | 四川师范大学 | 679.00 |
| 3 | 华中师范大学 | 609.70 |
| 4 | 西北师范大学 | 529.80 |
| 5 | 天津师范大学 | 524.70 |
| 6 | 太原师范学院 | 234.50 |
| 7 | 天津职业技术师范学院 | 124.10 |
| 8 | 南京师范大学 | 120.20 |
| 9 | 北京师范大学 | 107.80 |
| 10 | 枣庄师范专科学校 | 105.00 |
| 11 | 辽宁师范大学 | 99.90 |
| 12 | 四川教育学院 | 73.20 |
| 13 | 渭南师范学院 | 71.70 |
| 14 | 盐城师范学院 | 57.10 |
| 15 | 西南师范大学 | 26.80 |
| 16 | 杭州师范学院 | 25.10 |
| 17 | 赣南师范学院 | 23.80 |
| 18 | 陕西航空职工大学 | 22.10 |
| 19 | 山西师范大学 | 21.00 |
| 20 | 华东师范大学 | 16.70 |

**附表 24 全国其他类院校科技企业按实现利润总额情况排名前 30 强**

2003 年 12 月 31 日　　　　单位:万元

| 序号 | 学 校 名 称 | 校办科技企业利润总额 |
|---|---|---|
| 1 | 湖南铁道职业技术学院 | 644.90 |
| 2 | 新疆农业职业技术学院 | 239.90 |
| 3 | 泰州职业技术学院 | 173.90 |
| 4 | 连云港职业技术学院 | 171.80 |
| 5 | 山东畜牧兽医职业学院 | 141.20 |
| 6 | 新疆交通学校 | 134.20 |
| 7 | 江苏农林职业技术学院 | 110.00 |
| 8 | 中南财经政法大学 | 109.30 |
| 9 | 中国美术学院 | 108.10 |
| 10 | 西北民族学院 | 104.50 |
| 11 | 北京工业职业技术学院 | 99.40 |
| 12 | 南京化工职业技术学院 | 90.90 |
| 13 | 重庆商学院 | 85.90 |
| 14 | 首都经济贸易大学 | 64.70 |
| 15 | 绵阳职业技术学院 | 61.00 |
| 16 | 青海政法高等专科学校 | 60.00 |
| 17 | 深圳职业技术学院 | 54.60 |
| 18 | 四川建筑职业技术学院 | 54.30 |
| 19 | 广西民族学院 | 34.80 |
| 20 | 北京青年政治学院 | 27.30 |
| 21 | 西安音乐学院 | 23.20 |
| 22 | 苏州农业职业技术学院 | 19.30 |
| 23 | 兰州石化职业技术学院 | 11.70 |
| 24 | 中国人民公安大学 | 7.80 |
| 25 | 昌吉职业技术学院 | 7.70 |
| 26 | 湖南环境生物职业技术学院 | 6.30 |
| 27 | 江西信息应用职业技术学院 | 6.10 |
| 28 | 永州职业技术学院 | 5.70 |
| 29 | 陕西交通职业技术学院 | 5.30 |
| 30 | 西南财经大学 | 4.60 |

# 四、2003年度全国重点院校、一般院校、高等专科院校校办产业统计分析

## 1. 全国重点院校、一般院校、高等专科院校校办产业概况

2003年度参加全国高校校办产业统计工作的共有全国32个省、自治区、直辖市、新疆生产建设兵团，共计609所普通高校的4 839个企业。其中：重点高校231家中共有企业3 477个，占全国高校上报企业数的71.85%；一般高校222家中共有企业979个，占全国高校上报企业数的20.23%；高等专科院校156家中共有企业383个，占全国高校上报企业数的7.92%。如图4-1所示。

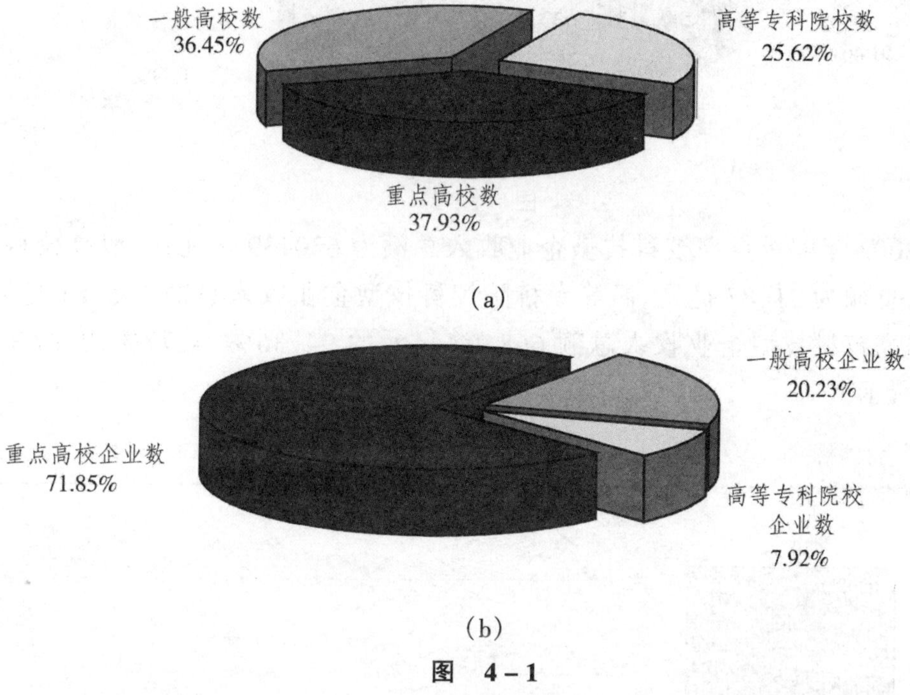


**图 4-1**

## 2. 经营状况

(1) 收入总额情况

① 2003年度重点高校校办产业收入总额为756.12亿元；一般高校校办产业收入总额为57.09亿元；高等专科院校校办产业收入总额为13.46亿元；分别占

全国高校校办产业收入总额 826.67 亿元的 91.46%、6.91%、1.63%。如图 4-2 所示。

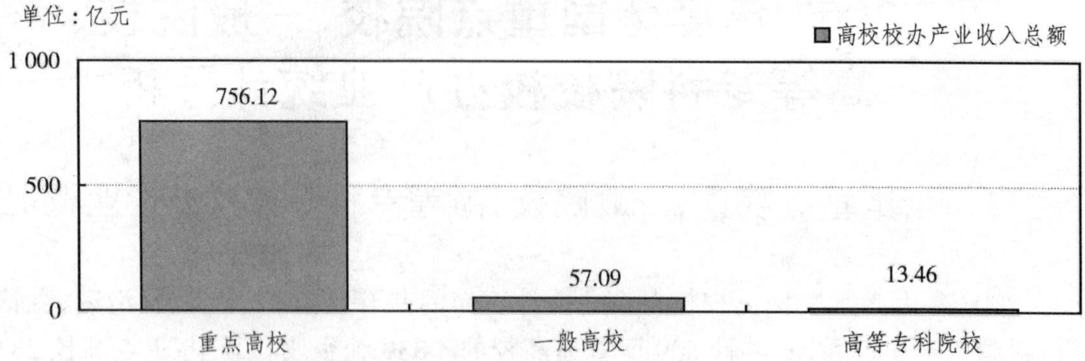


(a)

(b)

图 4-2

② 2003 年度重点高校科技型企业收入总额为 630.39 亿元；一般高校科技型企业收入总额为 31.87 亿元；高等专科院校科技型企业收入总额为 5.81 亿元；分别占全国高校科技型企业收入总额 668.07 亿元的 94.36%、4.77%、0.87%。如图 4-3 所示。

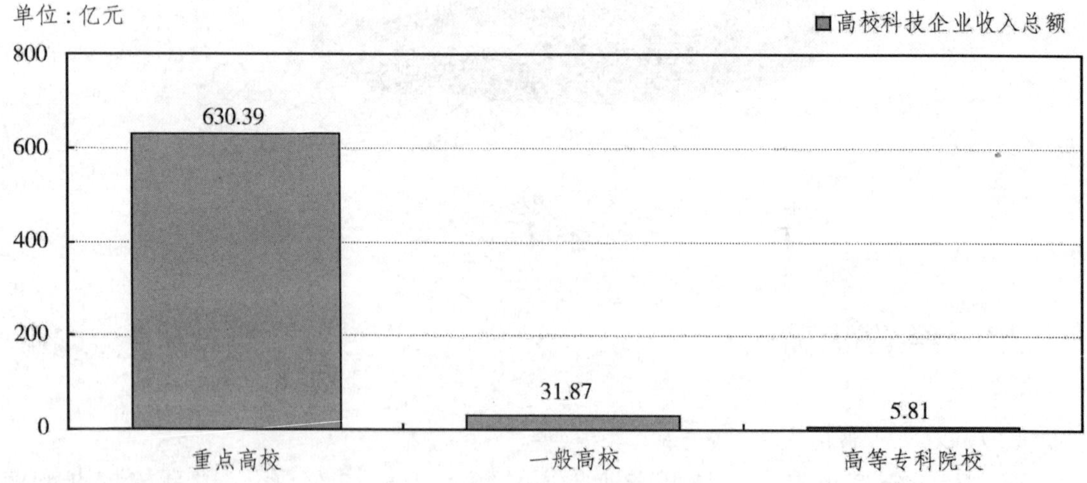


(a)

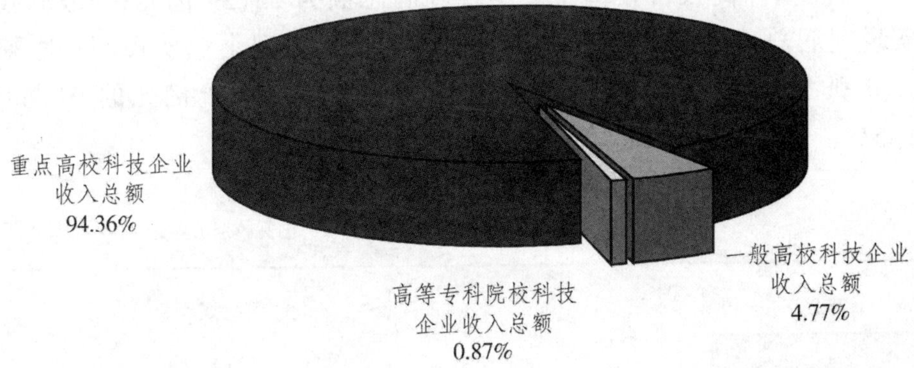


(b)

**图 4-3**

(2) 利润情况

① 2003年度重点高校校办产业实现利润总额为38.74亿元;一般高校校办产业实现利润总额为3.62亿元;高等专科院校校办产业实现利润总额为0.62亿元;分别占全国高校校办产业实现利润总额42.98亿元的90.13%、8.42%、1.45%。如图4-4所示。

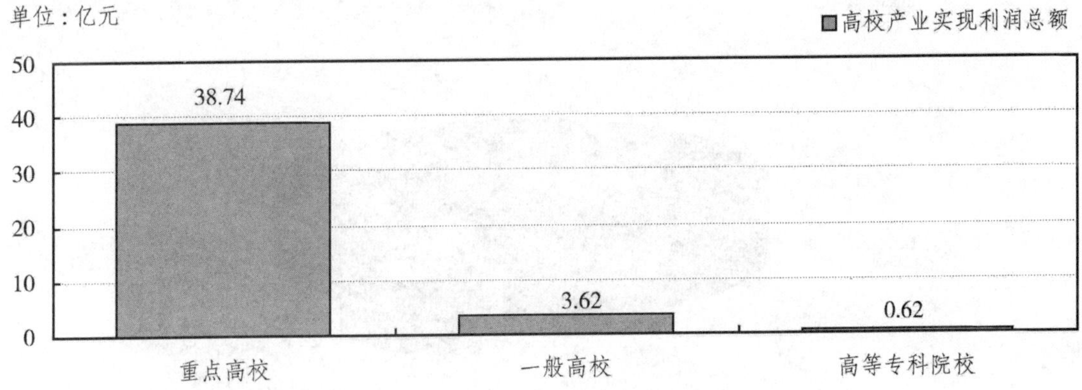


(a)

(b)

**图 4-4**

② 2003年度重点高校科技型企业实现利润总额为25.29亿元；一般高校科技型企业实现利润总额为2.14亿元；高等专科院校科技型企业实现利润总额为0.18亿元；分别占全国高校科技型企业实现利润总额27.61亿元的91.60%、7.75%、0.65%。如图4-5所示。

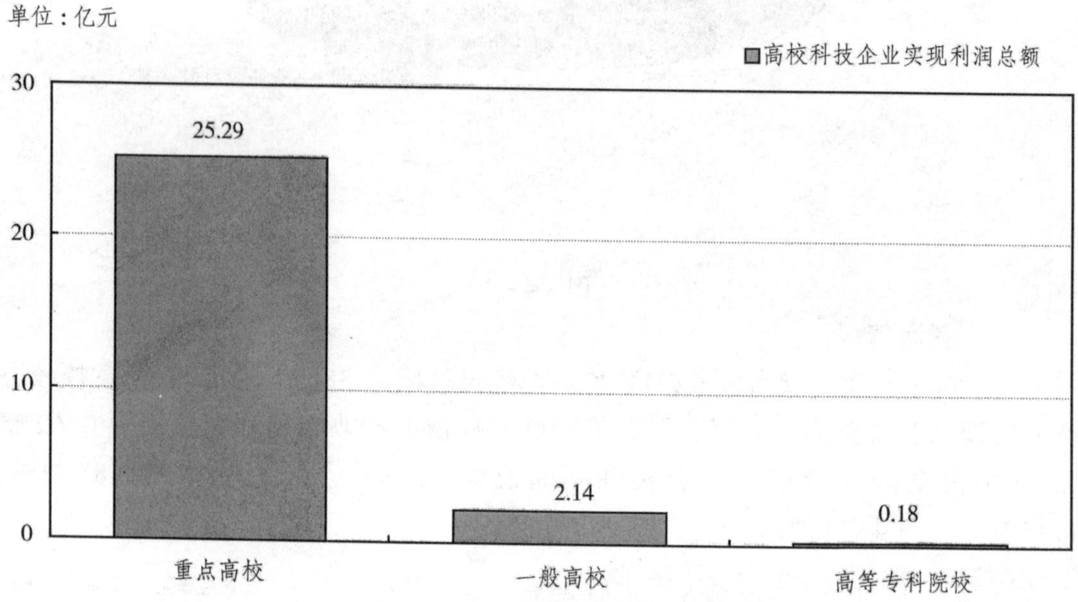


(a)

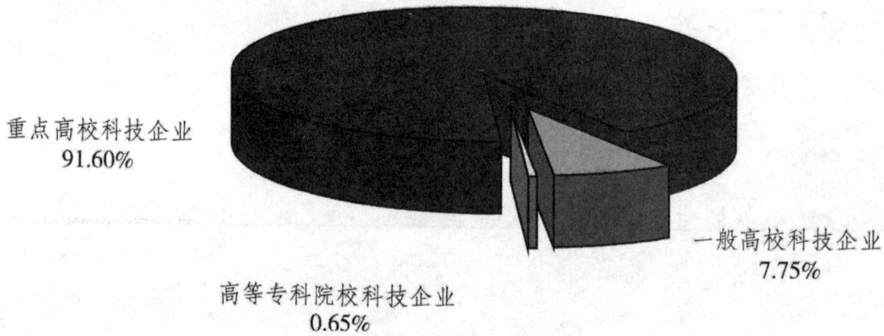


(b)

**图 4-5**

③ 2003年度重点高校校办产业实现净利润总额为25.09亿元；一般高校校办产业实现净利润总额为2.49亿元；高等专科院校校办产业实现净利润总额为0.37亿元；分别占全国高校校办产业实现净利润总额27.95亿元的89.77%、8.91%、1.32%。如图4-6所示。

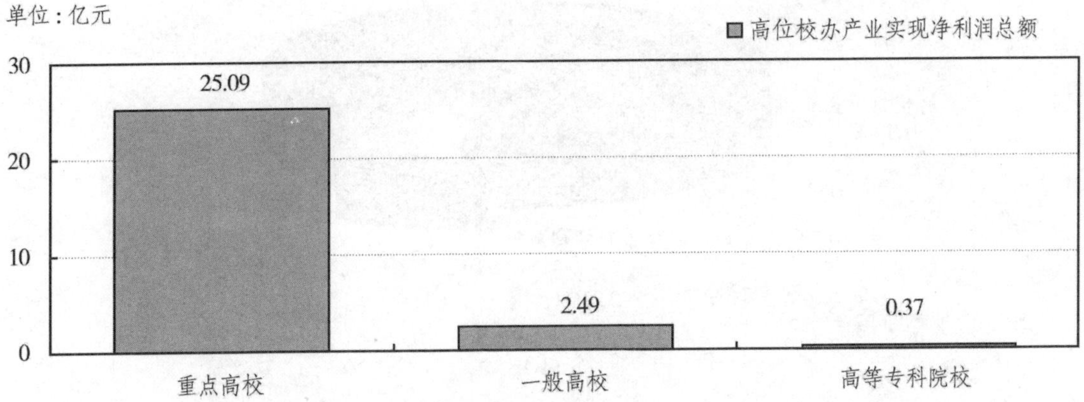


(a)

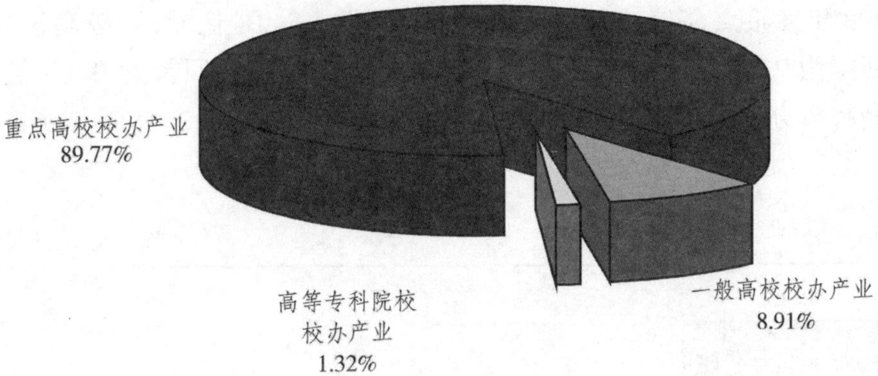


(b)

**图 4-6**

④ 2003 年度重点高校科技型企业实现净利润总额为 13.43 亿元；一般高校科技型企业实现净利润总额为 1.27 亿元；高等专科院校科技型企业实现净利润总额为 0.03 亿元；分别占全国高校科技型企业实现净利润总额 14.73 亿元的 91.17%、8.62%、0.21%。如图 4-7 所示。

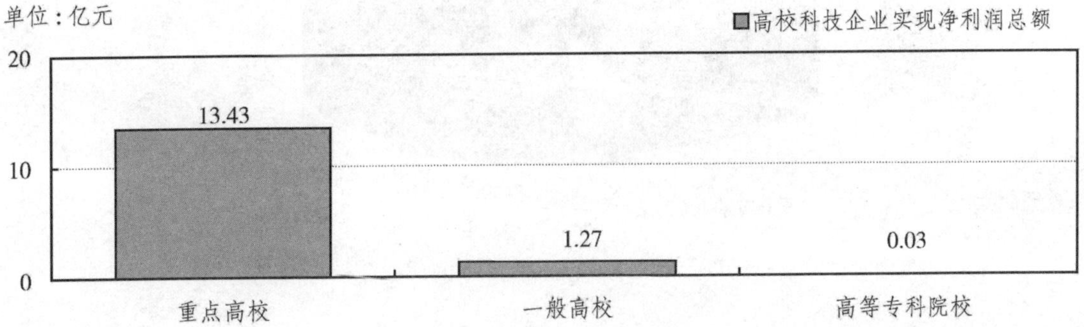


(a)

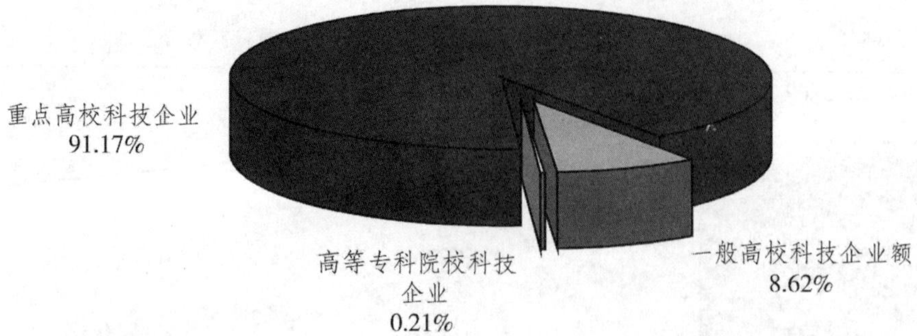


(b)

**图 4-7**

(3) 对学校的回报情况

① 2003 年度重点高校校办产业对学校回报为 15.18 亿元;一般高校校办产业对学校回报为 2.17 亿元;高等专科院校校办产业对学校回报为 0.65 亿元;分别占全国高校校办产业对学校回报 18.00 亿元的 84.33%、12.06%、3.61%。如图 4-8 所示。

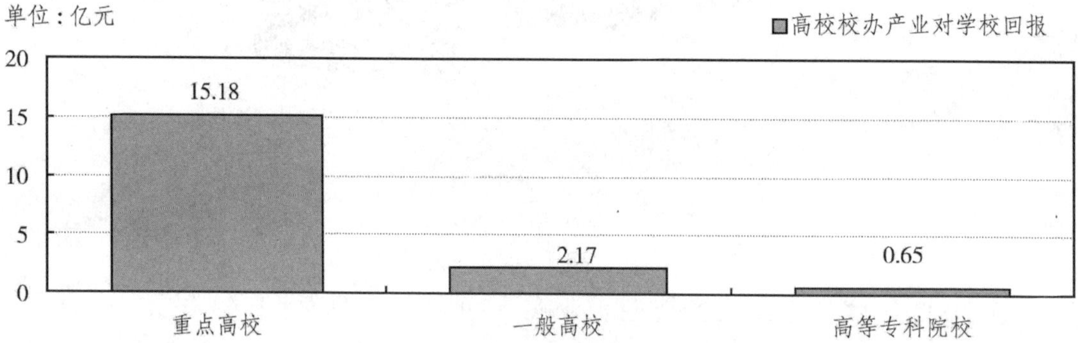


(a)

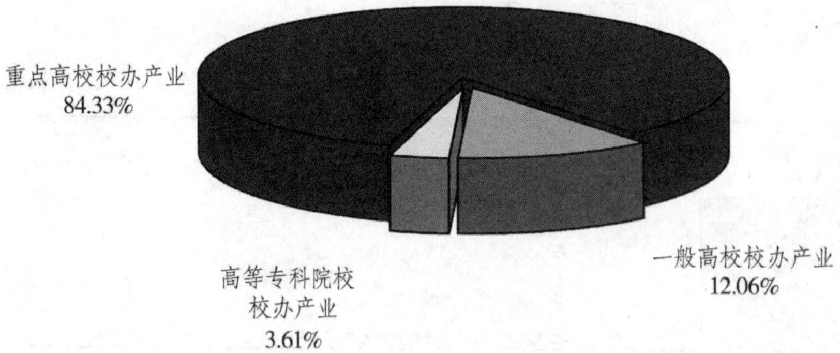


(b)

**图 4-8**

② 2003 年度重点高校科技型企业对学校回报为 6.69 亿元；一般高校科技型企业对学校回报为 0.83 亿元；高等专科院校科技型企业对学校回报为 0.22 亿元；分别占全国高校科技型企业对学校回报 7.74 亿元的 86.44%、10.72%、2.84%。如图 4－9 所示。

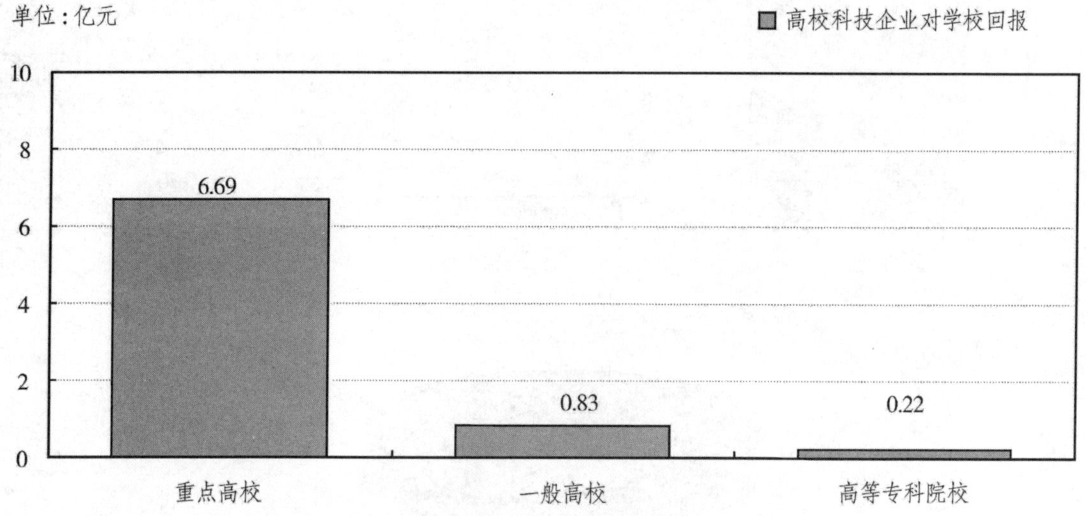


(a)

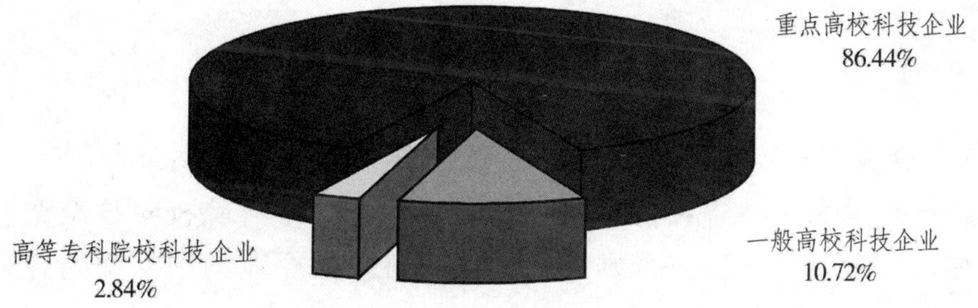


(b)

**图 4－9**

(4) 上交税金情况

① 2003 年度重点高校校办产业向国家交纳各种税金为 34.36 亿元；一般高校校办产业向国家交纳各种税金为 3.63 亿元；高等专科院校校办产业向国家交纳各种税金为 0.70 亿元；分别占全国高校校办产业向国家交纳各种税金 38.69 亿元的 88.81%、9.38%、1.81%。如图 4－10 所示。

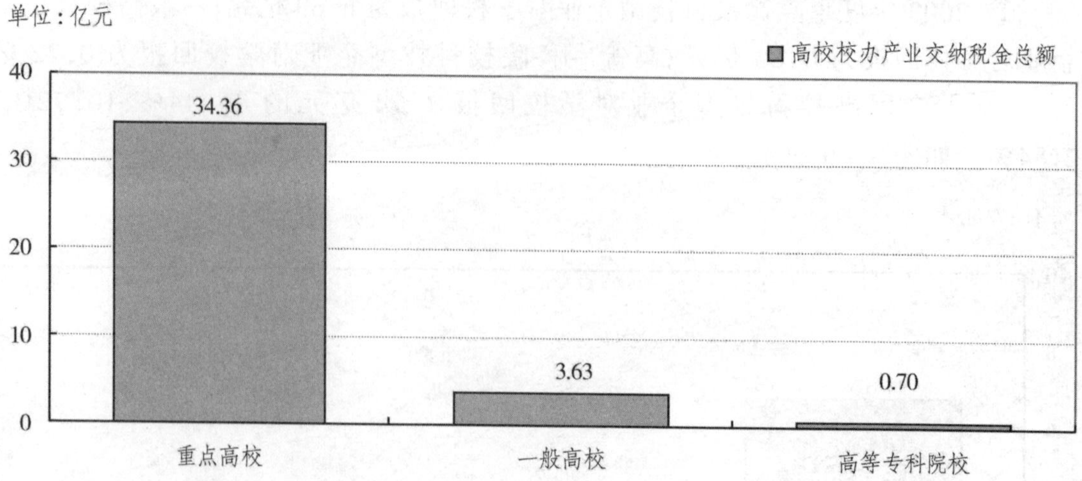


（a）

（b）

**图　4－10**

② 2003年度重点高校科技型企业向国家交纳各种税金为26.44亿元；一般高校科技型企业向国家交纳各种税金为2.58亿元；高等专科院校科技型企业向国家交纳各种税金为0.38亿元；分别占全国高校科技型企业向国家交纳各种税金29.40亿元的89.93%、8.78%、1.29%。如图4－11所示。

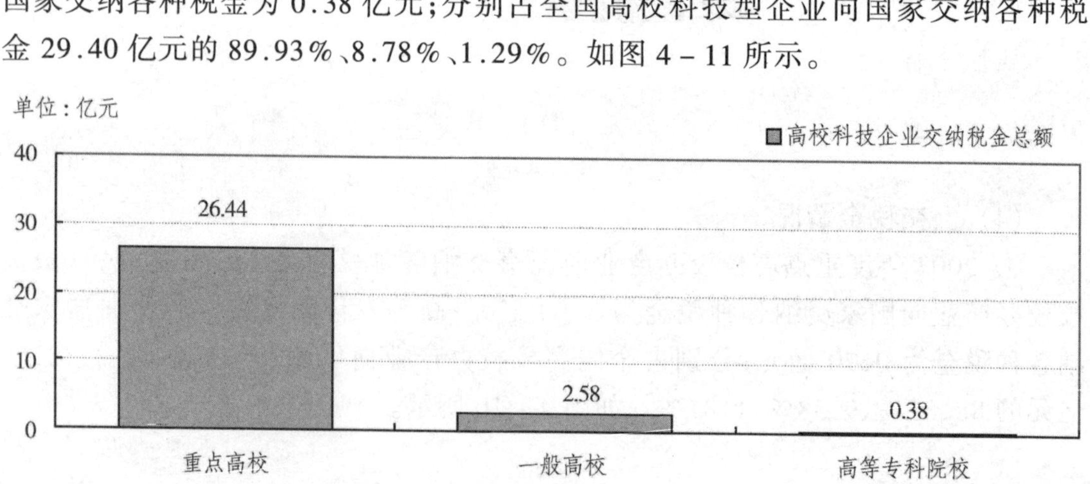


（a）

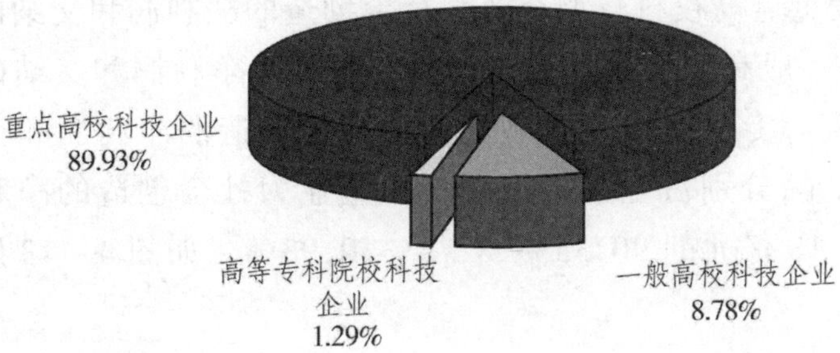


(b)

图 4-11

(5) 对社会的回报情况

① 2003年度重点高校校办产业为社会创造的净利润和交纳的各种税费总计为59.45亿元;一般高校校办产业为社会创造的净利润和交纳的各种税费总计为6.12亿元;高等专科院校校办产业为社会创造的净利润和交纳的各种税费总计为1.07亿元;分别占全国高校校办产业为社会创造的净利润和交纳的各种税费总计66.64亿元的89.21%、9.18%、1.61%。如图4-12所示。

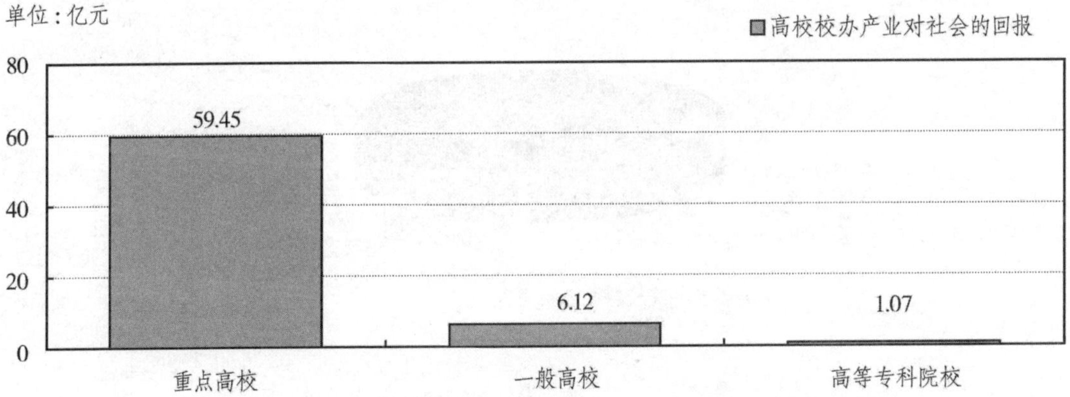


(a)

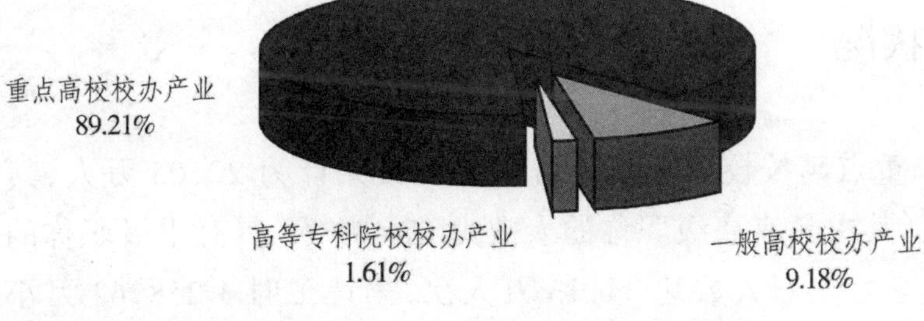


(b)

图 4-12

② 2003年度重点高校科技型企业为社会创造的净利润和交纳的各种税费总计为39.87亿元；一般高校科技型企业为社会创造的净利润和交纳的各种税费总计为3.85亿元；高等专科院校科技型企业为社会创造的净利润和交纳的各种税费总计为0.41亿元；分别占全国高校科技型企业为社会创造的净利润和交纳的各种税费总计44.13亿元的90.35%、8.72%、0.93%。如图4-13所示。

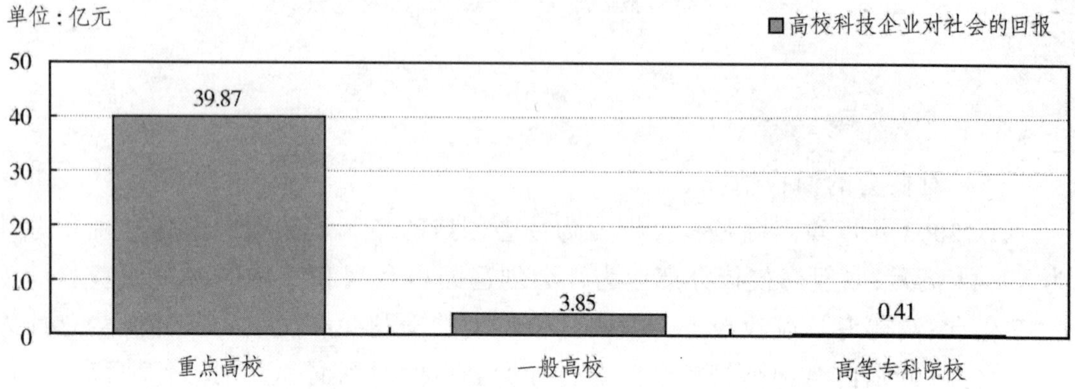


(a)

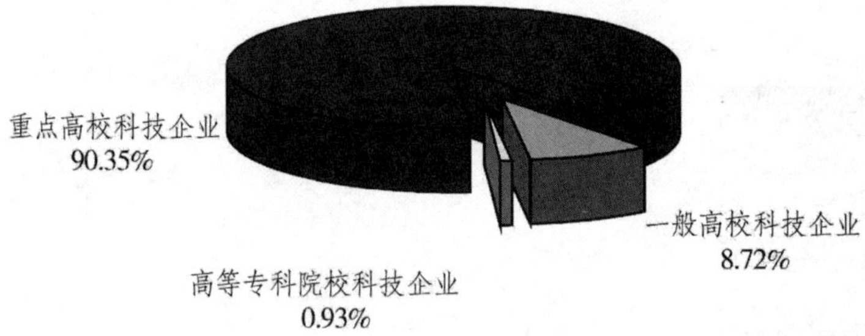


(b)

**图 4-13**

## 3. 人员状况

① 2003年末重点高校校办企业在册职工人数共计为20.05万人，其中有科技人员7.27万人(其中具有高级职称的人数为17 489人、具有中级职称的人数为30 391人)。接纳学生实习人数达34.13万人次，累计工时1 258.62万小时。参与培养博士生1 310名、硕士生4 628名；

② 2003年末一般高校校办企业在册职工人数共计为4.59万人，其中有科技人员1.46万人(其中具有高级职称的人数为3 514人、具有中级职称的人数为

6 297人)。接纳学生实习人数达 7.97 万人次,累计工时 560.76 万小时。参与培养博士生 77 名、硕士生 445 名;

③ 2003 年末高等专科院校校办产业在册职工人数共计为 1.58 万人,其中有科技人员 0.42 万人(具有高级职称的人数为 836 人、具有中级职称的人数为 1 948 人)。接纳学生实习人数达 21.99 万人次,累计工时 756.78 万小时。参与培养博士生 5 名、硕士生 43 名。

## 4. 资产状况

① 2003 年末重点高校校办产业的注册资金总额为 303.57 亿元,资产总额 1365.27 亿元,负债 785.49 亿元,所有者权益 579.78 亿元,平均资产负债率为 57.53%;

② 2003 年末一般高校校办产业的注册资金总额为 22.18 元,资产总额 79.78 亿元,负债 48.43 亿元,所有者权益 31.35 亿元,平均资产负债率为 60.70%;

③ 2003 年末高等专科院校校办产业的注册资金总额为 8.71 亿元,资产总额 18.72 亿元,负债 8.90 亿元,所有者权益 9.82 亿元,平均资产负债率为 47.54%。

全国高校校办产业资产状况如图 4-14 所示。

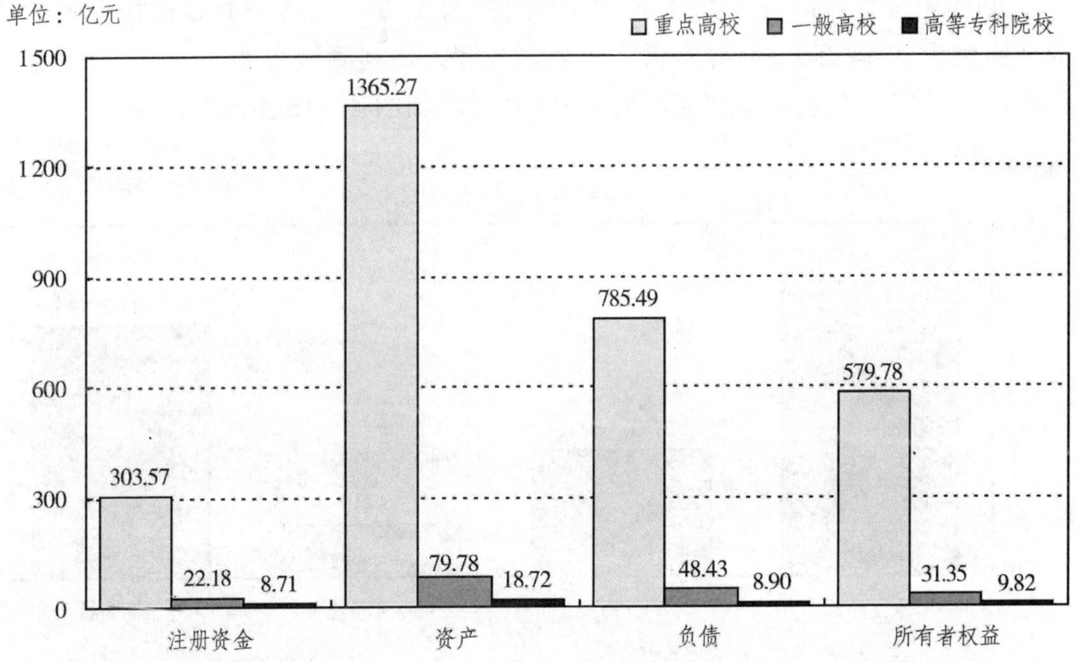


图 4-14

### 5．基本分析

（1）人均销售额

2003 年度重点高校校办产业人均销售额为 37.71 万元；一般高校校办产业人均销售额为 12.44 万元；高等专科院校校办产业人均销售额为 8.52 万元。2003 年度全国高校校办产业人均销售额为 31.53 万元。如图 4－15 所示。

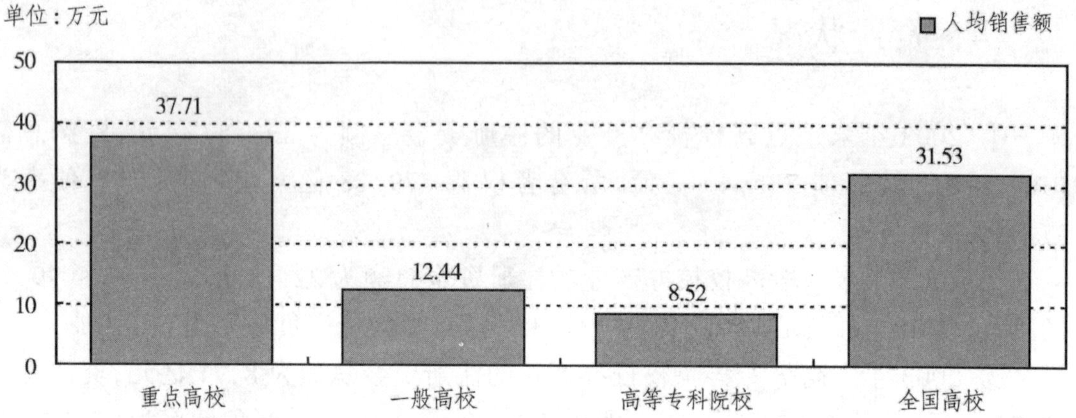


图 4－15

（2）人均利润额

2003 年度重点高校校办产业人均利润额为 1.25 万元；一般高校校办产业人均利润额为 0.54 万元；高等专科院校校办产业人均利润额为 0.23 万元。2003 年度全国高校校办产业人均利润额为 1.07 万元。如图 4－16 所示。

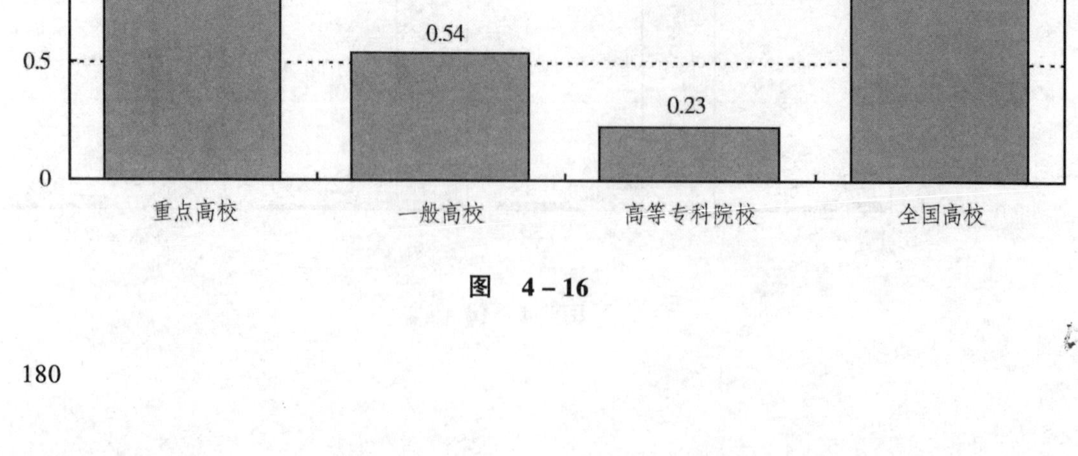


图 4－16

（3）人均创税

2003年度重点高校校办产业人均创税为1.71万元；一般高校校办产业人均创税为0.79万元；高等专科院校校办产业人均创税为0.44万元。2003年度全国高校校办产业人均创税为1.48万元。如图4－17所示。

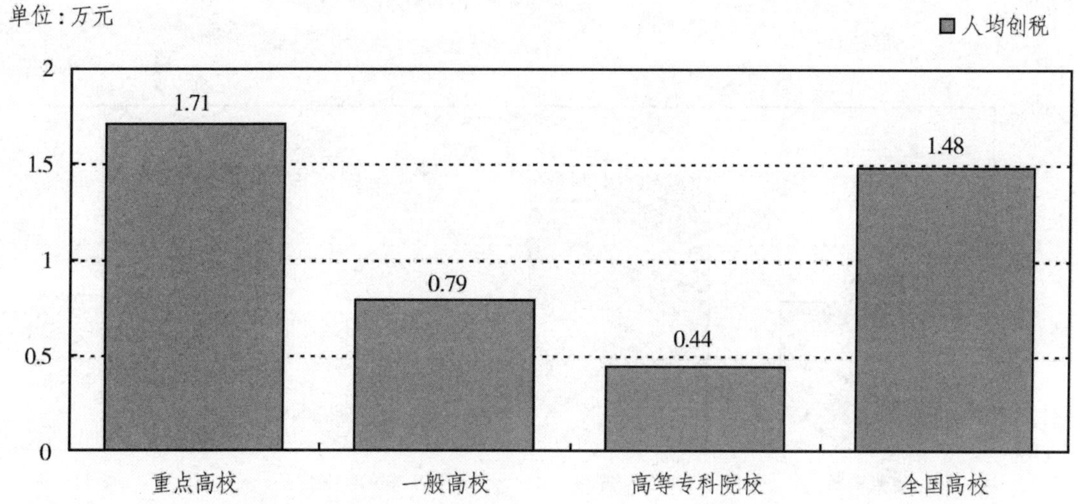


**图　4－17**

（4）销售净利率

2003年度重点高校校办产业平均销售净利率为3.32%；一般高校校办产业平均销售净利率为4.36%；高等专科院校校办产业平均销售净利率为2.75%。2003年度全国高校校办产业平均销售净利率为3.38%。如图4－18所示。

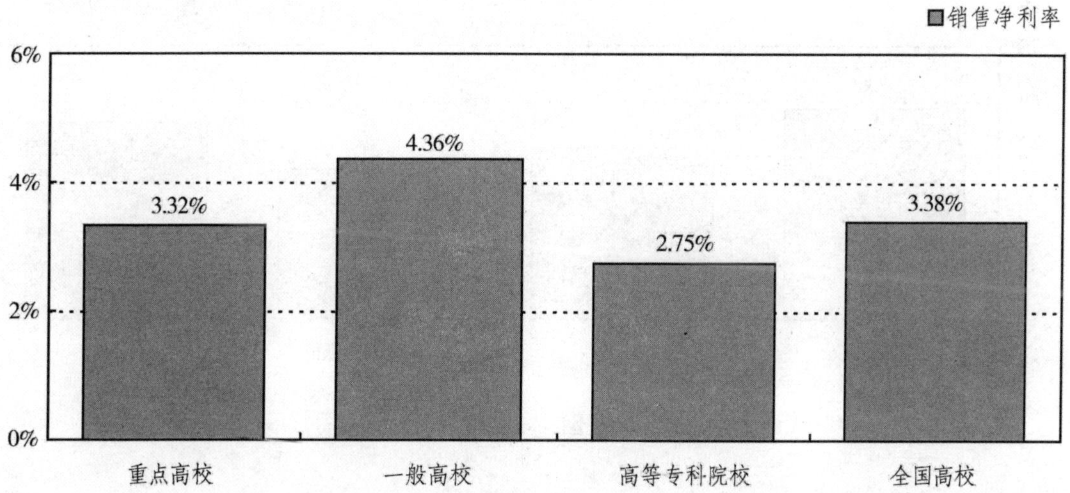


**图　4－18**

（5）净资产收益率

2003年度重点高校校办产业平均净资产收益率为4.33%；一般高校校办产业平均净资产收益率为7.94%；高等专科院校校办产业平均净资产收益率为3.77%。2003年度全国高校校办产业平均净资产收益率为4.50%。如图4－19所示。

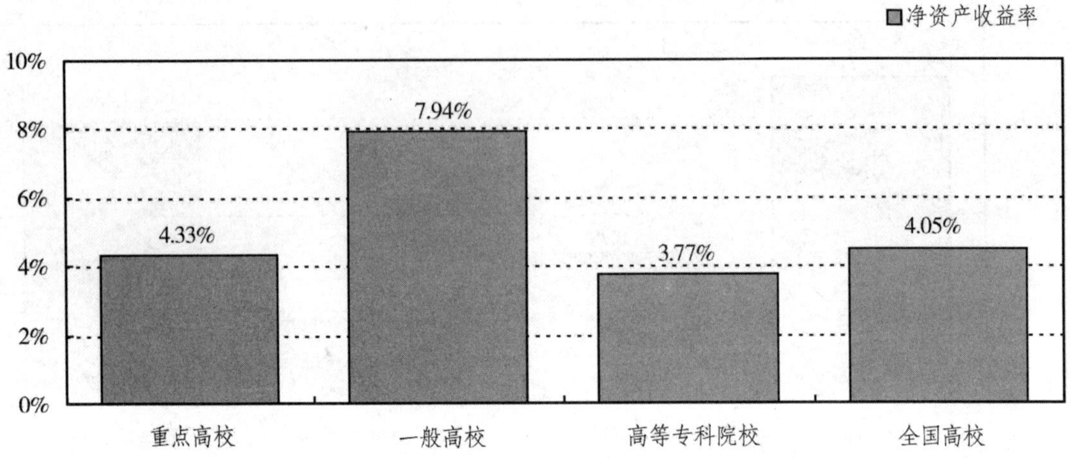


图 4－19

（6）企业平均人数

2003年度重点高校校办企业平均人数为58人；一般高校校办企业平均人数为47人；高等专科院校校办企业平均人数为41人。2003年度全国高校校办企业平均人数为54人。如图4－20所示。

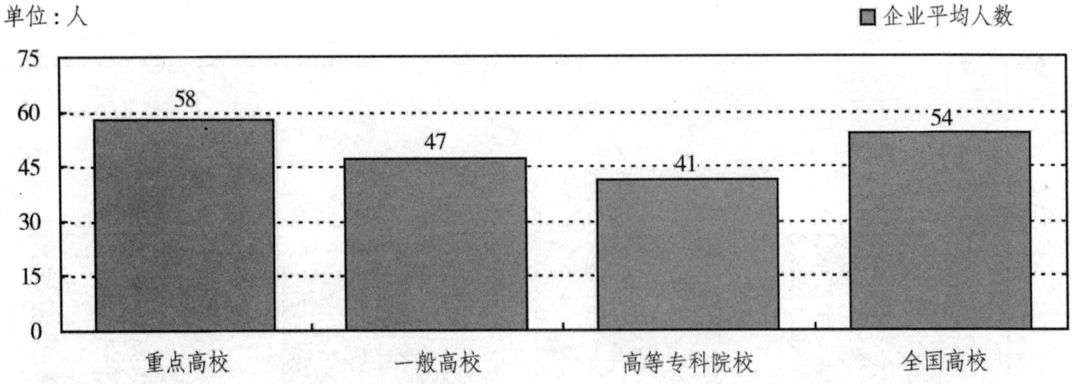


图 4－20

# 五、2003 年度全国高校进入高新技术产业开发区和大学科技园的校办产业统计分析

## 1．全国高校进入高新技术产业开发区和大学科技园的校办产业概况

2003 年度参加全国普通高校校办产业统计工作的有全国 32 个省、自治区、直辖市、新疆生产建设兵团，共有 609 所普通高校的 4 839 个企业，其中共有 1 182 个企业进入高新技术产业开发区和大学科技园（以下简称：园区），占全国高校上报企业数的 24.43%。如图 5－1 所示。

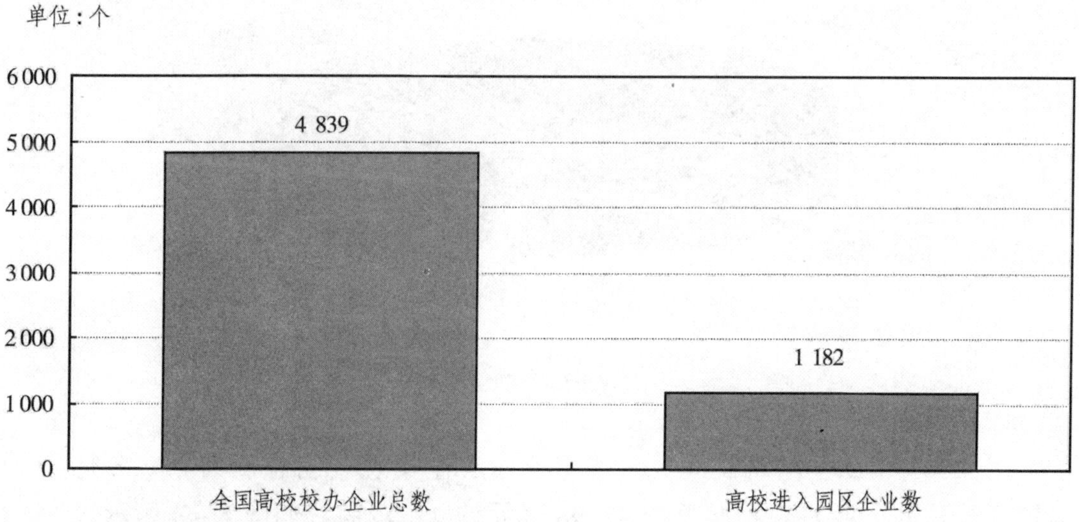


（a）

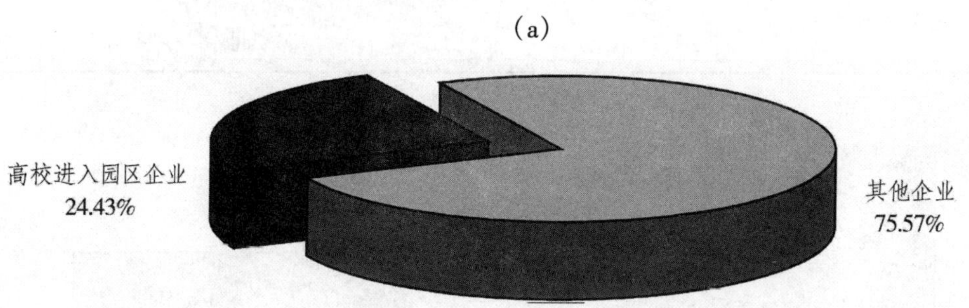


（b）

图 5－1

## 2. 经营状况

（1）收入总额情况

2003年度全国高校进入园区的校办产业收入总额为499.13亿元，占全国高校校办产业收入总额826.67亿元的60.38%。如图5-2所示。

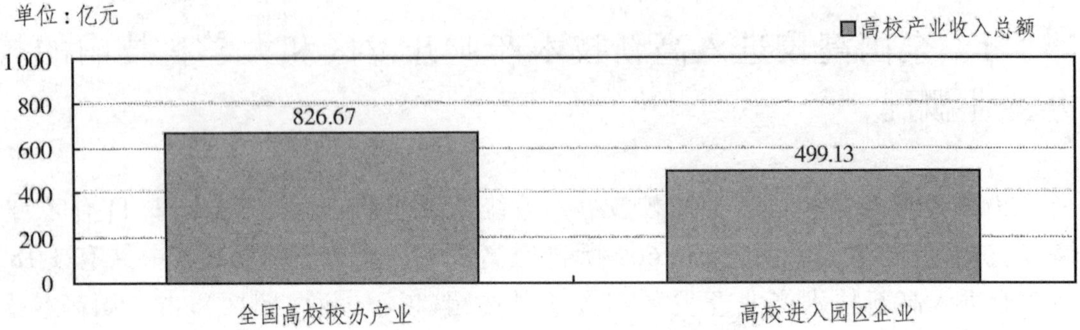


（a）

（b）

**图 5-2**

（2）利润情况

① 2003年度全国高校进入园区的校办产业实现利润总额为18.36亿元，占全国高校校办产业实现利润总额42.98亿元的42.72%。如图5-3所示。

（a）

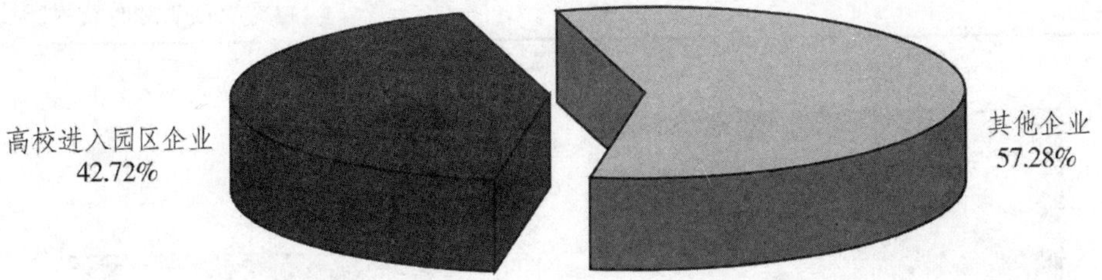


（b）

图 5-3

② 2003 年度全国高校进入园区的校办产业实现净利润总额为 9.03 亿元，占全国高校校办产业实现净利润总额 27.95 亿元的 32.31%。如图 5-4 所示。

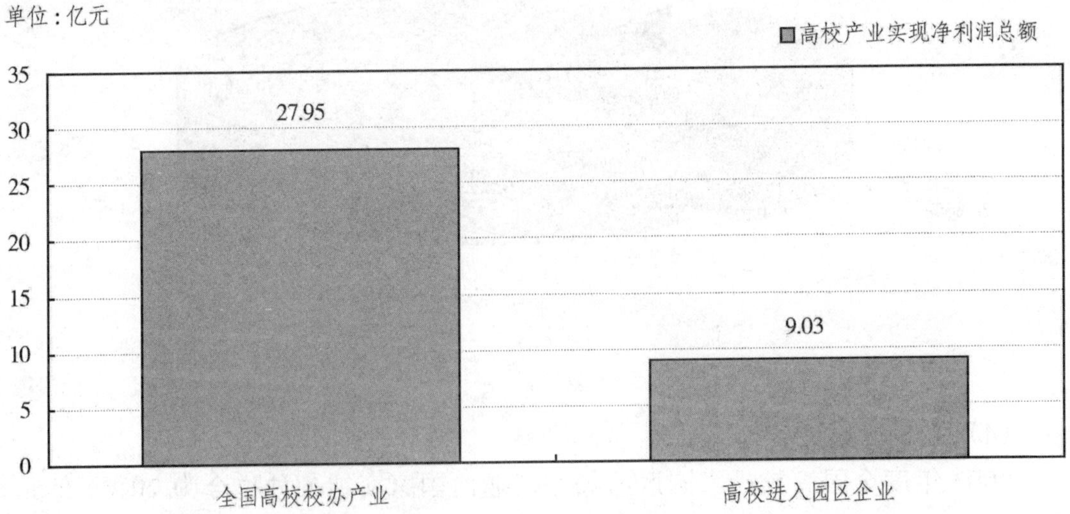


（a）

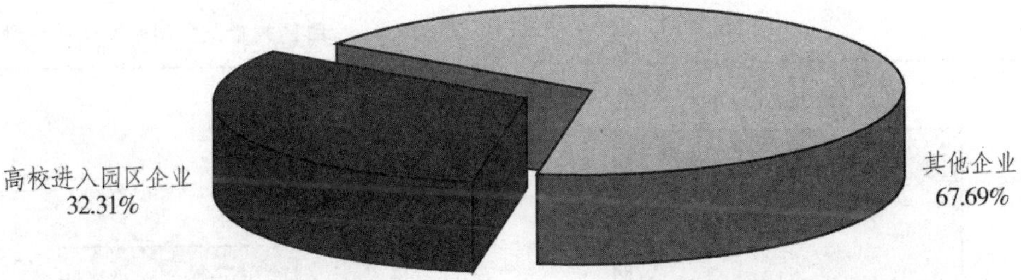


（b）

图 5-4

（3）对学校的回报情况

2003 年度全国高校进入园区的校办产业对学校回报为 5.14 亿元，占全国高校校办产业对学校回报 18.00 亿元的 28.56%。如图 5-5 所示。

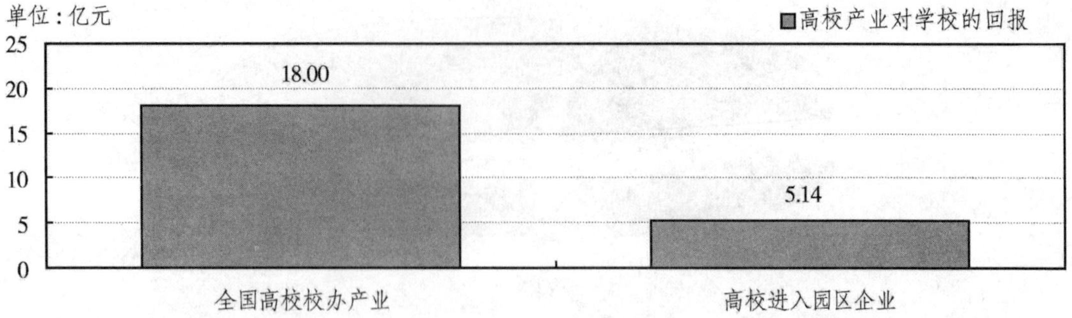


(a)

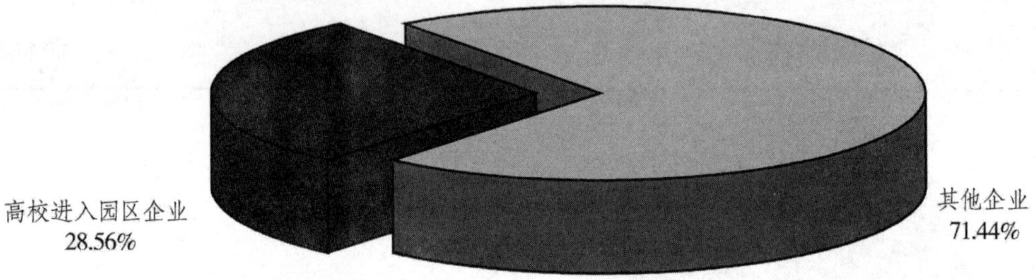


(b)

**图 5-5**

(4) 上交税金情况

2003 年度全国高校进入园区的校办产业向国家交纳各种税金为 20.37 亿元，占全国高校校办产业向国家交纳各种税金 38.69 亿元的 52.65%。如图 5-6 所示。

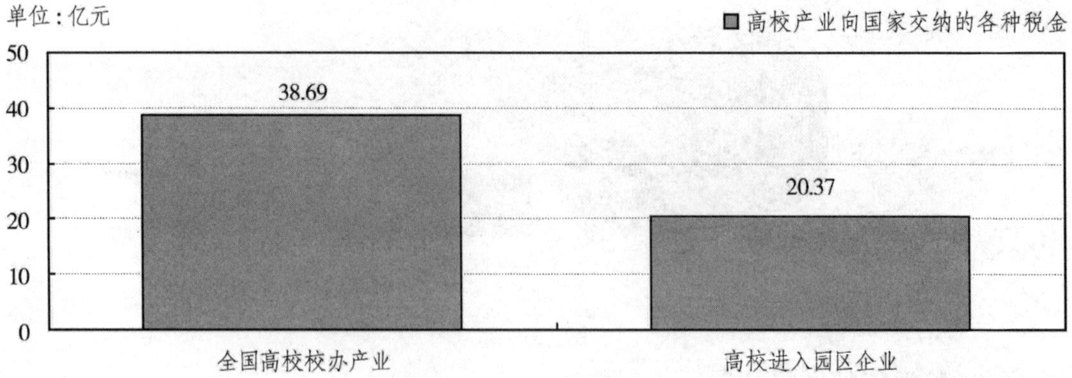


(a)

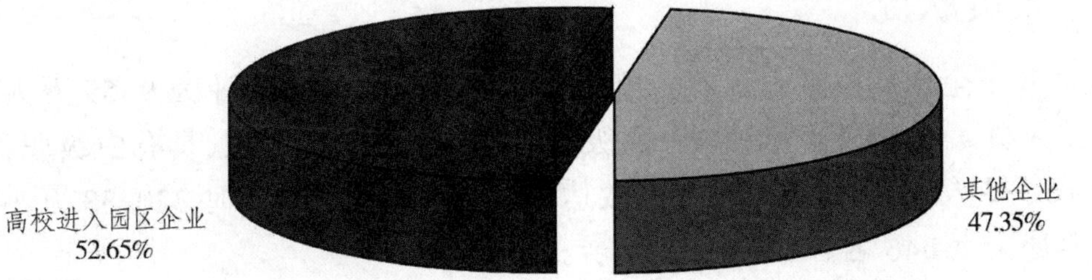


(b)

**图 5-6**

(5) 对社会的回报情况

2003 年度全国高校进入园区的校办产业为社会创造的净利润和交纳的各种税费为 29.40 亿元,占全国高校校办产业为社会创造的净利润和交纳的各种税费 66.64 亿元的 44.12%。如图 5-7 所示。

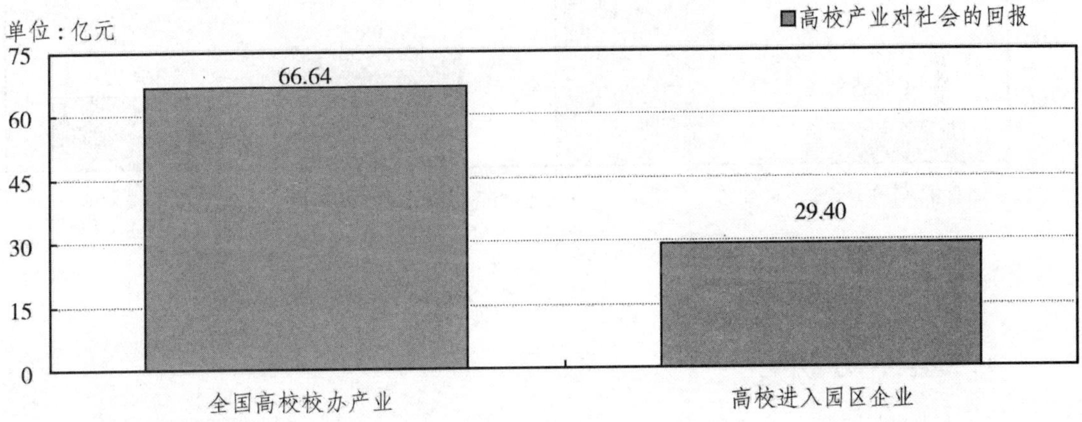


(a)

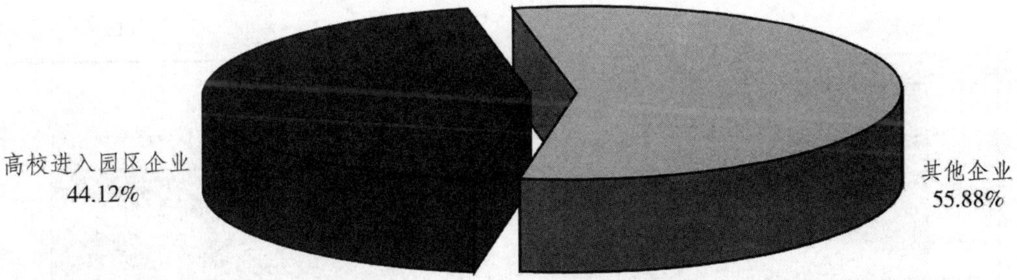


(b)

**图 5-7**

### 3．人员状况

2003 年末全国高校进入园区的校办企业在册职工人数共计为 9.59 万人，其中有科技人员 4.07 万人（其中具有高级职称的人数为 8 788 人、具有中级职称的人数为 16 337 人）。接纳学生实习人数达 5.39 万人次，累计工时 320.38 万小时。参与培养博士生 646 名、硕士生 2 635 名。

### 4．资产状况

2003 年末全国高校进入园区的校办产业的注册资金总额为 198.35 亿元，资产总额 925.80 亿元，负债 561.08 亿元，所有者权益 364.72 亿元，资产负债率为 60.60%。如图 5－8 所示。

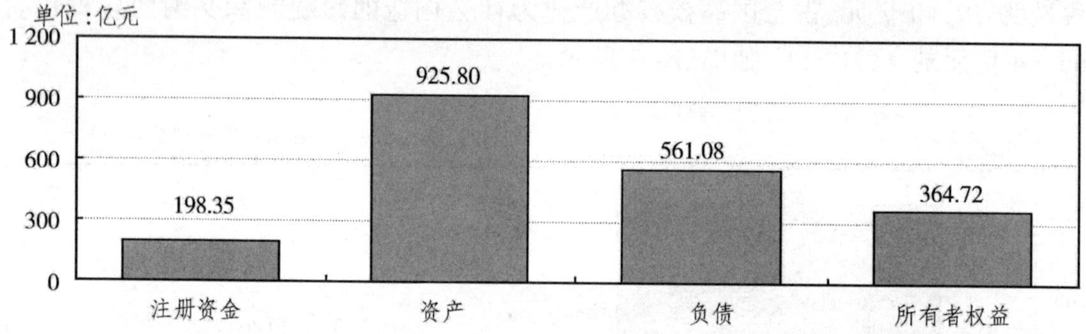


图 5－8

### 5．基本分析

（1）人均销售额

2003 年度全国高校进入园区的校办产业人均销售额为 52.05 万元，比 2003 年度全国高校校办产业人均销售额 31.53 万元高 65.08%。如图 5－9 所示。

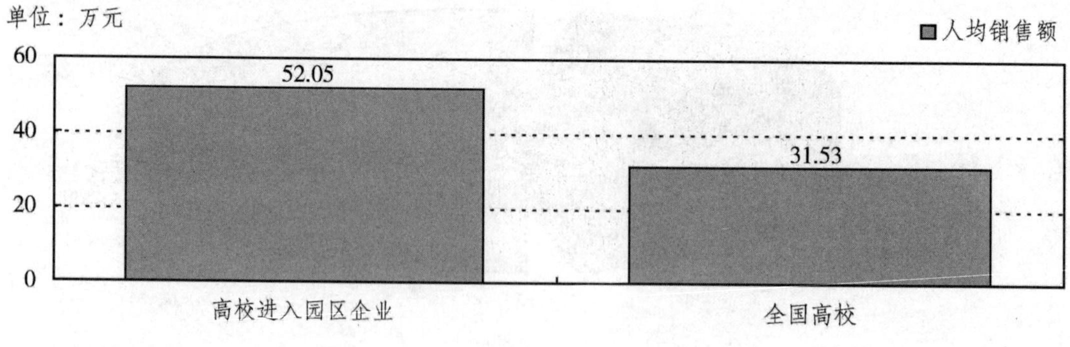


图 5－9

(2) 人均利润额

2003年度全国高校进入园区的校办产业人均利润额为0.94万元，比2003年度全国高校校办产业人均利润额1.07万元低12.15%。如图5-10所示。

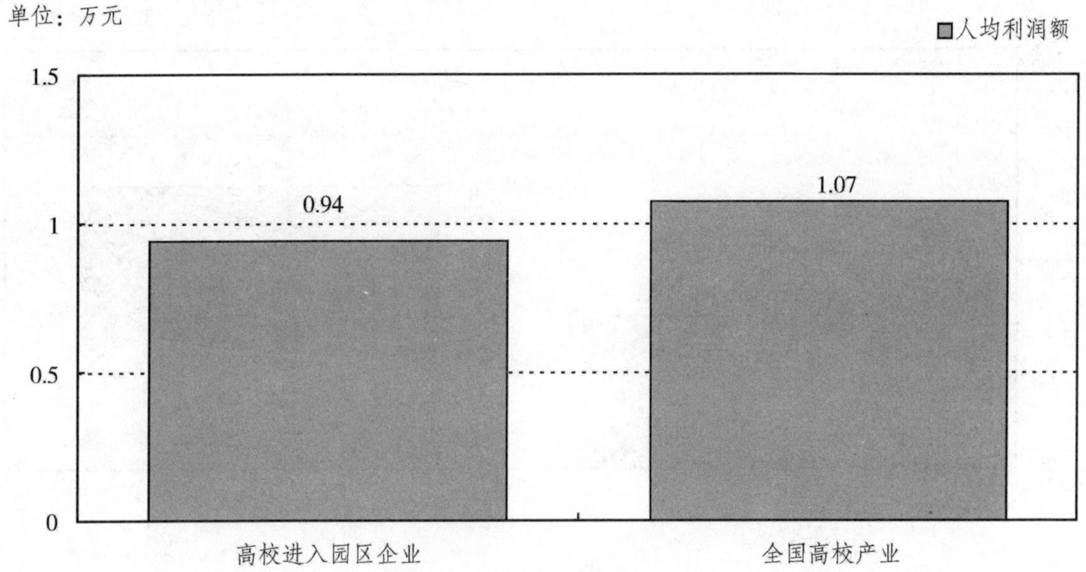


**图　5-10**

(3) 人均创税

2003年度全国高校进入园区的校办产业人均创税为2.12万元，比2003年度全国高校校办产业人均创税1.48万元高43.24%。如图5-11所示。

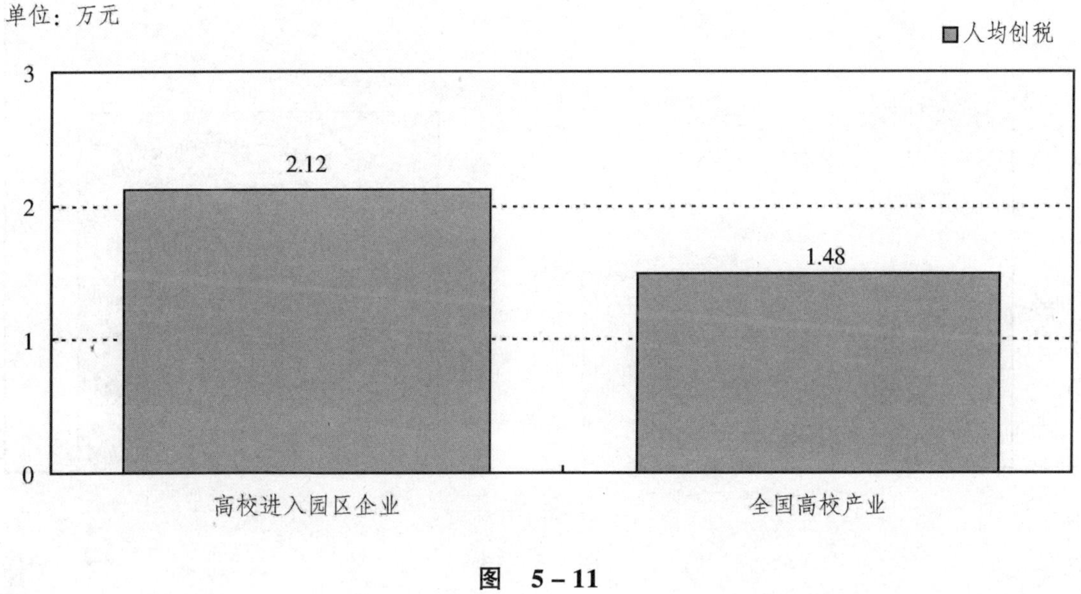


**图　5-11**

（4）销售净利率

2003年度全国高校进入园区的校办产业平均销售净利率为1.81%；2003年度全国高校校办产业平均销售净利率为3.38%。如图5－12所示。

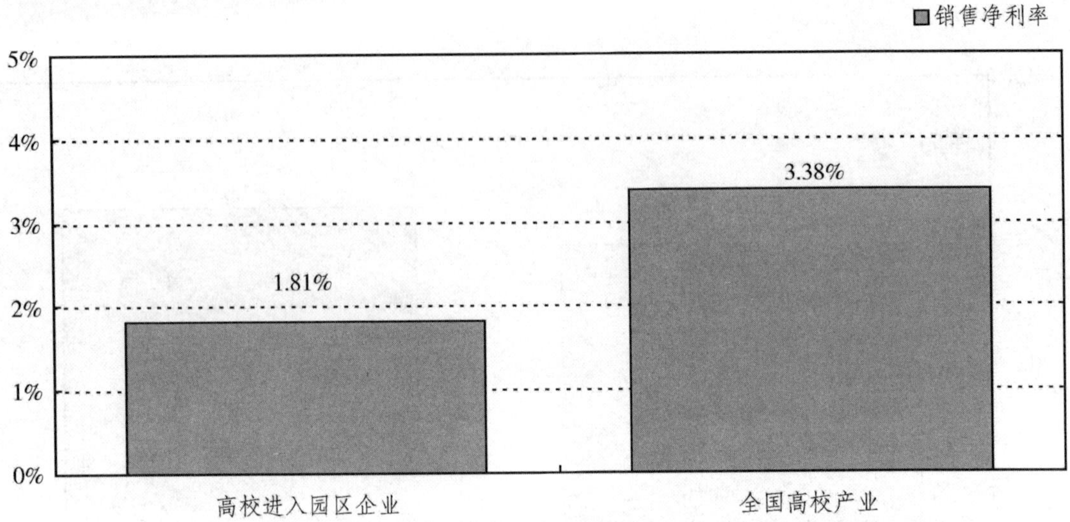


**图 5－12**

（5）净资产收益率

2003年度全国高校进入园区的校办产业平均净资产收益率为2.48%；2003年度全国高校校办产业平均净资产收益率为4.50%。如图5－13所示。

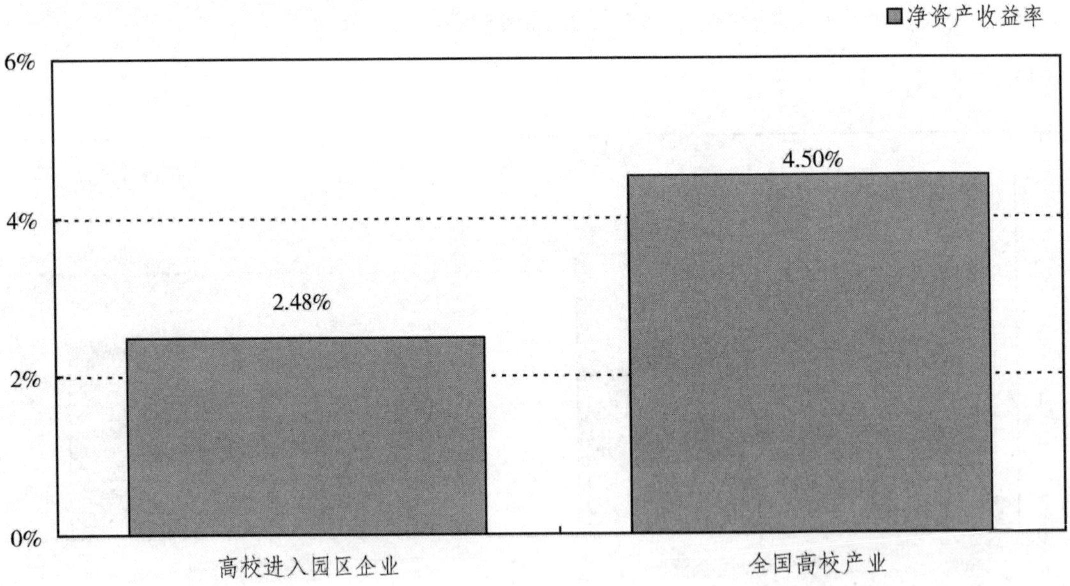


**图 5－13**

（6）企业平均人数

2003 年度全国高校进入园区的校办企业平均人数为 81 人;2003 年度全国高校校办企业平均人数为 54 人。如图 5 - 14 所示。

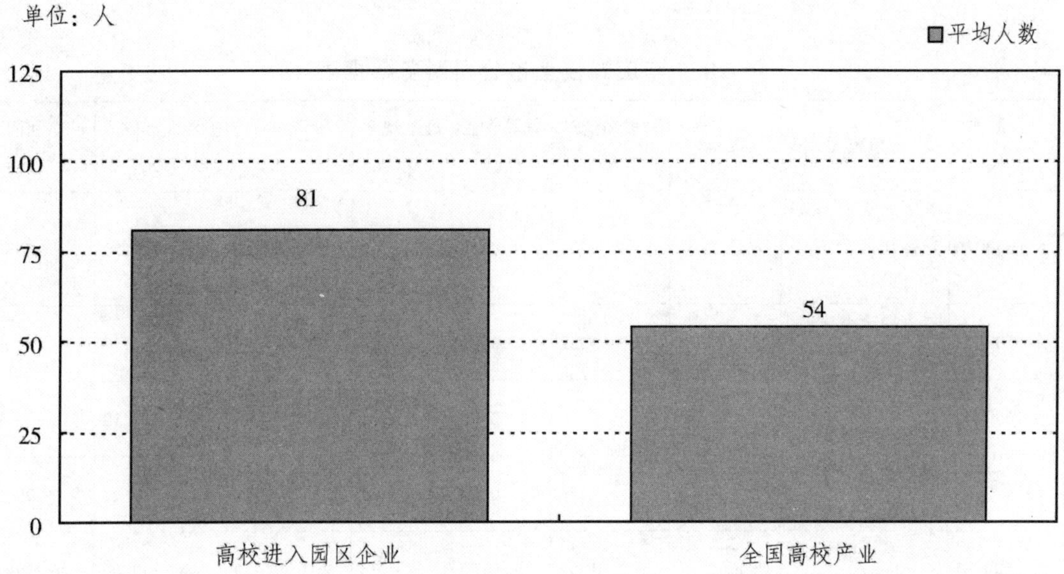


**图　5 - 14**

# 六、高校上市公司财务数据表

2003年度高校上市公司财务数据表

| 序号 | 股票代码 | 上市公司 | 控股单位 | 每股净资产（元） | 每股收益（元） | 每股现金含量(元) | 资产总计（万元） | 主营业务收入（万元） | 净利润（万元） |
|---|---|---|---|---|---|---|---|---|---|
| 1 | 600076 | 潍坊北大青鸟华光科技股份有限公司 | 北京大学 | 4.03 | 0.04 | -0.06 | 205 085.46 | 23 919.59 | 959.29 |
| 2 | 600091 | 包头明天科技股份有限公司 | 北京大学 | 5.52 | 0.24 | 0.35 | 276 857.23 | 88 185.79 | 8 138.06 |
| 3 | 600100 | 清华同方股份有限公司 | 清华大学 | 5.03 | 0.20 | 0.31 | 752 973.53 | 669 374.12 | 11 333.93 |
| 4 | 600136 | 武汉道博股份有限公司 | 赛尔网络 | 2.56 | 0.03 | 0.71 | 81 970.68 | 9 894.22 | 292.34 |
| 5 | 600181 | 云大科技股份有限公司 | 云南大学 | 1.92 | -0.75 | -0.35 | 201 964.29 | 41 939.90 | -26 232.16 |
| 6 | 600392 | 太原理工天成科技股份有限公司 | 太原理工大学 | 4.54 | 0.38 | 0.16 | 56 838.56 | 36 286.79 | 2 712.02 |
| 7 | 600530 | 上海交大昂立股份有限公司 | 上海交通大学 | 4.78 | 0.29 | 0.09 | 160 470.18 | 63 814.60 | 5 702.30 |
| 8 | 600551 | 科大创新股份有限公司 | 中国科技大学 | 1.54 | -0.67 | -0.29 | 30 818.31 | 7 689.70 | -5 011.62 |
| 9 | 600601 | 上海方正延中科技集团股份有限公司 | 北京大学 | 3.00 | 0.29 | 0.26 | 305 934.43 | 525 206.47 | 13 948.37 |
| 10 | 600624 | 上海复旦复华科技股份有限公司 | 复旦大学 | 1.68 | 0.04 | -0.03 | 106 294.08 | 27 589.17 | 1 086.60 |
| 11 | 600657 | 北京天桥北大青鸟科技股份有限公司 | 北京大学 | 2.81 | 0.11 | 1.04 | 272 002.58 | 74 778.27 | 3 250.30 |
| 12 | 600661 | 上海交大南洋股份有限公司 | 上海交通大学 | 2.43 | 0.15 | 0.06 | 96 257.07 | 52 502.74 | 2 127.18 |
| 13 | 600701 | 哈尔滨工大高新技术产业开发股份有限公司 | 哈尔滨工业大学 | 2.60 | 0.06 | 0.62 | 139 276.77 | 38 636.04 | 1 865.90 |
| 14 | 600718 | 沈阳东软软件股份有限公司 | 东北大学 | 4.69 | 0.22 | 0.32 | 279 222.40 | 201 694.77 | 6 224.03 |

续表

| 序号 | 股票代码 | 上市公司 | 控股单位 | 每股净资产(元) | 每股收益(元) | 每股现金含量(元) | 资产总计(万元) | 主营业务收入(万元) | 净利润(万元) |
|---|---|---|---|---|---|---|---|---|---|
| 15 | 600730 | 中国高科集团股份有限公司 | 东方时代投资有限公司 | 2.43 | 0.18 | 1.29 | 127 999.34 | 249 289.64 | 3 180.16 |
| 16 | 600750 | 江西江中药业股份有限公司 | 江西中医药大学 | 4.12 | 0.35 | 0.54 | 98 693.93 | 94 117.24 | 5 072.37 |
| 17 | 600797 | 浙江浙大网新科技股份有限公司 | 浙江大学 | 2.22 | 0.12 | 0.08 | 288 439.01 | 291 333.80 | 5 662.62 |
| 18 | 600806 | 交大昆机科技股份有限公司 | 西安交通大学 | 2.13 | 0.06 | 0.38 | 96 580.34 | 33 061.34 | 1 506.30 |
| 19 | 600846 | 上海同济科技实业股份有限公司 | 同济大学 | 1.63 | 0.09 | 0.06 | 200 051.42 | 145 276.01 | 2 502.89 |
| 20 | 600857 | 哈工大首创科技股份有限公司 | 哈尔滨工业大学 | 1.87 | 0.12 | 0.32 | 57 337.49 | 67 114.83 | 2 390.46 |
| 21 | 600892 | 河北湖大科技教育发展股份有限公司 | 湖南大学 | －0.02 | －1.36 | 0.03 | 28 391.85 | 11 201.57 | －6 874.62 |
| 22 | 000004 | 深圳市北大高科技股份有限公司 | 北京大学 | 1.19 | 0.05 | 0.12 | 23 787.52 | 11 953.50 | 386.15 |
| 23 | 000532 | 力合股份有限公司 | 清华大学 | 1.69 | 0.21 | 0.01 | 63 652.56 | 14 727.21 | 5 849.65 |
| 24 | 000537 | 天津南开戈德股份有限公司 | 南开大学 | 1.03 | －0.93 | －1.35 | 100 788.58 | 9 768.26 | －37 620.00 |
| 25 | 000590 | 清华紫光古汉生物制药股份有限公司 | 清华大学 | 1.27 | －0.13 | －0.12 | 68 515.97 | 23 816.55 | －2 623.68 |
| 26 | 000790 | 成都华神集团股份有限公司 | 成都中医药大学 | 3.14 | 0.08 | 0.28 | 59 734.31 | 16 744.36 | 980.82 |
| 27 | 000836 | 天津天大天财股份有限公司 | 天津大学 | 4.73 | －3.11 | －0.25 | 180 034.66 | 49 552.31 | －38 178.27 |
| 28 | 000915 | 山东山大华特科技股份有限公司 | 山东大学 | 1.67 | 0.02 | 0.02 | 71 506.52 | 17 167.96 | 363.65 |
| 29 | 000925 | 浙江浙大海纳科技股份有限公司 | 浙江大学 | 4.34 | 0.13 | 0.29 | 58 590.10 | 13 421.11 | 1 186.45 |
| 30 | 000938 | 清华紫光股份有限公司 | 清华大学 | 3.16 | 0.10 | 0.57 | 164 331.89 | 230 080.51 | 2 111.86 |
| 31 | 000988 | 华工科技产业股份有限公司 | 华中科技大学 | 2.87 | 0.16 | 0.10 | 116 727.67 | 40 079.00 | 3 766.56 |
| 32 | 000990 | 诚志股份有限公司 | 清华大学 | 4.27 | 0.31 | 0.42 | 159 247.09 | 145 611.79 | 5 600.72 |

# 创造健康生活

## Create a healthful life

**北京化大天瑞纳米材料技术有限公司** 是以北京化工大学的科技和人才优势为依托的一个专业知识丰富，科研力量雄厚的高新企业。公司拥有居于世界领先的技术，对核心技术拥有完全自主的知识产权，并已申报多项国家发明专利。

公司于2003年4月被国家科学技术部批准为《国家科技成果重点推广计划》项目“亚稳态氯化法纳米二氧化钛制备及应用技术”的技术依托单位。其科研成果“新型氯化法纳米二氧化钛制备技术及应用”以其独创性和新颖性以及高科技含量顺利通过了北京市科学技术委员会组织的科学技术成果鉴定，利用该技术所制造的产品性能达到国际先进水平。

公司的主要产品有无光源限制高效光触媒、纳米健康涂料、纳米功能母料等,广泛应用于卫生医疗、空气净化、环保除污、日常用品及化妆保健等领域。产品技术含量高，性能优越，成本优势明显，并已经形成规模化生产，在国内外纳米材料市场具有很高的潜力和极强的市场竞争优势。

公司秉承“超越平凡、打造品牌、服务世界、健康生活”的经营理念，崇奉求实、进取、创新、合作的团体精神，翼以勤勉踏实的努力为中国纳米产业的奠创与发展竭尽绵薄之力，塑造民族工业的崭新国际形象。

高新技术企业认定证书

企业名称：北京化大天瑞纳米材料技术有限公司

统一编号：0311008A2827

有 效 期：二年

北京市科学技术委员会

2003年 月 日

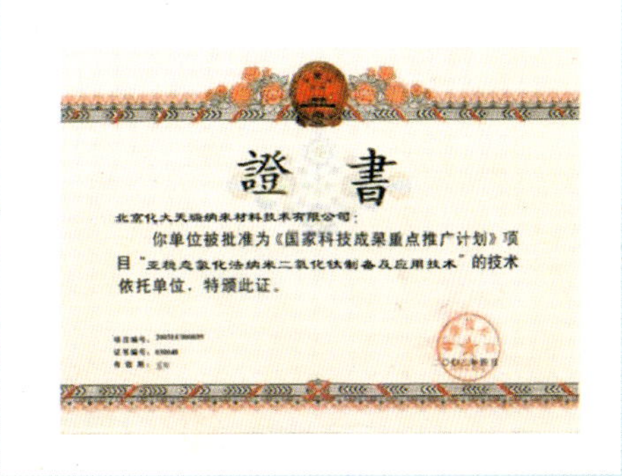
證 書

北京化大天瑞纳米材料技术有限公司：

你单位被批准为《国家科技成果重点推广计划》项目“亚稳态氯化法纳米二氧化钛制备及应用技术”的技术依托单位，特颁此证。